O TRIVIUM

As Artes Liberais da Lógica, da Gramática e da Retórica

O TRIVIUM

As Artes Liberais da Lógica, da Gramática e da Retórica

Entendendo a Natureza e a Função da Linguagem

Irmã Miriam Joseph, C.S.C., Ph.D.

Editado por Marguerite McGlinn

Tradução e adaptação de Henrique Paul Dmyterko

Prólogo e revisão técnica de Carlos Nougué

Prefácio de José Monir Nasser

Edição revista e atualizada

É Realizações
Editora

Publicado originalmente nos Estados Unidos, em 2002, pela
Paul Dry Books, Inc., Philadelphia, Pennsylvania, sob o título
The Trivium, The Liberal Arts of Logic, Grammar, and Rhetoric

Produção editorial, capa e projeto gráfico
É Realizações Editora

Preparação de texto
Liliana Cruz

Revisão
William C. Cruz

Crédito de imagem da capa
Septem artes liberales (as sete artes liberais: trivium e quadrivium) do
Hortus Deliciarum, de Herrad von Landsberg (aprox. 1180 d.C.).
[No alto da gravura, a gramática. Seguindo no sentido horário, a retórica e a
dialética (lógica), que formam o trivium. A filosofia, no centro das artes liberais.]

Fotografia da irmã Miriam Joseph
Cortesia dos arquivos do Saint Mary's College

DADOS INTERNACIONAIS DE CATALOGAÇÃO NA PUBLICAÇÃO (CIP)
(CÂMARA BRASILEIRA DO LIVRO, SP, BRASIL)

Joseph, Miriam, 1898-1982
O Trivium: as artes liberais da lógica, gramática e retórica: entendendo a natureza e a função da linguagem / Miriam Joseph; tradução e adaptação de Henrique Paul Dmyterko. – São Paulo : É Realizações, 2008.

Título original: The trivium, the liberal arts of logic, grammar and rhetoric.
Bibliografia.
ISBN 978-85-88062-60-3

1. Compreensão na leitura 2. Inglês - Gramática 3. Inglês - Retórica 4. Linguagem e lógica 5. Pensamento crítico I. Dmyterko, Henrique Paul. II. Título.

08-10108 CDD-808.042

Índices para catálogo sistemático:
1. INGLÊS : RETÓRICA 808.042

É Realizações Editora, Livraria e Distribuidora Ltda.
Rua França Pinto, 498 · São Paulo SP · 04016-002
Caixa Postal: 45321 · 04010-970 · Telefax: (5511) 5572 5363
atendimento@erealizacoes.com.br · www.erealizacoes.com.br

Este livro foi reimpresso pela Edições Loyola em maio de 2015. Os tipos são da família
Cronos Pro, Fairfield FH e Weiss BT. O papel do miolo é Off White Norbrite 66g, e o da capa, cartão supremo 250g.

Sumário

Prólogo

O *Trivium*, da Irmã Miriam Joseph – obra única

Por todo o Medievo, o *Trivium* (Gramática, Retórica e Dialética ou Lógica) compôs com o *Quadrivium* (Aritmética, Geometria, Música e Astronomia) as chamadas Sete Artes Liberais, ou seja, o conjunto de estudos que antecedia o ingresso na Universidade. Ainda que brevemente, tracemos-lhes antes de tudo a história.

Provavelmente esse conjunto de artes enquanto corpo didático escolar tem origem na Alexandria do início do século II.[1] Floresceu ali, então, uma comunidade de estudos do Cristianismo cuja fundação remontava, segundo a tradição, ao evangelista São Marcos: tratava-se da *Didaskaleion*, escola catequética destinada aos pagãos conversos. De início modesta, a escola assumiu posição de destaque para o final do século, mais precisamente no ano 180, sob a direção de São Patemo, de que foi discípulo o célebre Clemente de Alexandria. Pois bem, para este último, o saber se escalona em cinco graus, o segundo dos quais – em seguida à "Propedêutica dos Párvulos", consistente precisamente no ensino da escrita, da leitura e da aritmética aos meninos – se dizia as "Sete Disciplinas Encíclicas". Ora, muito provavelmente tais cinco graus correspondiam ao programa de estudos da *Didaskaleion* de então, e quase certamente está naquelas Sete Disciplinas Encíclicas a mais próxima origem pedagógica das Sete Artes Liberais. Sua forma mais definitiva, todavia, estas só a adquiririam por volta do ano 800, com as *Capitulares* de Carlos Magno, e mediante Alcuíno (735-804), o organizador da escola carolíngia em Aix-en-Chapelle. Dissemos porém "mais definitiva", e para entendê-lo é preciso retraçar mais detidamente as vicissitudes doutrinais e programáticas de nossas Sete Artes.

Com efeito, pode-se *de algum modo* fazer remontar a origem ideológica das Sete Artes Liberais aos pitagóricos, e depois rastreá-la desde o autêntico *flatus vocis* dos sofistas até Aristóteles. E de fato é com este gênio do método que já se dá perfeitamente a arte-ciência da Lógica, cuja ordem tanto compositiva como pedagógica se há de apresentar assim:[2]

---

[1] Para esta origem das Sete Artes Liberais, cf. Sidney Silveira, "A Pedagogia do Logos Divino". In: Clemente de Alexandria, *Exortação aos Gregos*. Trad. Rita de Cássia Codá dos Santos. São Paulo, É Realizações, 2013, p. 7-8.

[2] Temos perfeita advertência de que o exposto a seguir, fundado em Santo Tomás de Aquino, está longe de ser unânime entre os estudiosos de Aristóteles, mas estamos de todo convictos de sua justeza (cf. também Pe. Álvaro Calderón, *Umbrales de la Filosofía, Cuatro Introducciones Tomistas*. Argentina, edição do autor, 2011). Ademais, isso mesmo que diremos

1) antes de mais, a Lógica ocupa-se dAS DUAS OPERAÇÕES DA RAZÃO ENQUANTO INTELECTO (a *simples apreensão* ou *inteligência dos incomplexos*, e a *composição intelectual*), estudadas respectivamente nas *Categorias* (ou *Predicamentos*) e no *Peri hermeneias* do Estagirita (com o acréscimo, posterior, do porfiriano *Isagoge* ou *Tratado dos Predicáveis*);

2) depois, ocupa-se dA OPERAÇÃO DA RAZÃO ENQUANTO RAZÃO (ou seja, os atos em que se vai do conhecido ao desconhecido), operação que por sua vez se subdivide:

- em primeiro lugar, a) *o discurso necessário e sempre verdadeiro* [a FORMA do silogismo ou raciocínio] e b) *a parte judicativa e resolutiva* ou *analítica* [enquanto MATÉRIA do silogismo], estudados respectivamente nos *Primeiros Analíticos* e nos *Segundos Analíticos*;
- em segundo, *o discurso provável* ou *parte inventiva*, que, com gradação de maior para menor certeza, se subdivide ainda em a) *dialética* [ou seja, a fé e a opinião], b) *suspeita de verdade* e c) *indução por sentimento*, estudadas respectivamente nos *Tópicos*, na *Retórica* e na *Poética*;
- e em terceiro, por fim, *o discurso falso com aparência de verdade*, tratado nas *Refutações Sofísticas*.

Observem-se três coisas importantes para o que se vai seguir neste Prólogo:

1) o *ordo compositionis* obriga a considerar as três operações da razão, como acima, em sua ordem própria;

2) pareceria que a ordem pedagógica acima exposta estivesse invertida, porque o homem de fato só pouco a pouco se aproxima da ciência, ou seja, vai do falso ao apodíctico passando pelo verossímil; sucede porém que o *ordo sustentationis* e pois a ordem pedagógica não podem senão ir, ao contrário, do perfeito ou necessário ao imperfeito e ao falso;[3]

3) a arte da Gramática, como ainda se vê acima, não é parte da Lógica, senão que é instrumental para a mesma Lógica, com a ressalva de que as partes desta não se cingem igualmente às normas daquela: com efeito, menos estritamente a Retórica, e ainda menos a Poética.

Pois bem, no conjunto de afluentes doutrinais que vão desembocar no *Trivium*, contam-se não só o aristotelismo e o platonismo,[4] mas também o estoicismo de,

---

a seguir será tratado muito mais detidamente em *Suma Gramatical da Língua Portuguesa*, por aparecer em 2014.

[3] Com efeito, não se poderia precisar, por exemplo, se um argumento é mais ou menos verossímil se não se soubesse qual é o argumento verdadeiro, que sempre será a régua ou regra com que se mede aquele.

[4] Além da já referida escola alexandrina e de nomes ilustres como Santo Isidoro de Sevilha (560-636), cujas *Etimologias* terão grande importância para os estudos medievais em geral.

por exemplo, um João, o Gramático.[5] Pois é precisamente desse conjunto de afluentes que se constitui o *Trivium* medieval inicial (ou seja, o de antes da redescoberta e tradução ao latim das obras completas de Aristóteles), o qual, em contraposição à ordem pedagógica acima referida, se caracteriza:

- antes de tudo, por incluir a Poética na Gramática, donde deriva o beletrismo que predomina até hoje no ensino das línguas maternas e das línguas "mortas";
- depois, por certo baralhamento geral do *ordo sustentationis* e pois da consequente ordem pedagógica;
- por fim, por certa desordem sob o nome mesmo de Dialética, na qual se estudavam não só as obras que compunham a chamada *Logica vetus* (isto é, o *Isagoge* de Porfírio e as *Categorias* e o *Peri hermeneias* de Aristóteles) mas também os *Tópicos* de Cícero e certa *Dialética* equivocadamente atribuída a Santo Agostinho.

Após a tradução das obras completas de Aristóteles, a Dialética tendeu a chamar-se Lógica e a abrigar exclusivamente, além da *Logica vetus*, os *Primeiros Analíticos*, os *Segundos Analíticos* e os *Tópicos* aristotélicos, sem que, todavia, se alterassem os demais dados do conjunto do *Trivium*.

Pois bem, a obra exponencial da Irmã Miriam Joseph que temos a honra de apresentar é mais caudatária deste último *Trivium* medieval. Não acabamos, porém, de dizer que o *Trivium* em geral contrariava de certo e diverso modo o que consideraríamos, aristotélico-tomisticamente, o *ordo sustentationis* e a ordem pedagógica perfeitos? É que, em verdade, nunca a realidade social alcança toda a pureza do que se mostra necessário na ordem da contemplação, e o fato é que, em conjunto, aquele mesmo *Trivium* que resultou da confluência heterogênea de várias doutrinas permitiu, apesar de tudo, uma abundância de bons frutos filosóficos e foi o sustentáculo educacional da mais pujante das civilizações que já houve na face da Terra: a Cristandade.

Esta, porém, por diversos motivos – incluído o Humanismo hiperestetizante e hiperbeletrista –, começa a ruir no já distante século XIV. E foi no principal desdobramento do Humanismo – o Renascimento – que de fato começou a derrotar-se o conjunto das Sete Artes Liberais, especialmente "pela mão do teólogo [...] tcheco Jean Amos Comenius (1592-1670), que, em sua principal obra, *Magna Didactica*, não apenas faz pouco das Sete Artes como estabelece as

[5] Também conhecido como João Filopono de Alexandria (c. 490-c. 570), de fato um neoplatônico profundamente influído pelo estoicismo. Por exemplo, atravessa o Medievo e tem amplíssima vigência até hoje a tese de João, o Gramático, de que o *nominativo* é caso, quando, como o mostram cabalmente Aristóteles e Santo Tomás de Aquino, não o é: a flexão do nominativo não é desinência casual, mas *vogal temática*, ao mesmo título que o são as vogais temáticas nominais em português.

bases das pedagogias modernas",[6] desenhadas para fins antes de distribuição social que de efetiva educação. Na Advertência ao leitor com que abre sua obra, o tcheco esboça "o plano mestre de seu admirável mundo novo pedagógico":

> Ouso prometer uma grande didática, uma arte universal que permita ensinar a todos com resultado infalível; ensinar rapidamente, sem preguiça ou aborrecimento para alunos e professores; ao contrário, com o mais vivo prazer. Dar um ensino sólido, sobretudo não superficial ou formal, o qual conduza os alunos à verdadeira ciência, aos modos gentis e à generosidade de coração. Enfim, eu demonstro tudo isso *a priori*, com base na natureza das coisas. Assim como de uma nascente correm os pequenos riachos que vão unir-se no fim num único rio, assim também estabeleci uma técnica universal que permite fundar escolas universais.[7]

Com efeito, aí estão já algumas das notas da pedagogia moderna: arte universal, ensino rápido, resultado "infalível", tudo estabelecido *a priori* – o que redundará num seu aparente oposto que não lhe é, todavia, senão uma consequência inelutável: o renascimento do *flatus vocis* sofístico sob o justo nome de relativismo.

Basta pois comparar o sistema educacional moderno e seus resultados com a pedagogia das Sete Artes Liberais e seus resultados, para que ressalte a superioridade incalculável desta sobre aquele.

- Antes de mais, como se pode inferir do dito até agora, as Sete Artes ordenavam-se à Verdade e sua complexidade, ao passo que o ensino moderno visa a uma formação "simples" e "universal" tão somente na medida em que, sob a "luz" de um Protágoras e de um Górgias, tem o homem *individual* como medida de todas as coisas – fosse isso possível.
- Daí que, antes de tudo, o jovem medieval que pudesse ou quisesse estudar as Sete Artes se capacitava para a Sabedoria adquirida efetivamente nas universidades, ao passo que o jovem atual, sempre obrigado a cursar o ensino primário e o secundário, não se capacita senão a curvar a cerviz a si mesmo enquanto "medida de todas as coisas" e a ocupar certa posição na escala socioeconômica.[8]

---

[6] José Monir Nasser, "Para Entender o *Trivium*". Conferir, mais adiante, p. 13.

[7] Em Jean-Marc Berthoud, *Jean Amos Comenius et les Sources de l'Idéologie Pédagogique*. Tradução de José Monir Nasser.

[8] Deve dizer-se, no entanto, que, contrariamente a certa visão, o universo escolar medieval não se distingue do atual por não ser universal ou não tender a tal. Já o sistema carolíngio

- É pois de assombrar que aquele jovem medieval se distinguisse por buscar algo superior a ele mesmo – porque, com efeito, nossa alma só repousa na Verdade –, enquanto este jovem atual é crescentemente egocentrista, fundado num pretenso saber que não é senão um espelho deformado e idealizado dele mesmo e de suas pobres idiossincrasias?
- E é de admirar que então brotassem sábios verdadeiramente universais, como Santo Alberto Magno, Santo Tomás de Aquino ou São Boaventura, enquanto hoje tristemente quase não brotam senão "especialistas" tão especializados, que de fato perdem de vista a universalidade da Verdade em que poderiam repousar?

(Isso para não falar das consequências extremas do atual sistema educacional, as quais desgraçadamente enchem até as mesmas seções policiais dos periódicos.)

Vê-se, assim, a importância deste verdadeiro fulgor nas trevas contemporâneas que é O *Trivium* da Irmã Miriam Joseph, a brava religiosa que, influída pelo filósofo americano Mortimer Adler (1902-2001), elaborou um projeto educacional em que o *Trivium* (não todas as Sete Artes, talvez por dificuldades operacionais) fosse a preparação dos estudantes para a carreira universitária. "Em 1935, quando incorporado ao currículo do Saint Mary's College, o curso *The Trivium* era exigido de todos os calouros e durava dois semestres, com aulas cinco vezes por semana".[9] Foi provavelmente a única tentativa no mundo moderno de recuperar, na prática educacional, o espírito das Sete Artes Liberais.

E, se nos é uma honra prefaciar livro tão importante, não se pode senão ficar igualmente agradecido, por um lado, à É Realizações por publicar uma obra tão única no mundo moderno e, por outro, ao tradutor-adaptador Henrique Paul Dmyterko por ter-se entregado a tão árduo e meticuloso trabalho. Ambos movidos, como no mundo escolar medieval, pelo amor à Verdade.

Carlos Nougué

Professor de Filosofia, de Tradução e de Língua Portuguesa. Tradutor de Filosofia, Teologia e Literatura (do francês, do latim, do espanhol e do inglês). Lexicógrafo. Ganhador do Prêmio Jabuti de Tradução/1993 e Finalista do Prêmio Jabuti/2005 pela tradução de D. Quixote da Mancha, de Miguel de Cervantes (edição oficial do Quarto Centenário da edição princeps).

---

propendia ao ensino universal, e no Medievo, além de haver uma multiplicidade variegada de instituições de ensino (para artesãos, para moças, etc., que o quisessem ou pudessem), se facilitava o acesso dos estudantes pobres *talentosos* às universidades. A diferença entre os dois universos reside, portanto, *essencialmente*, na razão formal do acesso ao estudo: o medieval era meritocrático, tinha por medida o alto, a virtude do intelecto, enquanto o atual é chapadamente igualitarista – porque tem por medida o baixo, o mais material.

[9] José Monir Nasser, "Para entender o Trivium". Conferir adiante, p. 16.

Prefácio

Para entender *O Trivium*

No Brasil, nunca se comemora em excesso o lançamento de uma obra fundacional como *O Trivium*, da irmã Miriam Joseph (1898-1982), já que não é todo dia que a indústria editorial nacional se arrisca a penetrar na pretensa selva escura do Medievo. O desprezo da intelectualidade nacional pelos assuntos da Idade Média é a razão da esquelética oferta por aqui de obras escolásticas, comparadas por Erwin Panofsky[1] às próprias catedrais góticas, e a explicação do nosso tímido *vol d'oiseau* por sobre os fundamentos civilizatórios do Ocidente, entre eles a própria ideia de educação no sentido de Paideia, de formação.

Curiosamente, nada deveria parecer mais enigmático ao cidadão brasileiro medianamente informado, que vive por aí a falar em idade das trevas, do que o escandaloso fiasco deste monstrengo chamado sistema nacional de ensino. No Brasil, depois de sequestrarmos as crianças de suas casas pelo menos cinco horas por dia e gastarmos com elas um quarto do orçamento, descobrimos, oito anos depois, atônitos, que a maioria não sabe ler... E isto apesar de todas as siglas atrás das quais se esconde a bilionária incompetência pública.

O enigma da baixíssima eficiência do ensino, que não é fenômeno exclusivamente brasileiro, foi em parte resolvido na década de 1970 pelo padre austríaco Ivan Illich (1926-2002), que propôs a sociedade sem escolas *tout court*.[2] A tese de Illich, cujo mérito avulta na proporção direta do fracasso educacional geral, é que o sistema de ensino não tem por objetivo realmente educar, mas somente distribuir socialmente os indivíduos, por meio do ritual de certificados e diplomas. A escola formal, esta que Illich deseja suprimir, não é um meio de educação, mas um meio de "promoção" social, fato que as pessoas humildes revelam perceber quando insistem com o Joãozinho: estude, meu filho, estude...

Como se vê, vamos decifrando o mistério à medida que desprezamos a falsa equação entre ensino e educação. O sistema de ensino não produz educação, porque está ocupado demais em produzir documentos. Educação terá de ser buscada preferencialmente alhures, fora do sistema. É claro, sempre haverá um professor ou outro que, valendo-se da apatia do sistema, dará, por sua própria conta, aulas magistrais e educará de fato, contanto que seus alunos o desejem, o que, obviamente, nem sempre é o caso.

---

[1] Erwin Panofsky, *Arquitetura Gótica e Escolástica*. São Paulo, Martins Fontes, 1991.

[2] Ivan Illich, *Sociedade sem Escolas*. Trad. Lúcia Mathilde Endlich Orth. Petrópolis, Vozes, 1985.

Temos aí uma espécie de lei geral com correlação inversa: a capacidade de educar alguém é inversamente proporcional à oficialidade do ato e diretamente proporcional à liberdade de adesão do educando. A educação prospera mais quando é procurada livremente. Este é o sentido da palavra "liberal" (de *liber*, livre) nas Sete Artes "liberais" da Idade Média, que eram ensinadas ao homem livre, por oposição às artes "iliberais", ensinadas ao homem "preso", controlado por guildas. Estas corporações de ofícios faziam grosseiramente o papel do sistema de ensino moderno, regulando privilégios econômicos e sociais.

Não só não existiu na Idade Média nenhuma obrigação estatal de ir à escola para aprender as Sete Artes, como ninguém imaginava usar este conhecimento como alavanca para forçar os ferrolhos do mercado de trabalho. Para ficar mais claro, com a licença da comparação, a diferença entre o ensino e a educação é a mesma que há entre a polícia e o detetive particular do cinema. A primeira tem a obrigação de desvendar o crime, e por isso precisa parecer que o está resolvendo e, enquanto tem todo esse trabalho de fingir, só consegue esclarecer uns poucos casos pingados. O detetive resolve todos porque está aí para isso mesmo e vai até as últimas consequências, acabando sempre com o olho roxo.

Tamanha despretensão econômica certamente soa estranhíssima aos modernos, que julgam tudo sob o ponto de vista da quantidade e imaginam que entre a educação medieval e a moderna só exista uma diferença de *quantum*. Na verdade, a diferença é de tal dimensão qualitativa que, no contrapé desse engano, perdeu-se de vista a própria ideia de educação, hoje entendida como adestramento coletivo de modismos politicamente corretos (a tal da "escola cidadã"). Nos tempos das "trevas", educação era simplesmente *ex ducare*, isto é, retirar o sujeito da gaiolinha em que está metido e apresentar-lhe o mundo. Como já se disse, nem sempre o que vem depois é melhor.

A primeira condição para entender O *Trivium* da irmã Miriam Joseph, editado pela primeira vez no Brasil na corajosa e esmerada tradução de Henrique Paul Dmyterko, é entender que ensinar retórica, gramática e lógica fazia parte de um verdadeiro projeto de educação de que não há nada equivalente no mundo moderno.

As Sete Artes Liberais da Idade Média, divididas em *trivium* (retórica, gramática e lógica) e *quadrivium* (aritmética, música, geometria e astronomia), tomaram esta forma por volta do ano oitocentos, quando se inaugurou o império de Carlos Magno, primeira tentativa de reorganizar o Império Romano, e são o resultado de lenta maturação a partir de fontes pitagóricas e possivelmente anteriores, com decisivas influências platônicas, aristotélicas e agostinianas e complementações metodológicas de Marciano Capela (início do século V), Severino Boécio (480-524) e Flávio Cassiodoro (490-580), até chegar a Alcuíno (735-804), o organizador da escola carolíngia em Aix-en-Chapelle.

Como essas Sete Artes estão vinculadas a conhecimentos tradicionais, apresentam grandes simetrias com outros aspectos da estrutura da realidade, permitindo, por exemplo, analogia com o sentido simbólico dos planetas, relacionando a retórica com Vênus; a gramática com a Lua; a lógica com Mercúrio; a aritmética com o Sol; a música com Marte; a geometria com Júpiter e a astronomia com Saturno. Que ninguém pense, portanto, que haja arbitrariedade na concepção septenária do sistema. Simbolicamente, o sete representa, como ensina Mário Ferreira dos Santos,[3] "a graduação qualitativa do ser finito", isto é, um salto qualitativo, uma libertação, como um sétimo dia de criação que abre um mundo de possibilidades. Como se poderia representar a educação melhor que por esse simbolismo?

O estudante das Artes começava a vida escolar aos quatorze anos (tardíssimo para os padrões modernos, mas não sem alguma sabedoria), participava de um regime de estudo flexível com grande liberdade individual e vencia em primeiro lugar os "três caminhos" do *trivium*, mais tarde descritos por Pedro Abelardo (1079-1142) como os três componentes da ciência da linguagem. Para Hugo de São Vítor (1096-1141), no *Didascálicon*, "a gramática é a ciência de falar sem erro. A dialética[4] é a disputa aguda que distingue o verdadeiro do falso. A retórica é a disciplina para persuadir sobre tudo o que for conveniente".[5] A irmã Miriam Joseph, muito acertadamente, diz no primeiro capítulo que "o *trivium* inclui aqueles aspectos das artes liberais pertinentes à mente, e o *quadrivium*, aqueles aspectos das artes liberais pertinentes à matéria". No entanto, ninguém expressou com mais contundência o valor das Artes como Honório de Autun (*ca.* 1080-1156), com a famosa fórmula: "O exílio do homem é a ignorância, sua pátria a ciência [...] e chega-se a esta pátria através das artes liberais, que são igualmente cidades-etapas".[6]

De fato, uma vez vencido o desafio da mente, o *trivium*, o estudante medieval passava ao *quadrivium*, o mundo das coisas, e, dele, lá pelos vinte anos, se pudesse e quisesse, para a educação liberal superior, que, na época, se resumia a teologia, direito canônico e medicina, as faculdades das universidades do século XIII. As profissões de ordem artesanal, como construção civil, não eram liberais, mas associadas a corporações de ofícios, como a dos mestres-construtores, às vezes com conotações iniciáticas (maçons).

O *trivium*, de fato, funcionava como a educação medieval, ensinando as artes da palavra (*sermocinales*), a partir das quais é possível tratar os assuntos associados às coisas e às artes superiores. A escolástica, o mais rigoroso método filosófico já concebido, e que floresceria sobretudo no século XII, foi construída sobre os alicerces do *trivium*: a gramática zela para que todos falem da mesma coisa,

[3] Mário Ferreira dos Santos, *Tratado de Simbólica*. São Paulo, É Realizações, 2007, p. 240.

[4] Depois da redescoberta da "nova lógica" de Aristóteles, no séc. XII, passou a denominar-se lógica.

[5] Hugo de São Vítor, *Didascálicon*. Petrópolis, Vozes, 2001.

[6] Em Jacques Le Goff, *Os Intelectuais na Idade Média*. Rio de Janeiro, José Olympio, 2003, p. 84.

a dialética problematiza o objeto de discussão (*disputatio*), e a lógica é antídoto certo contra a verborragia vazia, o conhecido *fumus sine flamma*.

A expressão universitária americana *master-of-Arts* guarda, até hoje, resquícios dessa graduação inicial, base dos estudos superiores, que convergiam para o doutorado (no sentido medieval, não no sentido moderno). A faculdade de Artes liberais, frequentemente associada às universidades medievais, sem ser um curso superior propriamente dito, era o que lhe dava sustentação e de certo modo bastava-se a si própria. Explica Jacques Le Goff:

> Lá [na faculdade de Artes] é que se tinha a formação de base, daquele meio é que nasciam as discussões mais apaixonadas, as curiosidades mais atrevidas, as trocas mais fecundas. Lá é que podiam ser encontrados os clérigos pobres que não chegaram até a licença, muito menos ao custoso doutorado, mas que animavam os debates com suas perguntas inquietantes. Lá é que se estava mais próximo do povo das cidades, do mundo exterior, que se ocupava menos em obter prebendas e em desagradar à hierarquia eclesiástica, que era mais vivo o espírito leigo, que se era mais livre. Lá é que o aristotelismo produziu todos os seus frutos. Lá é que se chorou como uma perda irreparável a morte de Tomás de Aquino. Foram os *artistas* que, numa carta comovedora, reclamaram da ordem dominicana os despojos mortais do grande doutor.[7]

Cada elemento do *trivium* contém potencialmente as habilidades filosóficas da vida intelectual madura. Esta é a razão pela qual o projeto educacional da irmã Miriam, profundamente influenciado pelo filósofo americano Mortimer Adler (1902-2001), foi concebido como preparação de estudantes para a vida universitária, fosse qual fosse o curso. Em 1935, quando incorporado ao currículo do Saint Mary's College, o curso "*The Trivium*" era exigido de todos os calouros e durava dois semestres, com aulas cinco vezes por semana. Santo Agostinho (354-430), mil e seiscentos anos antes, havia feito, a seu modo, a mesma tentativa de preparação intelectual com sua *Doutrina Cristã*,[8] uma espécie de iniciação intelectual para estudar as Escrituras.

Na prática e salvo engano, no mundo moderno a única tentativa de recuperar o espírito do *trivium* foi a parceria da irmã Miriam Joseph com Mortimer Adler. Este querendo restaurar a cultura clássica na universidade americana, e aquela preparando o aluno para poder debater os conteúdos dos grandes autores com

[7] Ibid., p. 144-45.

[8] Santo Agostinho, *A Doutrina Cristã*. Trad. Nair de Assis Oliveira, C.S.A. 2. Ed. São Paulo, Paulus, 2007. (Coleção Patrística)

precisão gramatical e coerência, concordando com Heráclito,[9] que pregava a seus alunos a impossibilidade da retórica sem a lógica.

O mundo moderno, Brasil incluído, hipnotizado pelo esquema do ensino universal, perdeu completamente de vista a conotação individual e "iniciática" que é a alma da verdadeira educação e a essência do *trivium*. Mesmo nos Estados Unidos, a experiência da irmã Miriam Joseph ficou restrita a pequeno grupo de universidades católicas. Por aqui, quase não há interlocutores capacitados para debater o assunto.

Mesmo sem pretender tratar aqui fenômeno tão complexo, registre-se que o sistema educacional tradicional entrou em declínio já no século XIV, lentamente minado por fora e por dentro, sob a orquestração do nascente "humanismo", até desabar no Renascimento, pela mão do teólogo e místico tcheco Jean Amos Comenius (1592-1670), que, em sua principal obra, *Magna Didactica*, não apenas faz pouco das Sete Artes como estabelece as bases das pedagogias modernas, desenhadas para fins de ensino e não de educação. Entre outras coisas, Comenius inventou o jardim da infância. Na advertência ao leitor, que abre sua *Magna Didactica*, o teólogo rascunha o plano mestre de seu admirável mundo novo pedagógico:

> Ouso prometer uma grande didática, uma arte universal que permita ensinar a todos com resultado infalível; ensinar rapidamente, sem preguiça ou aborrecimento para alunos e professores; ao contrário, com o mais vivo prazer. Dar um ensino sólido, sobretudo não superficial ou formal, o qual conduza os alunos à verdadeira ciência, aos modos gentis e à generosidade de coração. Enfim, eu demonstro tudo isso *a priori*, com base na natureza das coisas. Assim como de uma nascente correm os pequenos riachos que vão unir-se no fim num único rio, assim também estabeleci uma técnica universal que permite fundar escolas universais.[10]

Mesmo uma análise rápida desta declaração descobrirá nela o DNA da pedagogia moderna nas suas características estruturantes: triunfalismo, epicurismo, massificação do ensino, uniformização do conteúdo, automatização da aprendizagem e insensibilidade às individualidades. A Unesco, naturalmente, homenageia Comenius com sua maior condecoração. Se a miséria do ensino moderno tem pai, o seu nome é Comenius. E se alguma coisa vai na direção contrária do *trivium* é esta "natureza das coisas" de onde vêm estas "escolas universais" e cujo resultado até agora parece ter-se limitado a produzir milhões de indivíduos idiotizados.

---

[9] Ernesto Sábato, *Heterodoxia*. Campinas, Papirus, 1993, p. 120.

[10] Jean-Marc Berthoud, *Jean Amos Comenius et les Sources de l'Idéologie Pédagogique*. Tradução de José Monir Nasser.

Visto desta perspectiva histórica, O *Trivium*, este tesouro redescoberto pela irmã Miriam Joseph, é mais que um manual para desenvolver a inteligência, é uma luz brilhando na escuridão dos abismos em que atiramos a verdadeira educação.

José Monir Nasser (1957-2013 – *In memoriam*)

Professor, escritor e autor de O Brasil que Deu Certo e A Economia do Mais *(Tríade Editora). Durante anos, ministrou no Espaço Cultural É Realizações suas "Expedições pelo Mundo da Cultura", uma série conferências sobre grandes livros da literatura ocidental, inspirado pelo modelo de educação liberal proposto por Mortimer Adler.*

Nota do tradutor

Há quem diga que a melhor paga de um tradutor é não ser percebido. Outros, que tradutor é traidor. Em face disso, lanço-me à temerária, mas breve, tarefa de descrever algo do processo de tradução e adaptação de O *Trivium*, de autoria da irmã Miriam Joseph.

Mas antes permitam-me algumas palavras sobre os motivos da tradução: desde a adolescência – e já se vão trinta anos – lia referências e menções às sete artes liberais, ao *trivium* e ao *quadrivium*, nas saudosas páginas do Suplemento Cultural de O *Estado de São Paulo*. A curiosidade ficou aguçada, mas, à época, outros interesses e obrigações me desviaram daquilo que eu ainda não sabia ser a verdadeira educação. Em junho de 2005, via Internet, deparei-me com oferta da última edição americana do livro *The Trivium*. Comprei-o e, ato contínuo, passei a elaborar um resumo traduzido para meu estudo e, quiçá, para benefício de amigos e colegas. Todavia, logo percebi que o livro original já era um resumo magistral, riquíssimo e sucinto ao mesmo tempo. Restaram-me duas opções: a tudo abandonar ou traduzir o livro por inteiro. Traduzi. O trabalho iniciado em 2005 foi concluído somente em maio de 2007, dadas as dificuldades intrínsecas à adaptação de obra tão clara, mas tão minuciosa e cheia de sutilezas, e também em função das inúmeras vicissitudes da vida. Vale dizer que a empreitada não me foi encomendada, mas foi fruto de uma dessas teimosias prazerosas, próprias de apreciadores de livros. Fiz porque quis, por assim dizer, sem nenhuma perspectiva de publicação. Mais tarde, porém, tive a imensa sorte e o privilégio de ser apresentado a um editor corajoso, Edson Filho, que de pronto percebeu a importância da obra no contexto da educação liberal.

Também é necessário lembrar aqueles que, na medida de suas possibilidades e nos intervalos dos seus muitos afazeres, prestaram-me, de bom grado e com dedicação tocante, ajuda quanto à leitura dos três capítulos iniciais, além de orientações técnicas sobre notas e referências: Luciane Amato, Fernando de Morais e Simone Caldas. Imprescindível também é agradecer o denodo e extremo profissionalismo da revisora, Liliana Cruz, com quem finalmente me senti seguro de que o resultado final da tradução seria o melhor possível, ao menos diante do que ela tinha em mãos. Agradeço também a especial gentileza de José Monir Nasser, quando este aceitou, com grande entusiasmo, o convite para prefaciar esta primeira edição brasileira de O *Trivium*, demonstrando seu habitual brilhantismo e erudição na apresentação do histórico das artes liberais e na introdução do conceito de uma educação que ainda estamos a esperar.

Mas tenho outras dívidas a reconhecer. Além dos inúmeros dicionários especializados, tal como o *Dicionário de Filosofia* de José Ferrater Mora, das obras completas de Aristóteles, Platão, Shakespeare e de tantos outros, sou devedor das obras de dois grandes brasileiros: Napoleão Mendes de Almeida e Massaud Moisés. Estes últimos tornaram mais segura a adaptação dos Capítulos 3 e 11, respectivamente. Se neles há falhas, são minhas.

Sobre o Capítulo 3 há algumas observações importantes para o leitor: a Gramática Geral, teoricamente, é aplicável a toda e qualquer língua indo-europeia. Repetindo a autora: "A gramática geral é mais filosófica que as gramáticas especiais porque está mais diretamente relacionada à lógica e à metafísica – ou ontologia. Consequentemente, ela difere um pouco das gramáticas especiais no que diz respeito ao ponto de vista e à classificação resultante, tanto na análise morfológica quanto na análise sintática". No caso do livro original, obedece-se à gramática da língua inglesa para expressar conceitos da gramática geral, esta com terminologia própria e algo diferente daquela da gramática inglesa. O desafio foi transpor esses conceitos e terminologia para a língua portuguesa.

Pois o fato é que a gramática geral fala de algo que nos parece familiar: por vezes é, por outras não é. Do ponto de vista da estrutura do livro, é o capítulo-chave, o elo que permitirá a melhor compreensão dos capítulos da lógica (proposições, silogismos, falácias, etc.) e da retórica. Esse era o objetivo da irmã Miriam Joseph nesse Capítulo 3, e se consegui manter esse elo, me dou por satisfeito. Os puristas podem torcer o nariz e algum pode até querer, equivocadamente, transformar o referido capítulo num compêndio de gramática da língua portuguesa.

Creio que é útil lembrar ao leitor que o exemplar de O *Trivium* que ele ora tem em mãos não é mera tradução, mas é também uma adaptação que levou em conta aquilo que julguei ser necessário aos leitores brasileiros, pois se trata de um livro-texto de um curso ministrado durante dois semestres em instituições americanas de ensino superior (os *Colleges*), com cinco aulas semanais. Alguns exemplos criados pela autora, irmã Miriam Joseph, se traduzidos simplesmente, perderiam totalmente o efeito pretendido. Nesses casos, fui obrigado a "criar", a adaptar e a acrescentar. Outro detalhe importante a ressaltar é que esse livro teve quatro edições nos Estados Unidos: em 1937, 1940, 1948 e em 2002. Nas três primeiras edições, a autora apenas indicava os trechos de More, Shakespeare, Milton, Dante, Platão, etc., mas não os reproduzia, cabendo aos estudantes a tarefa de pesquisa em bibliotecas. Somente a edição de 2002, a que traduzi e que o leitor terá como guia e companheiro de estudos, contém a reprodução dos trechos citados. Por um lado, isso enriqueceu o livro e, por outro, dificultou a adaptação, a depender do caso em que o trecho foi inserido: se como exemplo de uma regra gramatical, de regra lógica, de uma sequência rítmica, etc. Em alguns casos, consegui apresentar a tradução do essencial para o exemplo; em outros, a tradução já existia, mas não servia. Noutros ainda, deixei o trecho em inglês, sem tradução, pois a grafia e a sequência davam conta dos subsídios necessários à compreensão do leitor.

Enfim, no Brasil, o *trivium*, o cruzamento de três caminhos (lógica, gramática e retórica), há muito aguardava sair do esquecimento ou da ignorância. Que o leitor desta pequena joia, traduzida com a obstinação que vem do encanto, se transforme num estudante e bem se prepare para a inserção na cultura universal.

Henrique Paul Dmyterko
Curitiba, setembro de 2008.

Introdução à edição americana de 2002

> Na verdadeira educação liberal, a atividade essencial do estudante é relacionar os fatos aprendidos num todo unificado e orgânico, assimilá-los tal como a rosa assimila nutrientes do solo e daí crescer em tamanho, vitalidade e beleza.
>
> O *Trivium: As Artes Liberais da Lógica, da Gramática e da Retórica*

O que é a linguagem? Como ela funciona? O que torna boa a linguagem? Coleridge definia a prosa como "as palavras em sua melhor ordem" e poesia como "as melhores palavras na melhor ordem". Singela, mas adequada, sua definição fornece um padrão, mas poderá um leitor ou um escritor encontrar a ferramenta para obter esse padrão? Minha busca levou-me ao livro da irmã Miriam Joseph, O *Trivium*. Eu sabia que as habilidades que havia aprendido quando estudante de artes liberais, ensinado como professora de inglês em escola secundária e utilizado como escritora e editora derivavam da visão medieval e renascentista da gramática, da lógica e da retórica, as três "artes da linguagem" das artes liberais, conhecidas como o *trivium*. Todavia, um estudo do *trivium* original mostrou-me que regras gramaticais, termos literários e fórmulas silogísticas, misturados de forma desajeitada, diferem da concepção original do *trivium*, que oferecia ferramentas ao aperfeiçoamento do intelecto.

A irmã Miriam Joseph resgatou aquela abordagem integrada para destravar a força do intelecto, oferecendo-a a suas alunas no Saint Mary's College (South Bend, Indiana) por muitos anos. Ela foi instruída no *trivium* por Mortimer J. Adler, que inspirou a ela e a outras professoras do Saint Mary's que estudassem elas mesmas o *trivium* e depois o ensinassem a seus estudantes. No prefácio da edição de 1937, a irmã Miriam Joseph escreveu: "Esta obra deve o seu começo [...] ao Professor Mortimer J. Adler, da Universidade de Chicago, cuja inspiração e orientação lhe deram o impulso original". E ela foi além, ao reconhecer sua dívida com Aristóteles, John Milton e Jacques Maritain. William Shakespeare, Santo Tomás de Aquino e Thomas More também aparecem com frequência nas páginas de O *Trivium*. Sem dúvida, isso é estar em muito boa companhia.

O *Trivium* nos ensina que a linguagem se desenvolve a partir da natureza mesma do ser humano. Uma vez que somos racionais, pensamos; porque somos sociais, interagimos com outras pessoas; sendo corpóreos, usamos um meio físico. Inventamos símbolos para expressar a gama de experiências práticas, teóricas e poéticas que constroem a nossa existência. As palavras permitem-nos deixar um legado de nossa experiência para deleitar e educar aqueles que nos sucederem. Por usarmos a linguagem, engajamo-nos num diálogo com o passado e com o futuro.

Como é que O *Trivium* nos ajuda a usar a linguagem de modo a participar desse diálogo com o passado e o futuro e a discutir a nossa própria vida? As teorias da linguagem e da literatura de Aristóteles formam a base desta obra. As suas dez categorias do ser proveem o foco central. As palavras são categorizadas por sua relação com o ser e por suas relações mútuas. Quando quem fala ou escreve usa uma palavra, assim atribuindo a ela um significado particular, essa palavra torna-se um termo e entra nos domínios da lógica. As categorias de Aristóteles nos permitem traduzir o símbolo linguístico numa entidade lógica pronta a tomar lugar numa proposição. Das proposições o leitor move-se para os silogismos, entimemas, sorites, falácias formais e falácias materiais.

O *Trivium* explica que a lógica é a arte da dedução. Na qualidade de seres pensantes, sabemos alguma coisa e desse saber podemos deduzir um novo saber, um novo conhecimento. De onde vem o conhecimento original? A seção sobre a indução responde a essa questão enquanto explora o processo pelo qual derivamos princípios gerais de casos individuais.

Exemplos do cânone literário universal, e de Shakespeare em particular, lançam luz sobre as explicações acerca da gramática e da lógica. A irmã Miriam Joseph, que também era uma estudiosa de Shakespeare, verdadeiramente se refere a ele como a um mestre do *trivium*. Por exemplo, ele fez uso frequente de lítotes, a figura de linguagem baseada na obversão de uma proposição. Em *The Tempest*, Shakespeare apresenta um desses casos: Sebastian, expressando sua preocupação quanto ao destino de Ferdinand, filho do rei, diz: "I have no hope that he's undrowned". Shakespeare toma a decisão retórica de usar a obversão para dramatizar o fato de que Sebastian se vê em face de uma realidade que não consegue descrever em discurso direto.

A retórica se preocupa com as escolhas daquele que fala ou escreve a partir das opções que a gramática e a lógica oferecem. A irmã Miriam Joseph rememora a história da retórica e apresenta a perspectiva de Aristóteles quanto aos meios de persuasão. Ela inclui a poética – comunicação através da narrativa criada pelo autor –, além da retórica ou comunicação direta. Nesse ponto o leitor encontrará os seis elementos da poética de Aristóteles. A seção sobre enredo e trama é extensa e inclui uma análise detalhada da estrutura do conto "O Pedaço de Barbante", de Guy de Maupassant. A serviço da retórica e da poética, a autora explica a linguagem figurada de acordo com os tópicos de invenção clássicos dos quais são derivados; poesia e versificação; e o ensaio. O capítulo termina com um breve guia de composição.

Tal como indica este sumário, O *Trivium* fornece uma visão abrangente da gramática geral, da lógica e da retórica, bem como da indução, da poética, da linguagem figurada e da poesia. Todavia, o leitor poderá usar as partes do livro separadamente. Capítulos 1 a 3: "As Artes Liberais", "A Natureza e Função da Linguagem" e "Gramática Geral" oferecem um guia para uma visão integrada da linguagem. A seção de lógica compreende os capítulos 4 a 9. O capítulo 10, "Breve Sumário da Indução", apresenta os tipos de indução e o método científico. O capítulo 11, "Leitura e Composição", explica conceitos da retórica e de outras formas de literatura. As poucas referências à lógica nos capítulos 10 e 11 são explicadas nas notas.

As notas são um aspecto novo nesta edição de O *Trivium*. Todd Moody, professor de filosofia da Universidade de Saint Joseph, na Filadélfia, forneceu um comentário amplificado nos capítulos sobre lógica. Suas notas são designadas TM. Minhas notas dão etimologias, as fontes das citações e esclarecimentos. Algumas notas repetem informações de capítulos antecedentes que julguei úteis ao leitor.

A publicação original (1937) tinha uma documentação incompleta quanto às citações. Eu pesquisei todas as citações e usei edições contemporâneas-padrão para fontes citadas com frequência, tais como as peças de Shakespeare ou a Bíblia. Em alguns poucos casos, fui capaz de encontrar a obra citada, mas não a citação específica. Por exemplo, *Confutation Concerning Tyndale's Answers*, de Santo Thomas More, é uma obra em três volumes em prosa renascentista. Em outro caso, porém, fiquei muito contente, não apenas por encontrar o livro verdadeiro, um livro agora pouco conhecido e fora de catálogo, mas por encontrar nele a citação exata.

A questão do gênero e da linguagem deu vez a várias discussões entre a equipe editorial. Em O *Trivium*, a irmã Miriam Joseph usa "ele" e "homem" para se referir a todos os seres humanos; este era o procedimento aceitável nos anos 1930 e 1940, e se ajustava a um livro cujas fontes eram clássicas, medievais e renascentistas. Deixei o texto inalterado, a não ser por substituições ocasionais de palavras plurais ou pelo uso de expressões tais como *ser humano* em lugar de homem.

Em sua edição de O *Trivium*, a irmã Miriam Joseph usou um formato de esboço, de resumo. Esta edição adapta aquele resumo ao fazer uso de títulos e cabeçalhos, e por oferecer uma transição entre tópicos. Também fiz distinções entre informação e exemplos; no texto original, exemplos, ilustrações, analogias e notas estavam incorporados ao esboço geral. No meu próprio estudo deste *Trivium*, achei que certas seções eram chave para o entendimento da obra como um todo ou eram valiosos acréscimos para a minha compreensão da linguagem. Apresentei essas seções como quadros, em destaque; estes poderão ser úteis ao leitor tanto numa primeira leitura de O *Trivium* quanto numa revisão do texto.

A autora escolhe exemplos literários maravilhosos para cada capítulo do livro. Esta edição mantém essa seleção original.[1] Ocasionalmente, poemas eram mencionados, porém, não incluídos; esta edição inclui esses poemas. Em alguns

[1] Salvo nos casos em que o tradutor julgou necessário adaptar o exemplo. (N. E.)

casos, a irmã Miriam Joseph usou citações de periódicos da época. Uma vez que perderam relevância, foram substituídas por referências literárias.

Eu gostaria de agradecer às muitas pessoas que ajudaram a trazer esta nova edição [americana] de *O Trivium* à publicação. John Kovach, bibliotecário do Saint Mary's College, encontrou o *Trivium* original e o enviou à editora Paul Dry Books, Inc. O professor John Pauley, do Saint Mary's, escreveu a biografia da autora para esta edição. Todd Moody prestou um serviço inestimável ao ler e comentar os capítulos sobre lógica. Ele ajudou-me a esclarecer e a purificar o texto, respondendo a todas as minhas indagações de maneira afável e expedita. Darryl Dobbs, professor de ciência política na Marquette University, leu os rascunhos em vários estágios e forneceu comentários úteis. Martha Robinson, membro do Christian Trivium Board, revisou um rascunho, e seu conselho ajudou-me a tornar mais agudo e centrado o foco. Eu também gostaria de agradecer a Thomas McGlinn, meu marido, que pacientemente esperava pelos jantares apimentados com enigmas de gramática e lógica, enquanto eu trabalhava para avançar neste projeto.

Ao fazer o trabalho de edição de *O Trivium*, tentei não ferir o texto original e ser fiel à visão e à erudição da autora e de seus professores. No "Prólogo" aos *Contos da Cantuária*, Chaucer pede ao público que o perdoe se ele ofender a alguém ou se cometer algum erro. Ele termina explicando, "Meu juízo é insuficiente, vós bem podeis entender". Eu tomo para mim a mesma defesa.

Enfim, é a irmã Miriam Joseph quem fala mais eloquentemente sobre o valor deste livro. Ela explica que estudar as artes liberais é uma atividade intransitiva; o efeito do estudo de tais artes permanece no indivíduo e aperfeiçoa as faculdades da mente e do espírito. Ela compara o estudo das artes liberais ao desabrochar de uma rosa; ele traz a fruição e a realização das possibilidades da natureza humana. Ela escreve:

> as artes utilitárias ou servis permitem que alguém sirva – a outrem, ao estado, a uma corporação, a uma profissão – e que ganhe a vida. As artes liberais, em contraste, ensinam como viver; elas treinam uma pessoa a erguer-se acima de seu ambiente natural para viver uma vida intelectual e racional, e, portanto, a viver uma vida conquistando a verdade.

Marguerite McGlinn
Filadélfia, 2002

1. AS ARTES LIBERAIS

AS ARTES LIBERAIS

As artes liberais denotam os sete ramos do conhecimento que iniciam o jovem numa vida de aprendizagem. O conceito é do período clássico, mas a expressão e a divisão das artes em *trivium* e *quadrivium* datam da Idade Média.

O *trivium* e o *quadrivium*

O *trivium*[1] inclui aqueles aspectos das artes liberais pertinentes à mente, e o *quadrivium*, aqueles aspectos das artes liberais pertinentes à matéria. Lógica, gramática e retórica constituem o *trivium*; aritmética, música, geometria e astronomia constituem o *quadrivium*. A lógica é a arte de pensar; a gramática, a arte de inventar símbolos e combiná-los para expressar pensamento; e a retórica, a arte de comunicar pensamento de uma mente a outra, ou de adaptar a linguagem à circunstância. A aritmética, ou teoria do número, e a música, uma aplicação da teoria do número (a medição de quantidades discretas em movimento), são as artes da quantidade descontínua ou número. A geometria, ou teoria do espaço, e a astronomia, uma aplicação da teoria do espaço, são as artes da quantidade contínua ou extensão.

O *trivium*: As três artes da linguagem pertinentes à mente

Lógica	arte de pensar
Gramática	arte de inventar e combinar símbolos
Retórica	arte de comunicar

O *quadrivium*: As quatro artes da quantidade pertinentes à matéria

Quantidade descontínua ou número	
Aritmética	teoria do número
Música	aplicação da teoria do número
Quantidade contínua ou extensão	
Geometria	teoria do espaço
Astronomia	aplicação da teoria do espaço

1-1. *As sete artes liberais*

[1] *Trivium* significa o cruzamento e a articulação de três ramos ou caminhos e tem a conotação de um "cruzamento de estradas" acessível a todos (*Catholic Encyclopedia*, vol. 1, s.v., "The seven liberal arts"). *Quadrivium* significa o cruzamento de quatro ramos ou caminhos.

Essas artes da leitura, da escrita e do cálculo formaram a base tradicional da educação liberal, cada uma constituindo tanto um campo do conhecimento quanto a técnica para adquirir esse conhecimento. O grau de bacharel em artes[2] é conferido àqueles que demonstram a proficiência requerida nessas artes; o grau de mestre em artes, àqueles que demonstram uma proficiência maior que a requerida.

Hoje, como em séculos passados, o domínio das artes liberais é amplamente reconhecido como a melhor preparação para o estudo nas escolas de formação profissional, tais como as de medicina, direito, engenharia ou teologia. Aqueles que primeiro aperfeiçoam suas próprias faculdades através da educação liberal estão, deste modo, mais bem preparados para servir aos outros em sua capacidade profissional.

As sete artes liberais diferem essencialmente das muitas artes ou ofícios utilitários (tais como carpintaria, alvenaria, vendas, impressão, edição, serviços bancários, direito, medicina, ou o cuidado das almas) e das sete belas-artes (arquitetura, música instrumental, escultura, pintura, literatura, teatro e dança), pois tanto as artes utilitárias como as belas-artes são atividades transitivas, enquanto a característica essencial das artes liberais é que elas são atividades imanentes ou intransitivas.

O artista utilitário produz utilidades que atendem às necessidades do homem; o artista de uma das belas-artes, se for de superlativa categoria, produz uma obra que é "algo de belo e uma alegria para sempre"[3] e que tem o poder de elevar o espírito humano. No exercício tanto das artes utilitárias quanto das belas-artes, ainda que a ação comece no agente, ela sai do agente e termina no objeto produzido, tendo normalmente um valor comercial; portanto, o artista é pago pelo trabalho ou obra. No exercício das artes liberais, todavia, a ação começa no agente e termina no agente, que é aperfeiçoado pela ação; consequentemente, o artista liberal, longe de ser pago por seu trabalho árduo – do qual, aliás, é o único a

---

[2] A despeito da semelhança com a terminologia brasileira, os graus *Bachelor of Arts* e *Master of Arts* não encontram aqui equivalência direta e perfeita. Um *BA* é diploma obtido num *College*, que já é instituição de ensino de nível superior. O *MA* lhe é superior e confere o direito de lecionar. No passado, foi equivalente ao doutorado nos EUA; em algumas áreas e universidades, assim permanece. Todavia, hoje parece consolidar-se uma tendência para distinguir o mestrado como intermediário, antes do Ph.D., seguindo a tradição alemã em lugar da inglesa. (N. T.)

[3] "*A thing of beauty and a joy forever*" – Adaptado de "Endymion", de John Keats (1795-1821): "A thing of beauty is a joy forever: / Its loveliness increases: it will never / Pass into nothingness".

receber todo o benefício –, com frequência paga a um professor para que este lhe dê a instrução e o guiamento necessários na prática das artes liberais.

O caráter intransitivo das artes liberais poderá ser entendido melhor a partir da analogia a seguir.

ANALOGIA: O caráter intransitivo das artes liberais

O carpinteiro aplaina a madeira.

A rosa floresce.

A ação de um verbo transitivo (como *aplaina*) começa no agente, mas "cruza" e termina no objeto (*a madeira*). A ação de um verbo intransitivo (como *floresce*) começa no agente e termina no agente (*a rosa*, que se aperfeiçoa por florescer).

Classes de bens

As três classes de bens – valiosos, úteis e aprazíveis – ilustram o mesmo tipo de distinção que existe entre as artes.

Bens valiosos são aqueles que são desejados não apenas por sua própria causa, mas também porque aumentam o valor intrínseco de quem os possuir. Por exemplo: conhecimento, virtude e saúde são bens valiosos.

Bens úteis são aqueles que são desejados porque permitem que alguém adquira bens valiosos. Por exemplo: alimento, remédio, dinheiro, ferramentas e livros são bens úteis.

Bens aprazíveis são aqueles que são desejados por si mesmos em função da satisfação que dão a quem os possuir. Por exemplo: felicidade, uma reputação honrada, prestígio social, flores e comida saborosa são bens aprazíveis. Eles nada acrescentam ao valor intrínseco do possuidor nem são desejados como meios, ainda que possam estar associados a bens valiosos ou úteis. Por exemplo, o conhecimento, que acrescenta valor, pode ao mesmo tempo ser prazeroso; sorvete, que é um alimento nutritivo e, portanto, promove a saúde, é, ao mesmo tempo, agradável.

As artes utilitárias, ou servis, permitem que alguém seja um servidor – de outra pessoa, do Estado, de uma corporação, de uma profissão – e que ganhe a vida. As artes liberais, em contraste, ensinam a viver; treinam as faculdades e as aperfeiçoam; permitem a uma pessoa elevar-se acima de seu ambiente material para viver uma vida intelectual, uma vida racional e, portanto, uma vida livre para adquirir a verdade. Jesus Cristo disse: "E conhecereis a verdade, e a verdade vos libertará" (João 8,32).

O novo lema do Saint John's College, em Annapolis, Maryland, expressa o propósito de uma escola de artes liberais através de um interessante jogo com a etimologia da palavra *liberal*: "*Facio liberos ex liberis libris libraque*". "Transformo crianças em homens livres por meio de livros e comparações" [experimentos em laboratório].

Ciência e arte

Cada uma das artes liberais é, a um só tempo, uma ciência e uma arte, no sentido de que em cada campo há algo a conhecer (ciência) e algo a fazer (arte). Uma arte pode ser empregada com sucesso antes que se tenha um conhecimento formal de seus preceitos. Por exemplo: uma criança de três anos pode fazer uso de gramática correta ainda que nada saiba de gramática formal. De maneira análoga, a lógica e a retórica podem ser usadas eficazmente por quem não conheça os preceitos teóricos dessas artes. Todavia, é desejável e satisfatório adquirir um conhecimento claro dos preceitos e saber por que certas formas de expressão ou de pensamento estão certas ou erradas.

O *trivium* é o órgão, ou instrumento, de toda educação em todos os níveis, porque as artes da lógica, da gramática e da retórica são as artes da comunicação mesma, uma vez que governam os meios de comunicar – a saber: leitura, redação, fala e audição. O pensamento é inerente a essas quatro atividades. A leitura e a audição, por exemplo, apesar de relativamente passivas, envolvem pensamento ativo, pois concordamos ou discordamos daquilo que lemos ou ouvimos.

O *trivium* é usado essencialmente quando exercitado na leitura e na composição. Foi exercitado sistemática e intensivamente na leitura dos clássicos latinos e na composição de prosa e versos latinos pelos garotos nas *grammar schools*[4] da Inglaterra e do continente europeu durante o século XVI. Este foi o treinamento que formou os hábitos intelectuais de Shakespeare e de outros autores da Renascença.[5] O resultado de tal treinamento transparece em suas obras.[6] O *trivium* era básico também no currículo do período clássico, na Idade Média e na pós-Renascença.

---

[4] Atualmente, equivale a uma escola secundária que só admite alunos por suas habilidades. Já nos EUA, a *grammar-school* equivale à escola primária. (N. T.)

[5] Marshall McLuhan trata do assunto, com ênfase em Thomas Nashe (1567-1601), na obra O *Trivium Clássico*. Trad. Hugo Langone. São Paulo, É Realizações, 2012. (N. E.)

[6] Ver T. W. Baldwin, *William Shakespeare's Small Latine and Lesse Greek*. Urbana, The University of Illinois Press, 1944. A expressão "*small Latine and lesse Greek*" vem do poema de Ben Jonson "To the Memory of My Beloved, The Author, Mr. William Shakespeare". Ben Jonson (1572-1637) era colega e amigo de Shakespeare.

Na gramática grega de Dionísio da Trácia (*circa* 166 a.C.), o mais antigo livro de gramática[7] existente e a base para os textos gramaticais durante pelo menos treze séculos, a gramática é definida de uma maneira tão abrangente que inclui versificação, retórica e crítica literária.

> A gramática é um conhecimento experimental dos modos de escrever nas formas geralmente correntes entre poetas e prosadores de uma língua. Está dividida em seis partes: (1) leitura instruída, com a devida atenção à prosódia [versificação]; (2) exposição, de acordo com figuras poéticas [retórica]; (3) apresentação das peculiaridades dialéticas e de alusões; (4) revelação das etimologias; (5) relato cuidadoso das analogias; (6) crítica das obras poéticas, que é a parte mais nobre da arte gramatical.

Uma vez que a comunicação envolve o exercício simultâneo da lógica, da gramática e da retórica, estas artes são as artes fundamentais da educação: ensinar e ser ensinado. Consequentemente, devem ser praticadas simultaneamente pelo professor e pelo aluno. O aluno deve cooperar com o professor; deve ser ativo e não passivo. O professor pode estar presente direta ou indiretamente. Quando alguém estuda através de um livro, o autor é um professor presente indiretamente. A comunicação, de acordo com a etimologia da palavra, resulta em algo que é possuído em comum; é uma unicidade compartilhada. A comunicação tem lugar somente quando duas mentes realmente se encontram. Se o leitor – ou o ouvinte – recebe as mesmas ideias que o escritor – ou o emissor – desejava transmitir, ele as entende (ainda que delas possa discordar); se não recebe ideia alguma, nada entende; se recebe ideias diferentes, entende mal. Os mesmos princípios da lógica, da gramática e da retórica guiam o escritor, o leitor, o emissor e o ouvinte.

A educação liberal

A educação é a mais nobre das artes no sentido de que impõe formas (ideias e ideais) não sobre a matéria, como fazem outras artes (por exemplo, a carpintaria e a escultura), mas sobre a mente. Essas formas não são recebidas passivamente pelo estudante, mas sim através da cooperação ativa. Na verdadeira educação liberal, e segundo Newman,[8] a atividade essencial do estudante é relacionar os fatos aprendidos num todo unificado e orgânico, assimilando-os tal como

---

[7] Elementos do esboço de gramática de Dionísio da Trácia ainda são componentes básicos num currículo de artes da linguagem: figuras de linguagem, uso da alusão, etimologia, analogias e análise literária.

[8] John Henry Newman (1801-1890), autor de *The Idea of a University Defined* e *Apologia pro Vita Sua*.

um corpo assimila alimento, ou, ainda, como a rosa assimila nutrientes do solo e daí cresce em tamanho, vitalidade e beleza. Um aprendiz deve usar algo como colchetes mentais, com os quais ligue os fatos entre si de modo a formar um todo significativo. Isso torna o aprendizado mais fácil, mais interessante e muito mais valioso. O acúmulo de fatos é mera informação e não merece ser chamado educação, pois sobrecarrega a mente e a estultifica, em vez de desenvolvê-la, iluminá-la e aperfeiçoá-la. Mesmo quando alguém esquece muitos dos fatos que uma vez aprendeu e relacionou, a sua mente retém o vigor e o aperfeiçoamento que obteve ao neles se exercitar. Porém a mente faz isso somente porque lida com fatos e ideias. Ademais, é muito mais fácil lembrar ideias associadas do que ideias sem conexão.

Cada uma das artes liberais veio a ser entendida não no sentido restrito de uma disciplina em separado, mas mais propriamente no sentido de um grupo de disciplinas relacionadas. O *trivium*, em si mesmo uma ferramenta ou uma habilidade, ficou associado às suas matérias de estudo mais apropriadas – línguas, oratória, literatura, história e filosofia. O *quadrivium* compreende não apenas a matemática, mas muitos ramos da ciência. A teoria do número inclui não apenas a aritmética, mas também álgebra, cálculo, teoria das equações e outros ramos da matemática superior. As aplicações da teoria do número incluem não só a música (aqui entendida como princípios musicais, tais como a harmonia, que constituem a arte liberal da música, a qual deve ser distinguida da música instrumental aplicada, que é uma das belas-artes), mas também a física, muito da química e de outras formas de medição científica de quantidades descontínuas. A teoria do espaço inclui geometria analítica e trigonometria. As aplicações da teoria do espaço incluem princípios da arquitetura, da geografia, da agrimensura e da engenharia.

Ler, escrever e contar constituem o cerne não apenas da educação elementar, mas também da educação superior. A competência no uso da linguagem e a competência em lidar com abstrações, particularmente as quantidades matemáticas, são consideradas como os mais confiáveis índices do calibre intelectual de um estudante. Consequentemente, criaram-se testes para medir essas competências, de modo que programas de orientação educacional e vocacional em instituições de ensino superior[9] e nas forças armadas se baseiam nos resultados de tais testes.

---

[9] A autora se refere aos *Colleges*, que são instituições de ensino superior, mas ainda não vocacional ou profissional. (N. T.)

As três artes da linguagem proveem disciplina à mente, uma vez que esta encontra expressão na linguagem. As quatro artes da quantidade proveem meios para o estudo da matéria – mais precisamente, extensão –, visto que essa é a característica notável da matéria. (A extensão é uma característica apenas da matéria, enquanto o número é característica tanto da matéria quanto do espírito). A função do *trivium* é treinar a mente para o estudo da matéria e do espírito, que juntos constituem a substância da realidade. O fruto da educação é a cultura, que Matthew Arnold[10] definiu como "O conhecimento de nós mesmos [mente] e do mundo [matéria]". Na "doçura e iluminação" da cultura cristã, que acrescenta a inteligência de Deus e a de outros espíritos ao conhecimento do mundo e de nós mesmos, tornamo-nos verdadeiramente aptos a "Ver a vida resolutamente; a vê-la por inteiro".[11]

AS ARTES DA LINGUAGEM

As artes da linguagem e a realidade

As três artes da linguagem podem ser definidas conforme se relacionam com a realidade e entre si. A metafísica ou ontologia,[12] a ciência do ser, trata da realidade, da coisa tal como ela existe. A lógica, a gramática e a retórica têm as seguintes relações com a realidade.

A **lógica** trata da coisa tal como ela é conhecida.

A **gramática** trata da coisa tal como ela é simbolizada.

A **retórica** trata da coisa tal como ela é comunicada.

1-2. *Linguagem e realidade*

ILUSTRAÇÃO: Relação entre a metafísica e as artes da linguagem

A descoberta do planeta Plutão, em 1930, ilustra a relação entre a metafísica e as artes da linguagem. O planeta Plutão já era uma entidade real, percorrendo a sua órbita em torno do Sol havia muitos e muitos milênios, por nós desconhecido e, portanto, sem nome. A sua descoberta em 1930 não o criou; porém,

[10] Matthew Arnold (1822-1888), poeta, ensaísta e crítico inglês. A expressão "*sweetness and light*" [doçura e iluminação] vem do seu ensaio "Culture and Anarchy".

[11] Matthew Arnold, "To a Friend".

[12] A *Metafísica* de Aristóteles deu sequência à sua obra em física. Em grego clássico, *meta* significa "depois" ou "além". Na *Metafísica*, Aristóteles definiu os princípios primeiros no entendimento da realidade. A ontologia é um ramo da metafísica e trata da natureza do ser.

ao ser descoberto, tornou-se uma entidade lógica. Quando lhe foi dado o nome Plutão, tornou-se uma entidade gramatical. Quando, por seu nome, o conhecimento dessa entidade foi comunicado a outros através da palavra falada e escrita, o planeta Plutão tornou-se então uma entidade retórica.[13]

A retórica é a arte mestra do *trivium*,[14] pois pressupõe e faz uso da gramática e da lógica; é a arte de comunicar através de símbolos as ideias relativas à realidade.

Comparação de materiais, funções e normas das artes da linguagem

As artes da linguagem conduzem o orador, o escritor, o ouvinte e o leitor ao uso correto e eficaz da linguagem. A fonética e a ortografia, que estão associadas à arte da gramática, são aqui incluídas para demonstrar sua relação com as outras artes da linguagem no que concerne a materiais, funções e normas.

Fonética: prescreve como combinar sons de modo a formar corretamente as palavras faladas.

Ortografia: prescreve como combinar letras de modo a formar corretamente as palavras escritas.

Gramática: prescreve como combinar palavras de modo a formar corretamente as frases.

Retórica: prescreve como combinar frases em parágrafos e estes numa composição completa, que apresente unidade, coerência e a ênfase desejada, bem como clareza, vigor e beleza.

Lógica: prescreve como combinar conceitos em juízos e estes em silogismos e cadeias de raciocínio de modo a obter a verdade.

1-3. *As artes da linguagem: seus materiais e funções*

Uma vez que a retórica almeja mais a eficácia do que a correção, lida não apenas com o parágrafo e com a composição completa,

[13] A realidade do planeta Plutão, soubesse alguém ou não de sua existência, pertence ao reino da metafísica. É a descoberta humana que dele foi feita que o traz para o reino da lógica, da gramática e da retórica.

[14] Chamar a retórica de "a arte mestra do *trivium*" é um lembrete quanto à ambivalência associada ao termo. Durante as pesquisas para a terceira edição do *American Heritage Dictionary*, os editores indagaram de especialistas no vernáculo se a sentença *retórica vazia* era redundante. Um terço dos especialistas disse que sim, enquanto a maioria ainda aceitava o sentido tradicional do termo. Em sua obra sobre a retórica, Aristóteles dá esta definição: "A retórica pode ser definida como a faculdade de, em qualquer situação, perceber os meios de persuasão disponíveis" (1.2). Todavia, mesmo na sua *Retórica*, Aristóteles é obrigado a justificar o seu uso. Ele argumenta que o uso de algo bom para um fim mau não nega a boa qualidade da coisa mesma. "E, se é possível objetar que alguém que faça mau uso de tal poder da palavra pode causar grande dano, então esta é uma acusação que poderia ser feita também contra todas as coisas excelentes, exceto a virtude, e, acima de tudo, contra as coisas mais úteis, tais como a força de vontade, a saúde, a riqueza e a capacidade de comando" (1.1) (Aristóteles, *The Rhetoric and the Poetics of Aristotle*. Trad. W. Rhys [*Rhetoric*] e Ingram Bywater [*Poetics*]. Nova York, The Modern Library, 1984).

mas também com a palavra e a frase, pois prescreve que a dicção seja clara e apropriada; que as frases sejam variadas na estrutura e no ritmo. A retórica reconhece vários níveis de discurso, tais como o letrado ou literário (donzela, corcel), o comum (moça, cavalo), o iletrado (mulezinha),[15] o da gíria ou o regionalismo (cabrita, pangaré) e o técnico (*Homo sapiens*, *Equus caballus*), cada um com o seu uso apropriado. A adaptação da linguagem às circunstâncias, que é a função mesma da retórica, requer a escolha de certo estilo e dicção própria quando alguém fala a adultos, de outro estilo ao apresentar ideias científicas ao público em geral e de outro ainda quando essas ideias são apresentadas a um grupo de cientistas. Visto que a retórica é a arte mestra do *trivium*, pode até mesmo dar-se ao luxo de usar gramática ou lógica incorretas para efeito de caracterização de um personagem iletrado ou estúpido em uma narrativa qualquer.

Tanto quanto a retórica é a arte mestra do *trivium*, a lógica é a arte das artes porque dirige o ato mesmo de raciocinar, o qual dirige todos os outros atos humanos ao seu fim apropriado através dos meios que determina.

No prefácio à sua *Art of Logic*, o poeta Milton observa:

> O assunto geral das artes gerais é tanto a razão quanto a palavra. Elas são empregadas no aperfeiçoamento do raciocínio em benefício do bem pensar – como na lógica –, no aperfeiçoamento do modo de falar, em benefício do uso correto das palavras – como na gramática –, ou no uso eficaz das palavras – como na retórica. De todas as artes, a primeira e mais geral é a lógica, seguida da gramática e, por último, da retórica, uma vez que pode haver muito uso da razão sem o falar, mas nenhum uso da palavra sem a razão. Demos o segundo lugar à gramática porque o uso correto da palavra pode ser feito sem adornos; mas dificilmente será possível adorná-lo antes que esteja correto.[16]

Considerando que as artes da linguagem são normativas, elas são estudos práticos quando em contraste com os teóricos. Um estudo teórico é aquele que busca apenas conhecer – a astronomia, por exemplo. Nós podemos apenas saber algo a respeito dos corpos celestes. Não podemos influenciar seus movimentos.

Um estudo prático, normativo, é aquele que busca regular, ajustar segundo uma norma ou padrão – a ética, por exemplo. A norma

---

[15] No original, o nível iletrado de *cavalo* é exemplificado por *boss*, intraduzível para a língua portuguesa. (N. T.)

[16] John Milton, *Artis Logicae*. Trad. Allan H. Gilbert. *The Works of John Milton*. Nova York, Columbia University Press, 1935, v. 2, p. 17.

da ética é o bem, e seu propósito é ajustar a conduta humana em conformidade com a bondade.

A **correção** é a norma da fonética, da ortografia e da gramática.

A **eficácia** é a norma da retórica.

A **verdade** é a norma (ou meta) da lógica. O pensar corretamente é o meio normal de chegar à verdade, que é a conformidade do pensamento com as coisas tais como são – com a realidade.

O próprio intelecto, no que tange às suas operações, é aperfeiçoado pelas cinco virtudes intelectuais, três teóricas e duas práticas. A compreensão é o captar intuitivo dos princípios primeiros. (Por exemplo, em declarações contraditórias, uma deve ser verdadeira e a outra falsa.) A ciência é o conhecimento das causas mais prováveis (física, matemática, economia, etc.). A sabedoria é o conhecimento das causas fundamentais – a metafísica na ordem natural, a teologia na ordem supernatural. A prudência é o raciocínio reto concernente às ações.[17] A arte é o raciocínio reto concernente à produção.[18]

[17] Aristóteles diz: "A ação [*práxis*] é diferente da produção [*poíesis*]. A arte é uma capacidade de produzir com raciocínio reto. É produção e não ação. A carência de arte é uma disposição acompanhada de falso raciocínio." In: *Ética a Nicômaco*, 1140a.

[18] O *Trivium* oferece uma precisão no modo de pensar que frequentemente se reflete no uso de categorias. Neste aspecto, a irmã Miriam Joseph segue Aristóteles, cujos escritos dão forma a O *Trivium*. *Categorias* é uma das obras de Aristóteles que apresentam a sua teoria da lógica.

2. NATUREZA E FUNÇÃO DA LINGUAGEM

A FUNÇÃO DA LINGUAGEM

A função da linguagem é tripla: comunicar pensamento, volição e emoção.

O homem, tanto quanto outros animais, pode comunicar emoções como o medo, a raiva ou a satisfação através de gritos ou exclamações, que em linguagem humana são chamados interjeições. Animais sem fala usam diferentes tipos de gritos para expressar diferentes emoções. Cães latem de um modo quando estão furiosos e de outro quando estão contentes. Assim, também os miados dos gatos e os relinchos dos cavalos variam conforme variam os sentimentos ou sensações.

Ainda que possam ser repetidos, os gritos dos animais nunca podem ser unidos de modo a formar frases; são sempre meras interjeições, e estas, mesmo na fala humana, não podem ser assimiladas na estrutura de uma frase. Contudo, os seres humanos não estão limitados, como outros animais, a expressar seus sentimentos apenas por meio de interjeições; eles podem usar frases.

A apetição (desejos) e a volição (vontades) podem ser expressas por meio de gritos ou de exclamações, a exemplo de uma criancinha que chora ou de um cão que late pedindo comida. Mas, considerando que os desejos e vontades se multiplicam à medida que aumenta o conhecimento, os seres humanos normalmente expressam seus desejos, escolhas e ordens através de frases.

Somente os seres humanos podem proferir sons que se unem numa frase para expressar um pensamento, pois, entre os animais, apenas os humanos têm o poder de raciocinar. Consequentemente, somente eles têm uma linguagem no sentido próprio da palavra. Isso é devido à sua natureza, pois são racionais e, portanto, têm algo a dizer; são sociais e, portanto, têm alguém a quem dizê-lo; são animais e, portanto, requerem um modo físico para comunicar ideias de uma mente, isolada de todas as outras – já que contida num corpo –, a outra mente igualmente isolada.

Os entes puramente espirituais, tais como os anjos, comunicam pensamento, mas sua comunicação não é propriamente linguagem, pois não fazem uso de um meio físico.[1]

MODOS DE COMUNICAÇÃO

Há somente dois modos possíveis de comunicar ideias através de um meio material – por imitação ou por meio de um símbolo.

Imitação

Uma imitação é uma similitude artificial. Por exemplo: uma pintura, uma fotografia, um desenho, uma estátua, um gesto ameaçador de um punho fechado ou de rejeição expresso pelo ato de empurrar com as mãos, sem esquecer a escrita pictórica (por exemplo, desenhos de pessoas, animais ou objetos). É impossível não reconhecer o significado de um retrato pictórico: este significa aquilo com que se assemelha. As pinturas de um cavalo ou de uma árvore não podem representar um homem ou um cão. Apesar de a imitação ser um meio de comunicação claro, é um meio limitado, difícil, lento e incapaz de expressar a essência das coisas. Imagine redigir a próxima carta a um amigo em escrita pictórica. Dentro de certos limites, porém, a imitação é um modo vívido e eficaz de comunicação.

Símbolo

Um símbolo é um signo sensível arbitrário cujo significado é imposto a ele por convenção. Um signo é sensível porque pode ser percebido pelos sentidos. Todo signo tem um significado, quer por

[1] Quando um anjo decide usar a linguagem, pode soar como Gabriel em *Paraíso Perdido*, de Milton. Aqui, Gabriel se dirige a Satanás, que havia escapado do inferno em busca de Adão e Eva. Gabriel escarnece de Satanás ao sugerir que este abandonou seus seguidores, pois é fraco demais para suportar as consequências de desafiar a Deus.

Mas por que vens só tu? Por que contigo
Não vem ser livre todo inteiro o Inferno?
Acompanhar-te os sócios recusaram
Porque os tormentos neles menos pungem?
Para sofrê-los de valor tens míngua?
No abandonado exército expuseste
Qual forte causa, tu, chefe animoso,
O primeiro em fugir, tinhas julgado
Exigir a evasão a que te expunhas?

John Milton, *Paraíso Perdido*. Trad. António José lima Leitão. São Paulo, W. M. Jackson, 1952, p. 130.

natureza quer por convenção. Uma nuvem, que é signo de chuva, e a fumaça, que é signo de fogo, têm significado ou sentido a partir da natureza. Uma luz verde, que é um signo ou sinal de que o trânsito deve mover-se, tem significado por convenção.

SÍMBOLOS: SIGNIFICADO POR NATUREZA OU POR CONVENÇÃO

Por convenção ou acordo arbitrário, os símbolos são imaginados como temporários ou permanentes.[2]

ILUSTRAÇÃO: Símbolos

Símbolos temporários: sinais adotados por um time de vôlei, a senha necessária para atravessar postos de guarda militares, as cores de um dos times de futebol na escola.

Símbolos permanentes: sinais de trânsito, bandeiras, saudações militares, um aceno de cabeça afirmativo, heráldica, hieróglifos, fórmulas químicas, números.

Todas as palavras são símbolos, exceto muito poucas imitativas ou onomatopeicas, tais como *zunzum*, *tique-taque*, *chuá*, *pingue-pongue*, *miau*.

Estamos inclinados a menosprezar nossa preciosa herança de símbolos e a subestimar a sua conveniência. Alguns símbolos são menos convenientes que outros para o mesmo propósito. Por exemplo, os numerais romanos são menos convenientes para a computação (cálculo) que os numerais arábicos.

ILUSTRAÇÃO: Computação com numerais romanos

Numa obra de Alcuíno (735-804), CCXXXV é multiplicado por IV da seguinte maneira:[3]

CC x IV – DCCC
XXX x IV – CXX
V x IV – XX

Os numerais romanos foram usados em todos os cálculos necessários à administração do vasto Império Romano.

SÍMBOLOS: ESPECIAIS OU COMUNS

Símbolos especiais são concebidos por especialistas para expressar com precisão ideias num campo especial do conhecimento,

[2] Tanto "temporário" quanto "permanente" são termos relativos no que diz respeito a símbolos. Usualmente, é um grupo maior de pessoas que aceita a convenção de um símbolo permanente. Ademais, símbolos permanentes, tais como fórmulas químicas ou números, estão incorporados a corpos de conhecimento padronizados.

[3] A resposta é DCCCCXXXX, que poderia ser abreviada para CMXL. Os numerais romanos são traduzidos para numerais arábicos da seguinte forma: 235 x 4 = 940.

como, por exemplo, na matemática, na química e na música. Tais linguagens especiais são internacionais e não requerem tradução, pois seus símbolos são entendidos por pessoas de todas as nacionalidades, na sua própria língua. A tabuada é um conjunto de símbolos entendido em francês por um francês, em alemão por um alemão e assim por diante. O mesmo é verdadeiro para fórmulas e equações químicas e para a notação musical.

Símbolos comuns ou palavras, como as palavras francesas, alemãs, chinesas ou gregas, constituem as línguas comuns. Uma língua comum é aquela inventada por pessoas comuns com a intenção de atender as necessidades de comunicação no curso da vida. Consequentemente, a língua comum é um modo de comunicação mais adequado do que as línguas especiais, ainda que seja menos precisa e mais ambígua, no sentido de que uma palavra pode ter dois ou mais significados. As línguas comuns não são entendidas internacionalmente e, assim, requerem tradução.

Podem mencionar-se duas tentativas de oferecer uma língua internacional. O esperanto é um amálgama artificial baseado em palavras comuns às principais línguas europeias. O *Basic English* é uma seleção cuidadosa de 850 palavras inglesas, as quais, através da paráfrase, deveriam substituir um vocabulário mais amplo.[4]

Uma língua pode ser nativa ou estrangeira, de acordo com o lugar, e viva ou morta, de acordo com o uso. Toda língua morta, a exemplo do latim, já foi uma vez língua viva comum. Ela pode ser aproveitável em usos especiais, tais como na liturgia, nos textos da doutrina ou em nomenclatura científica, pelo fato mesmo de que é uma língua morta e, portanto, não está sujeita a mudanças ou a uma variedade de interpretações como uma língua viva. Uma língua morta tem mais possibilidade de ser entendida exatamente da mesma maneira em todos os tempos e lugares.

De acordo com o modo de expressão, uma língua comum pode ser um sistema de símbolos falados ou de outros signos. A língua falada é o sistema de símbolos original e fundamental, do qual os outros signos e sinais são meros substitutos. A língua escrita é o substituto mais importante e o único entendido de forma generalizada. Entre os outros substitutos, estão o Braille, a linguagem de sinais, o código Morse, etc.

[4] O esperanto ainda existe, mas não o *Basic English*.

A NATUREZA DA LINGUAGEM

É da natureza da linguagem comunicar através de símbolos. A linguagem é um sistema de símbolos para a expressão de nossos pensamentos, volições e emoções.

Uma palavra, como qualquer outra realidade física, é constituída de matéria e forma. Uma palavra é um símbolo. Sua matéria é o signo sensível; sua forma, o significado a ela imposto por convenção. Matéria e forma são conceitos metafísicos (*sobre as coisas tal como existem*) necessários à compreensão filosófica de qualquer todo material, pois juntas constituem esse todo.[5] A matéria é definida como o primeiro princípio intrínseco e puramente potencial de uma essência corpórea; como tal, sem forma não pode existir *na* realidade, pois não é um corpo, mas um princípio intrinsecamente constitutivo de um corpo. A forma é o primeiro princípio intrínseco atual de uma essência corpórea.

ILUSTRAÇÃO: Matéria e forma

Nos animais, o corpo é a matéria, e a alma é a forma.

Na água, a matéria consiste em hidrogênio e oxigênio; a forma é o modo preciso de sua união numa molécula de água, que pode ser expresso pela fórmula química H_2O.

Na linguagem falada, a matéria das palavras é o som. Este aspecto da linguagem é tratado pela fonética. Na linguagem escrita, a matéria das palavras é o sinal ou notação; é um aspecto tratado pela ortografia. A forma das palavras é seu significado, que é tratado pela semântica.

Linguagem: um sistema de símbolos para a expressão de nossos pensamentos, volições e emoções

Matéria das palavras		**Ciência**
linguagem falada	som	fonética, estudo do som
linguagem escrita	notação	ortografia, estudo da grafia correta
Forma das palavras	significado	semântica, estudo do significado

2-1. *Matéria e forma na linguagem*

[5] Os conceitos metafísicos de matéria e forma são centrais à visão do *trivium* apresentada neste livro. Os conceitos tornar-se-ão de mais fácil compreensão à medida que forem elaborados ao longo do texto.

Matéria da linguagem

Voz é o som emitido por um animal. A voz de animais irracionais tem significado natural, a partir do tom da expressão. Somente a voz humana é simbólica, tendo um significado a ela imposto por convenção.

Os seres humanos têm voz articulada, por meio da qual adicionam à sua voz simples as modificações que são produzidas pelos órgãos da fala: língua, palato, dentes, lábios. A capacidade da voz articulada para produzir tais modificações em variedade quase ilimitada torna possíveis os muitos símbolos necessários à comunicação da vasta extensão do pensamento humano.

O alfabeto[6] da International Phonetic Association é um sistema de símbolos escritos que visam a uma representação exata e uniforme dos sons da fala. Ele distingue vinte sons de vogais, seis ditongos e vinte e sete sons de consoantes. A língua inglesa, por exemplo, carece de três sons de vogais (aqueles presentes no alemão *grün* e *schön*, e no francês *seul*) e dois sons de consoantes (aqueles presentes no alemão *ich*, e na língua escocesa *loch*).

Forma da linguagem

A forma (alma) da linguagem é o significado. Palavras podem significar tanto indivíduos quanto essências. Na metafísica ou ontologia – a ciência do *ser* –, distingue-se o indivíduo da essência. Indivíduo é qualquer ser físico que exista. Apenas os indivíduos existem, no sentido de que todo ser material que exista ou tenha existido é um indivíduo, *é ele mesmo e não outro*, e é, portanto, único em sua individualidade. Qualquer homem, mulher, árvore, pedra ou grão de areia, é um indivíduo. Bucéfalo, o cavalo que pertenceu a Alexandre, o Grande, era um cavalo individual.

Essência é aquilo que faz o *ente* ser o que é, e sem o que não seria o tipo de *ente* que é. Essência é aquilo que, num indivíduo, o faz semelhante aos outros em sua classe,[7] enquanto sua individualidade é o que o faz diferente dos outros em sua classe.

Uma vez que todo indivíduo pertence a uma classe e esta a uma outra maior, distinguimos essas classes como espécie e gênero.

Uma espécie é uma classe composta de indivíduos que têm em comum a mesma essência específica, ou natureza.

---

[6] O Alfabeto Fonético Internacional pode ser encontrado na maioria dos dicionários.

[7] A palavra classe significa qualquer tipo de agrupamento que reconheça aquelas características que os indivíduos no grupo têm em comum. Tal como utilizada em O *Trivium*, classe refere-se tanto a espécie quanto a gênero.

ILUSTRAÇÃO: Espécie e classe

Homem é a espécie ou classe a que pertencem Shakespeare, Aristóteles e a Rainha Elizabeth, e também qualquer outro homem ou mulher, porque a essência ou natureza do homem é comum a todos eles.

Cavalo é a espécie ou classe a que Bucéfalo e qualquer outro cavalo pertencem, porque a essência ou natureza do cavalo é comum a todos os cavalos.

Um gênero é uma classe mais ampla, composta de duas ou mais espécies diferentes, mas que têm em comum a mesma essência genérica ou natureza.

ILUSTRAÇÃO: Gênero

Animal é o gênero ou classe a que o homem, o cavalo, o cão, a ostra e qualquer outra espécie animal pertence, porque a essência ou natureza animal é a mesma em todas elas.

Flor é o gênero a que a rosa, a violeta, a tulipa e qualquer outra espécie de flor pertence, porque a essência ou natureza floral é a mesma em todas elas.

Um animal ou uma flor individual pertence a um gênero somente por ser um membro de uma espécie que faz parte daquele gênero. O caráter abstrato do gênero é tal, que não se pode pintar um retrato de "animal", mas apenas de um tipo ou espécie particular de animal, como um cavalo ou um cão. Todavia, também a espécie é abstrata, pois não se pode retratar a espécie cavalo ou cão; só é possível retratar um cavalo ou cão individual, uma vez que todo e qualquer cavalo ou cão que exista é individual.

Em todo indivíduo, a essência específica ou natureza de classe é o que ele tem em comum com todos os membros de sua espécie, e também a essência genérica ou natureza de classe, o que ele tem em comum com os membros do gênero a que sua espécie pertence. A essência genérica nada mais é que a essência específica, omitidas as características mais definidas desta última. Além da essência, que torna o indivíduo semelhante aos outros membros de sua espécie e gênero, o indivíduo tem características individuantes que o fazem diferente de todos os outros indivíduos em sua espécie e gênero.

Não confundir agregado (grupo qualquer de indivíduos) com espécie ou gênero. O indivíduo é uno. Um agregado é um conjunto de indivíduos de qualquer espécie (por exemplo, o conjunto de objetos numa sala é constituído de indivíduos de diferentes espécies). As "mulheres do século XIX" constituem um agrupamento de indivíduos da mesma espécie, mas que constitui apenas uma parte da espécie, distinta por ter existido em certo período do tempo.

Uma espécie, ou gênero, sempre significa uma natureza de classe ou essência e inclui todos os indivíduos de todos os lugares e épocas em que se tenha verificado aquela natureza ou essência. Por exemplo, *homem* é uma espécie e inclui todos os homens e mulheres de todo e qualquer lugar e de toda e qualquer época – passada, presente ou futura. Árvore é um gênero e inclui todas as árvores. Por outro lado, um agregado é um grupo particular de indivíduos que pode ou não ter a mesma essência ou natureza de classe; mas, em todo caso, um agregado não abarca todos os membros que têm aquela natureza.

ILUSTRAÇÃO: Agregado

As mulheres do século XIX constituem um agregado de indivíduos pertencentes à mesma espécie, mas são apenas uma parte da espécie, a saber, aquelas que viveram num período específico.

As coisas de uma sala constituem um agregado de indivíduos que pertencem a diferentes espécies, como cadeira, escrivaninha, mesa, livro, janela, etc., mas são apensa uma pequena parte de cada espécie.

Um indivíduo é uno. Um agregado é simplesmente um grupo que consiste em dois ou mais indivíduos.

Essência é o que faz um *ente* ser o que é.

Espécie é uma classe composta por indivíduos que têm em comum a mesma essência específica.

Gênero é uma classe mais ampla, composta de duas ou mais espécies diferentes.

Agregado é um grupo que consiste de dois ou mais indivíduos. (Um indivíduo é uno. Um agregado é meramente um grupo de dois ou mais indivíduos).

2-2. Os termos da essência

A linguagem e seus símbolos

A linguagem emprega quatro importantes tipos de símbolos para representar a realidade: dois para simbolizar o indivíduo e dois para representar a essência que é comum a todos os membros de uma classe.

A linguagem pode simbolizar um indivíduo ou um agregado, seja por um nome próprio ou por uma descrição empírica ou particular. Uma descrição empírica ou particular é um nome comum ao qual se soma um definidor que limita sua aplicação a um indivíduo ou grupo em particular. *Empírica* significa que tem por base a experiência. Uma vez que somente os indivíduos existem de fato, nossa experiência diz respeito a eles. Ao longo de todo este livro, o termo *empírico* é usado com referência ao nosso conhecimento dos indivíduos como tais.

ILUSTRAÇÃO: A linguagem usada para simbolizar informação empírica

Um nome próprio – como Machado de Assis, Rio Tietê, Curitiba, Proclamação da República, Estados Unidos, Mar Mediterrâneo – pode simbolizar o indivíduo ou um agregado.

Uma descrição empírica ou particular – como o atual gerente da loja, este computador, a mulher que estava histérica, a mobília desta casa – pode simbolizar o indivíduo ou um agregado.

Se a linguagem não pudesse simbolizar o indivíduo, seria impossível designar pessoas, lugares ou épocas em particular. Viveríamos num mundo extremamente inconveniente.

Por outro lado, se a linguagem simbolizasse apenas o indivíduo, as pessoas estariam em situação ainda pior. Cada palavra seria um nome próprio, e então seria necessário dar um nome próprio diferente a cada objeto de que se falasse – e não apenas a pessoas ou lugares, mas a tudo.

Ninguém entenderia o outro, exceto aqueles que compartilhassem, através das mesmas e simultâneas experiências sensíveis do "conhecimento", aqueles mesmos e idênticos objetos descritos. Assim, a linguagem de cada cidadezinha, de cada família, seria diferente e ininteligível para os de fora do grupo. O leitor já deve ter tido experiência similar quando três ou quatro amigos trocam lembranças de uma experiência de que ele não participou.

Se as palavras fossem todas nomes próprios, perderiam o sentido assim que fossem destruídos os objetos que simbolizam. Deste modo, não haveria história nem literatura. Ideias gerais ou universais não poderiam ser expressas na linguagem: não haveria livros sobre ciência ou filosofia.

A linguagem pode simbolizar a essência por dois tipos de símbolos, ambos aplicáveis a todos os membros de uma classe. Um nome comum – como criança, cadeira, árvore, quadrado, hora – pode simbolizar a essência. A maioria das palavras listadas num dicionário é de nomes comuns. Então é óbvio que o grosso da linguagem seja composto de nomes comuns; eles simbolizam tanto espécies, quanto gêneros.[8] Por exemplo, *salto* nomeia uma espécie de movimento, enquanto *movimento* é o gênero que abarca o salto, o voo, o rastejar e o andar.

[8] Designações de espécies e gêneros são relativas na linguagem, ao contrário do que ocorre na ciência. Por exemplo, tulipa, grama e pinheiro poderiam ser designados como espécies de coisas que crescem. A botânica as classificaria de forma mais rigorosa ou segundo outros critérios. Também na zoologia, o cão, livremente designado na linguagem como carnívoro tanto quanto o leão, é obrigatoriamente designado *Cannus familiaris*, sendo *Cannus* o gênero e *familiaris* a espécie.

Uma descrição geral ou universal como animal racional, triângulo equilátero, pode simbolizar uma essência. Uma descrição geral é ela mesma toda feita de nomes comuns, como as descrições de cada palavra nos dicionários.

Palavras que não representam realidade alguma não são símbolos; são apenas palavras vazias de sentido. Um nome próprio ou uma descrição empírica devem simbolizar um indivíduo ou um agregado existente de fato (passado ou presente) ou na ficção (onde há personagens, lugares, etc., criados pela imaginação). Do contrário, seriam palavras destituídas de sentido real, como, por exemplo, o Rei da Lua ou o Imperador de Brasília. Todavia, Hamlet, Brás Cubas e o falecido D. Pedro II são verdadeiramente símbolos.

Um nome comum ou uma descrição geral deve representar uma essência ou uma natureza de classe que seja intrinsecamente possível, ainda que não precise necessariamente existir. De outro modo, seria absolutamente destituído de sentido, tal como um círculo quadrado ou um quadrado triangular. Não obstante, os símbolos apresentados a seguir são verdadeiramente símbolos, pois expressam algo concebível: uma sereia, uma vaca roxa, um habitante de outro planeta, um polígono regular de mil lados, um elefante cor-de-rosa. Assim também são os símbolos que demos como exemplos de essência, de natureza de classe, de uma espécie ou de um gênero.

Linguagem que simboliza um indivíduo ou agregado de indivíduos
Nome próprio
Descrição particular ou empírica

Linguagem que simboliza essência
Nome comum
Descrição geral ou universal

2-3. *Quatro tipos de símbolos de linguagem*

Criando símbolos da realidade

Palavras são símbolos de ideias sobre a realidade. E como é que alguém deriva ideias a partir da realidade e como as classifica? Gerar uma ideia universal ou conceito envolve vários passos, num processo que é tratado mais detalhadamente pela psicologia.

A GERAÇÃO DE UM CONCEITO

Primeiramente, os sentidos externos – visão, audição, tato, olfato e paladar – operam sobre um objeto presente diante de nós e daí produzem um percepto, ou uma percepção do objeto. Os sentidos internos, fundamentalmente a imaginação, produzem um fantasma ou imagem mental do objeto individual percebido, e é esse fantasma que é retido [na memória] e pode ser reproduzido à vontade na ausência do objeto.

ILUSTRAÇÃO: Percepção e fantasma

Uma **percepção** (percepto) é como um retrato sendo pintado por um artista enquanto este olha para o modelo.

Um **fantasma** é como aquele mesmo retrato, mas retido e olhado quando quer que se queira, por anos a fio, mesmo na ausência do modelo retratado.

Há quatro sentidos internos: a imaginação, a memória sensorial, o sentido comum (ou sintetizador ou central) e o instinto.

Através da abstração, o intelecto produz o conceito. A imaginação é a área de encontro entre os sentidos e o intelecto. A partir dos fantasmas na imaginação, o intelecto deles abstrai aquele que é comum e necessário a todos os fantasmas de objetos similares (por exemplo, árvores ou cadeiras); esta é a essência (o que faz de uma árvore uma árvore ou de uma cadeira uma cadeira). A apreensão intelectual dessa essência é o conceito geral ou universal (de uma árvore ou de uma cadeira).

Um conceito geral é uma ideia universal existente apenas na mente, mas que tem seu fundamento fora dela: na essência que existe no indivíduo e faz dele o tipo de coisa (ente) que é. Portanto, um conceito não é algo arbitrário, ainda que a palavra o seja. A verdade tem uma norma objetiva no real.

Percepto: a imagem criada pelos sentidos externos no encontro com a realidade.

Fantasma: a imagem mental criada pelos sentidos internos, fundamentalmente pela imaginação.

Conceito: a abstração criada pelo intelecto através do reconhecimento da essência.

2-4. *Gerando um conceito*

Um conceito geral é universal porque é o conhecimento da essência igualmente presente em todo e qualquer membro de uma classe, a despeito do tempo, do lugar ou de diferenças individuais. Por exemplo, o conceito "cadeira" é o conhecimento da essência "cadeira", que deve estar presente em toda e qualquer cadeira em todos os tempos, em todos os lugares, independentemente de tamanho, peso, cor, material e outras diferenças individuais.

O objeto real (uma árvore ou uma cadeira), bem como os seus correspondentes percepto e fantasma, é individual, material e limitado a um lugar e a um tempo particulares; o conceito é universal, imaterial e não limitado a um lugar ou a um tempo particulares.

Apenas os seres humanos têm o poder da abstração intelectual, razão por que somente o homem pode formar um conceito geral ou universal. Os animais irracionais têm os sentidos externos e internos, que, por vezes, são mais aguçados que os do homem. Mas por lhes faltarem as capacidades racionais (intelecto, memória intelectual e livre-arbítrio), são incapazes de progredir ou de estabelecer cultura. A despeito de seu notável instinto, suas ações, por mais intricadas que sejam, permanecem as mesmas ao longo dos séculos: as represas dos castores, os ninhos dos passarinhos, os formigueiros, as colmeias, sempre iguais.

ANALOGIA: Abstração intelectual

Flores contêm mel (seiva). Borboletas, formigas, abelhas, mosquitos e outros insetos podem descer sobre a flor, mas somente as abelhas podem "abstrair" o mel, pois só as abelhas têm a capacidade de fazê-lo. Tanto quanto as abelhas "abstraem" o mel das flores, o intelecto abstrai a partir dos fantasmas de objetos similares a essência daquilo que é comum e necessário a eles e ignora o restante, ou seja, as diferenças individuais.

Não há nada no intelecto que já não estivesse primeiro nos sentidos, exceto o intelecto mesmo. Os poderes intelectuais humanos necessitam de material sobre o qual trabalhar. Este vem da natureza através dos sentidos. A natureza provê os materiais e o intelecto humano concebe e constrói as obras da civilização que fazem uso da natureza e lhe aumentam o valor em forma de serviços à raça humana.

ANALOGIA: Matéria-prima e intelecto

Não há nada num fino tecido de algodão que já não estivesse no algodão *in natura*. Da mesma forma, através dos sentidos, o intelecto obtém da natureza a matéria-prima para o pensamento.

O conhecimento abstrato, ou intelectual, é mais claro, mas menos vívido que o conhecimento concreto ou sensível. Círculos e quadrados de vários tamanhos e cores podem ser percebidos pelos sentidos, podendo assim ser percebidos tanto por um cavalo quanto pelo homem. Todavia, somente o homem pode derivar desses vários círculos e quadrados a definição de círculo e quadrado. Uma pessoa pode, por abstração, conhecer as propriedades dessas figuras, tais como a relação entre a circunferência de um círculo e seu raio, expressando-a através da fórmula abstrata $C = 2\pi R$ [comprimento da circunferência]. Tal conhecimento abstrato é mais claro, embora menos vívido, que a apreensão sensível das figuras coloridas, as quais são igualmente perceptíveis pelo cavalo.

Thomas More, em sua defesa do uso de estátuas e pinturas como meio de instrução, realça o contraste daquelas com as palavras.[9] Ele chama a atenção para o fato de que as palavras são símbolos de fantasmas e conceitos, como já explicado anteriormente:

> Imagens são livros necessários aos sem instrução e são bons livros também aos instruídos. Pois todas as palavras são apenas imagens que representam coisas que o escritor ou o orador concebe em sua mente, tanto quanto a figura de uma coisa emoldurada pela imaginação, e, assim concebida na mente, é tão-somente a imagem representativa da coisa mesma sobre a qual o homem pensou.
> Por exemplo, se eu lhe conto um episódio da vida de um amigo meu, a imaginação que dele tenho na mente não é ele mesmo, mas uma imagem que o representa. E quando o nomeio, seu nome não é ele mesmo nem a figura que dele tenho na imaginação, mas apenas uma imagem que apresenta a você a imaginação da minha mente. Se eu estiver muito longe de você para lhe contar tal episódio, então será a escrita, e não o nome mesmo, uma imagem representativa do nome. E, no entanto, todos esses nomes falados e todas essas palavras escritas não são signos ou imagens naturais, mas signos construídos por consentimento e convenção entre os homens para significar as coisas, enquanto as imagens pintadas, esculpidas ou entalhadas podem ser tão bem trabalhadas, tão fiéis à verdade e ao objeto vivo, que, naturalmente, acabem representando-o muito mais eficazmente do que o nome falado ou escrito. Pois aquele que nunca tenha ouvido o nome do meu amigo, mas que tenha visto um seu retrato, se um dia o vir em pessoa, o reconhecerá através da imagem trazida à memória.
>
> – *A Refutação das Respostas de Tyndale*[10]

AS DEZ CATEGORIAS DO SER (ARISTÓTELES)

Uma vez que o intelecto humano cria símbolos a partir da realidade, esses símbolos ou palavras podem ser manipulados e

---

[9] Thomas More defende aqui o uso que a Igreja Católica faz de estátuas e imagens em resposta às suspeitas a esse respeito expressas por autores protestantes. O argumento de More se baseia na premissa de que as palavras também são imagens e podem ser menos eficazes que imagens visuais.

[10] *The Confutation of Tyndale's Answers*, vol. 8 das Complete Works of Saint Thomas More, Louis A. Schuster, Richard C. Morris, James P. Lusardi e Richard J. Shoeck (eds.), New Haven, Yale University Press, 1973. William Tyndale era um seguidor da filosofia de John Wycliffe e traduziu parte das Escrituras para o inglês, e More, numa carta a Erasmo de Roterdã (14 de junho de 1532), atacou a tradução de Tyndale , porque "contém traduções incorretas e, pior, interpretações incorretas das Escrituras". Elizabeth Frances Rogers (ed.), *Saint Thomas More: Selected Letters*. New Haven, Yale University Press, 1961, p. 176.

catalogados de modo a incrementar nosso entendimento da realidade. As dez categorias do ser, de Aristóteles, classificam palavras em relação ao nosso conhecimento do ser. Essas categorias metafísicas têm seus correspondentes exatos nas dez categorias ou *praedicamenta*[11] da lógica, as quais classificam nossos conceitos, o nosso conhecimento do ser.

Todo ser existe em si mesmo ou em outro. Se existe em si mesmo, é uma substância. Se existe em outro, é um acidente. Distinguimos nove categorias de acidente; estas, com a substância, constituem as dez categorias do ser.

1. Substância é o que existe em si mesmo, por exemplo, homem.
2. Quantidade é uma determinação da matéria da substância, atribuindo-lhe partes distintas de outras partes, por exemplo, alto.
3. Qualidade é a determinação da natureza ou forma de uma substância, por exemplo, escuro, bonito, inteligente, atlético, cavalheiresco.
4. Relação é a referência que uma substância, ou um acidente, estabelece com outra, por exemplo, amigo, próximo.
5. Ação é o exercício das faculdades ou do poder de uma substância de modo a produzir um efeito em alguma outra coisa ou em si mesma, por exemplo, apertar o botão de uma câmera, levantar-se, sorrir.
6. Paixão é a recepção [sofrida], por uma substância, de um efeito produzido por algum *agente*, por exemplo, ser convidado a retornar, ser convocado.
7. *Quando* é posição em relação ao curso de eventos extrínsecos e que mede a duração de uma substância, por exemplo, tarde de domingo.
8. *Onde* é posição em relação aos corpos que circundam uma substância; mede e determina seu lugar, por exemplo, num banco, às margens do lago.
9. Postura é a posição relativa que as partes de uma substância têm quanto às outras e vice-versa, por exemplo, sentado, inclinado para frente.
10. *Estado* é a situação ou condição que distingue um indivíduo ou grupo de outros indivíduos e grupos; compreende roupas, ornamentos ou armas com que os seres humanos, por suas artes e hábito, complementam suas naturezas de modo a conservar e distinguir

[11] *Praedicamenta* é termo que significa aquelas características que podem ser afirmadas acerca do sujeito. O termo foi usado pela primeira vez por um discípulo de Plotino, Porfírio (232-304 d.C.), em sua obra *Introdução aos Predicamentos [ou Categorias]*, que por sua vez foi traduzida para o latim (e comentada) por Boécio (475?-524 d.C.), sob o título *Porphyrii Isagoge*.

a si mesmos ou a sua comunidade (o outro *ente*). Por exemplo, o indivíduo pode estar calçado, de terno e gravata, de uniforme, etc.

As categorias podem ser organizadas em três subcategorias pelo que predicam[12] do sujeito.

1. O predicado é o sujeito mesmo. Se o predicado é aquilo que o próprio sujeito é, e não o que existe no sujeito, o predicado é uma substância (Maria é um ser humano).

2. O predicado existe no sujeito. Se o predicado que existe no sujeito flui absolutamente da matéria, o predicado é uma quantidade (Maria é alta). Se o predicado que existe no sujeito flui absolutamente da forma, o predicado é uma qualidade (Maria é inteligente). Se o predicado existe no sujeito como relação com respeito a outro, o predicado está na categoria de relação (Maria é a filha de Ana).

3. O predicado existe em algo extrínseco ao sujeito. Se o predicado existe em alguma coisa extrínseca ao sujeito e é parcialmente extrínseco como princípio de ação no sujeito, o predicado é então uma ação (Maria analisou os dados). Se o predicado existe em algo extrínseco ao sujeito e é o termo de uma ação sobre o sujeito, então o predicado é uma paixão (Maria foi ferida). Se o predicado existe em algo extrínseco ao sujeito e é totalmente extrínseco como medida do sujeito relativamente ao tempo, então o predicado está na categoria do *quando* (Maria estava atrasada). Se o predicado existe em algo extrínseco ao sujeito e é totalmente extrínseco como medida do sujeito relativamente ao lugar, o predicado está na categoria do *onde* (Maria está aqui). Se o predicado existe em algo extrínseco ao sujeito e é totalmente extrínseco como medida do sujeito relativamente à ordem das partes, o predicado está na categoria postura (Maria está de pé). Se o predicado existe em algo extrínseco ao sujeito e é meramente adjacente ao sujeito, o predicado está na categoria hábito (traje, aparato, posse, provisão, habilitação, etc.) (Maria veste roupa de gala).

LINGUAGEM E REALIDADE

Sete importantes definições emergem de uma consideração acerca da linguagem e da realidade:

1. A essência é aquilo que faz um *ente* ser o que é, e sem o que não seria o que é.

2. Natureza é essência vista como fonte de atividade.

[12] Predicar significa declarar algo que é característico de um sujeito.

3. O indivíduo é constituído de essência existente em matéria quantificada mais outros acidentes. Essência é o que torna o indivíduo semelhante aos outros membros de sua classe. Matéria quantificada é aquilo que faz o indivíduo diferente dos outros membros de sua classe, porque a matéria, extensa em razão de sua quantidade, precisa ser *esta* ou *aquela* matéria, que, ao limitar sua forma, o individua (princípio material da individuação, cf. Santo Tomás de Aquino).[13] Acidentes são aquelas notas ou traços (formato, cor, peso, tamanho, etc.) pelos quais percebemos as diferenças entre os indivíduos de uma classe. Os indivíduos pertencentes a uma espécie são essencialmente iguais. Mas não são diferentes por mero acidente; são individualmente diferentes. Ainda que os indivíduos fossem tão parecidos como o são os fósforos de uma mesma caixa, seriam ainda, e não obstante, individualmente diferentes, porque a matéria em um deles não é a mesma que está em outro, além de haver quase imperceptível diferença de quantidade ou de parte, ainda que a matéria seja do mesmo tipo e em montante muito semelhante.

4. Um percepto (percepção) é a apreensão sensível de uma realidade individual (na presença desta).

5. Um fantasma é a imagem mental de uma realidade individual (na sua ausência).

6. Um conceito geral é a apreensão intelectual da essência.

7. Um *conceito empírico* é a apreensão intelectual indireta de um indivíduo. O intelecto pode conhecer objetos individuais apenas indiretamente nos fantasmas, porque os indivíduos são materiais, com uma exceção: o intelecto mesmo; por ser um indivíduo espiritual, o intelecto pode conhecer a si mesmo direta e reflexivamente.[14]

Num objeto natural, o que se segue é similar mas distinto: substância, essência, natureza, forma, espécie. O conhecimento destes é

---

[13] "[...] Talvez uma solução melhor seja supor que a noção de indivíduo pode possuir diferentes graus. O próprio Aristóteles insinua uma solução parecida quando parece conceber a alma do homem como uma forma individual. Nesse caso, o princípio de individuação seria mais 'material' na classe dos seres que possuísse menos individualidades que outras, e mais 'formal' no caso inverso. Por exemplo, enquanto a distinção entre a pedra x e a pedra y seria quase imperceptível no que diz respeito à individualidade, a diferença entre João e Pedro seria muito acusada [...]." (José Ferrater Mora, *Dicionário de Filosofia*. São Paulo, Loyola, 2001, t. 2, p. 1484). (N. T.)

[14] Ver Santo Tomás de Aquino, *Summa Theologica*, Parte I, Questão 86, Artigos 1 e 3. Tomás de Aquino (1224?-1274) foi um dos participantes, junto com seu mestre e depois seu maior divulgador, Santo Alberto Magno, do movimento intelectual conhecido como Escolástica ou Escolasticismo. Monge dominicano, Tomás de Aquino conciliou a perspectiva cristã com a obra de Aristóteles. Sua *Summa Theologica* apresenta uma visão geral, ou um "sumário", da teologia cristã.

o conceito, que é expresso por completo na definição e é simbolizado pelo nome comum.

Uma vez que o homem não pode criar substância e pode apenas moldar/talhar substâncias fornecidas pela natureza, um objeto artificial, como uma cadeira, tem *duas essências*: a essência da sua matéria (madeira, ferro, mármore, etc.) e a essência da sua forma (cadeira). A essência da forma é expressa na definição (de cadeira).

Frequentemente, um nome comum simboliza um conceito que não é simples nem equivalente à essência da espécie natural, como é o caso do ser humano, mas é então um composto, como advogado ou atleta, incluindo em sua definição certos acidentes que determinam não a espécie natural, mas classes que diferem apenas acidentalmente. Um conceito composto pode ser chamado constructo.

Advogado e atleta são constructos, pois sua definição adiciona ao conceito simples de ser humano certos acidentes, tais como o conhecimento das leis ou a agilidade física, que são essenciais à definição de advogado ou de atleta, mas não são essenciais à definição de um constructo. Por exemplo, um advogado em particular pode ser alto, loiro, irritável, generoso, etc., mas esses acidentes não são tão essenciais para que ele seja um advogado quanto para que seja um ser humano.

Um constructo pode ser analisado (decomposto) em seus componentes revelando em que categorias seus significados essenciais residem.

ILUSTRAÇÃO: Análise de constructos

Carpinteiro
Substância – ser humano
Qualidade – habilidade em construir com madeira

Legislador
Substância – ser humano
Ação – fazer leis
Relação – com um eleitorado

Nevasca (Blizzard)
Substância – água
Qualidade – gelada
Paixão – vaporizada, congelada em neve seca, soprada por ventos fortes

Na língua inglesa, um constructo é usualmente simbolizado por uma palavra simples, o que não torna explícito o caráter composto do constructo. Numa língua aglutinada como a alemã, um constructo é mais comumente simbolizado por uma palavra composta, o que torna explícito o seu caráter composto, por exemplo, *Abwehrflammenwerfer* (lança-chamas defensivo). A palavra *tanque* (em inglês, *tank*), em alemão é *Raupenschlepperpanzerkampfwagen* (veículo de uso bélico semelhante a uma lagarta, autopropulsado e blindado). Isto tudo foi encurtado para *panzer*, um termo comum em filmes e livros.

Dimensões lógica e psicológica da linguagem

A linguagem tem aspectos lógicos e psicológicos, que podem ser ilustrados através de um olhar mais detido sobre as palavras *house* (casa) e *home* (lar).

Se *house* for representada por a b, então *home* poderá ser representada por a b x. Objetivamente, as definições (a dimensão lógica) de *house* e *home* são similares e podem ser representadas por linhas ab; mas, subjetivamente, *home* é uma palavra muito mais rica, pois ao seu conteúdo lógico se soma um conteúdo emocional (a dimensão psicológica) associado à palavra e representado pela linha bx. O fato de que *house* praticamente não tem dimensão psicológica, enquanto *home* tem muita, dá conta da diferença de efeitos produzidos pelas linhas que se dão a seguir, e que são equivalentes nas dimensões lógicas.

ILUSTRAÇÃO: Dimensão psicológica da linguagem

House, house, loved, loved house!
There's no place like my house! There's no place like my house!

"Home, Home, sweet, sweet Home!
There's no place like Home! There's no place like Home!"
– John Howard Payne, "Clari, the Maid of Milan"

DIMENSÃO LÓGICA DA LINGUAGEM

A dimensão lógica ou intelectual de uma palavra é o seu conteúdo de pensamento, que pode ser expresso em sua definição conforme o dicionário. Em retórica isso se chama denotação da palavra.

ANALOGIA: Dimensões lógica e psicológica da linguagem

A dimensão lógica da linguagem pode ser comparada a um fio elétrico incandescente numa lâmpada transparente; o filamento mesmo é visível e seus limites estão claramente definidos. A dimensão psicológica pode ser comparada a uma lâmpada fosca, na qual toda a luz, é verdade, também vem do filamento incandescente em seu interior, mas a luz é suavizada e difundida pelo bulbo fosco, o que lhe dá um brilho mais bonito e "aconchegante".

A linguagem com uma dimensão puramente lógica é desejável em documentos legais e em tratados científicos e filosóficos, onde a clareza, precisão e unicidade de sentido são requisitos. Consequentemente, os sinônimos, que usualmente variam em nuanças de significado, devem ser evitados, e a mesma palavra deve ser utilizada em todo o texto para transmitir sempre o mesmo sentido; se usada em outro sentido, tal fato deve ser deixado absolutamente claro. As palavras abstratas são normalmente mais claras e mais precisas que as palavras concretas, pois o conhecimento abstrato é mais claro que o conhecimento sensível, ainda que menos vívido. Todavia, ao comunicar conhecimento abstrato, o emissor deve empregar ilustrações concretas, das quais o ouvinte ou leitor possa fazer a abstração por si mesmo, visto que assim ele compreenderá e tomará posse das ideias abstratas com muito mais proficiência do que se o emissor lhe entregasse tudo pronto.

DIMENSÃO PSICOLÓGICA DA LINGUAGEM

A dimensão psicológica da linguagem está em seu conteúdo emocional – as imagens relacionadas, as nuanças e a emoção espontaneamente associada às palavras. Em retórica isso recebe o nome de conotação da palavra. Propagandistas de todos os tipos frequentemente abusam do valor conotativo das palavras.

Uma linguagem com rica dimensão psicológica é desejável na poesia e na literatura em geral, onde o humor, o *páthos*, a grandeza, a dignidade e a sublimidade são comunicados.

Numa composição literária, devem usar-se palavras que sejam mais concretas que abstratas, que sejam, pois, vernáculas e ricas em imagens. Sinônimos devem usar-se para evitar a monotonia de sons e para transmitir as sutis nuanças de significado, tanto na dimensão lógica quanto na psicológica.

Uma atenção sensível quanto às sutilezas da linguagem, particularmente na sua dimensão psicológica, permite que se reconheça o bom estilo da fala ou da escrita de outros, além de cultivar o bom estilo em nossas próprias composições, quer orais quer escritas.

Na dimensão lógica, a substância de dada composição pode ser traduzida quase que perfeitamente de uma língua para outra. Na dimensão psicológica, porém, raramente a tradução é satisfatória. É por isso que poesia traduzida, geralmente, é menos agradável que na língua original.

O som e a dimensão psicológica

Várias características das palavras afetam a dimensão psicológica da linguagem.

O mero som de uma palavra pode produzir um efeito agradável, ausente em outra palavra de mesmo sentido. Em "Silver", de Walter de la Mare, a substituição que o poeta faz das palavras *shoes* por *shoon* e *windows* por *casements* é exemplo do uso que o poeta faz do som para criar um efeito psicológico.

ILUSTRAÇÃO: O valor psicológico do som

Silver

Slowly, silently, now the moon
Walks the night in her silver shoon;
This way, and that, she peers, and sees
Silver fruit upon silver trees;
One by one the casements catch
Her beams beneath the silvery thatch;
Couched in his kennel, like a log,
With paws of silver sleeps the dog;
From their shadowy cote the white breasts peep
Of doves in a silver-feathered sleep,
A harvest mouse goes scampering by,
With silver claws and a silver eye;
And moveless fish in the water gleam,
By silver reeds in a silver stream.
– Walter de la Mare

Estilo pedante

Um estilo pedante ou pomposo é psicologicamente desagradável. Compare os pares de frases, idênticas em seu significado lógico.

ILUSTRAÇÃO: Estilo pedante

Atentai! Todos os habitantes se retiraram para seus domicílios.
Vejam! As pessoas foram todas para as suas casas.

O domo abobadado do céu é cerúleo.
O céu é azul.

Expressões idiomáticas (caráter específico de uma dada língua) e efeito emocional

O efeito emocional de uma palavra, frequentemente um subproduto de sua evolução histórica, diz respeito a esse caráter particular e específico de uma língua em determinado lugar e tempo, embutido nas expressões idiomáticas, o qual, não raro, se perde nas traduções. Os exemplos a seguir mostram que frases semelhantes quanto à dimensão lógica podem ser muito diferentes na dimensão psicológica.

ILUSTRAÇÃO: Expressões idiomáticas

Um jovem diz a uma jovem: "O tempo para quando olho em seus olhos".

Outro diz: "Seu rosto faz o relógio parar".

Durante uma reunião na ONU, um americano causou espanto e confusão entre os tradutores ao referir-se a uma proposta como sendo *"pork barrel floating on a pink cloud"*. Já um seu compatriota poderia facilmente entender essa intervenção como algo equivalente a *"um plano impraticável financiado com fundos públicos e projetado somente para auferir ganhos políticos locais de caráter clientelista"*. [Aqui, uma possível tradução literal da expressão idiomática referida seria *"um barril de carne de porco flutuando numa nuvem cor-de-rosa"*. Evidentemente, o resultado da tradução não tem sentido real algum.]

As Sras. Smith e Baker jantaram juntas. O Sr. Schofield perguntou a elas: *"Que tipo de carne vocês comeram?"* A Sra. Smith respondeu: *"Eu comi porco assado"*. A Sra. Baker disse: *"Eu comi suíno assado"*.

Nós achamos a resposta da Sra. Baker repulsiva, porque *"suíno"* tem sido considerada palavra inadequada para o discurso polido em inglês e certamente inadequada para designar um tipo de carne. Isso é assim desde a conquista normanda em 1066. Depois disso, os anglo-saxões, conquistados e depostos, passaram a cuidar do animal vivo e o chamavam de suíno. Mas os aristocráticos normandos, a quem era servida a carne às mesas de banquete, chamavam-na de porco (*pork*), uma palavra derivada do latim via o francês. Nestas línguas, a mesma palavra é utilizada para designar o animal vivo e sua carne. As associações que ao longo dos séculos se desenvolveram em torno da palavra *swine* são sentidas por pessoas falantes do inglês moderno, as quais, porém, muitas vezes sequer imaginam a resposta emocional a que, não obstante, dão ensejo.

Alusão

Uma alusão é uma passagem no texto que faz referência a frases ou a outras passagens mais longas, e que o escritor dá como certo serem familiares ao leitor. Às vezes o escritor muda um pouco as frases, mas tanto iguais quanto modificadas, as alusões dependem do seu efeito de lembrança no leitor; por exemplo, *With Malice Toward Some* é um título que deliberadamente pretende lembrar o leitor da frase de Lincoln em seu discurso de posse do segundo mandato, "with malice toward *none*".

Para muito do seu efeito, uma alusão depende da dimensão psicológica da linguagem, pois ela enriquece a passagem onde ocorre com nuanças emocionais e ideias associadas ao contexto em que originalmente surgiu.

ILUSTRAÇÃO: Alusão

Most of the paper is as blank [em branco, sem ser atingido] as Modred's shield.[15]
– Rudyard Kipling, "The Man Who Would Be King"

E foi assim que cheguei à cláusula dos meus dias; foi assim que me encaminhei para o *undiscovered country* de Hamlet sem as ânsias nem as dúvidas do moço príncipe, mas pausado e trôpego, como quem se retira tarde do espetáculo.
– Machado de Assis, *Memórias Póstumas de Brás Cubas*

Friend, on this scaffold Thomas More lies dead
Who would not cut the Body from the Head.

[Neste cadafalso Thomas More jaz falecido
pois não queria o Corpo da Cabeça cindido].[16]
– J. V. Cunningham, "Friends, on this scaffold..."

Para aqueles cuja experiência literária seja inadequada e que, portanto, desconheçam a fonte da alusão, obras como as concordâncias da Bíblia ou de Shakespeare, ambos fontes frequentes de alusões, serão muito úteis. Um dicionário de pessoas e lugares mencionados nas literaturas grega e latina explicará as alusões clássicas.

Obviamente, a expectativa dos escritores que fazem alusões é que seus leitores tenham tido contato direto com a literatura a que se referem. Uma das recompensas do estudo de literatura é a posse de uma herança de poesia e narrativa que faz com que muitos nomes e frases ecoem em ricas reverberações através dos séculos. A linguagem da alusão muitas vezes provê uma espécie de atalho verbal, que conecta e comunica em poucas palavras experiências partilhadas por pessoas em face de situações similares em todos os períodos da história humana.

Combinação de palavras

A dimensão psicológica das palavras é especialmente afetada por suas combinações.

Algumas combinações, particularmente de adjetivos e substantivos e de substantivos e verbos, são "exatamente aquelas", por

[15] Modred, personagem da mitologia anglo-saxã, enfrenta o Mago Merlin e tem seu escudo atingido ferozmente por este último. Assim, o texto de Rudyard Kipling faz alusão a outro, muito mais antigo e tido como de conhecimento geral. (N. T.)

[16] Talvez a mais rica alusão citada pela Irmã Miriam Joseph. Thomas More, católico devoto e conselheiro do rei Henrique VIII, foi decapitado por se recusar a obedecer ao rei numa disputa político-religiosa com o Papa; More acreditava na unidade do Corpo Místico (Igreja) com a sua Cabeça (Cristo), representada pelo Papa. Henrique VIII cria a Igreja Anglicana, cuja cabeça é ele mesmo, ressacralizando assim o estado (criação do Estado moderno). Por não poder servir a duas cabeças, Thomas More perdeu a dele. (N. T.)

exemplo, as seguintes combinações em Milton:[17] "dappled dawn" [alvorecer rajado]; "checkered shade" [matiz axadrezado]; "leaden-stepping hours" [marcha plúmbea das horas]; "disproportioned sin jarred against nature's chime" [um pecado desproporcional em clamorosa desarmonia com o ritmo da natureza].

Cai bem falar em *azure light* (luz azul-celeste), ou em *azure sky* (céu de anil), ou num vestido de noite azul-celeste, mas não é adequado falar em avental azul-celeste, pois avental e azul-celeste se chocam na dimensão psicológica.

Algumas combinações de palavras e pensamentos produzem uma concentração vívida de significado rico na dimensão psicológica.

ILUSTRAÇÃO: Combinação de palavras

I have stained the image of God in my soul.
[Manchei a imagem de Deus em minha alma.]
– Catarina de Siena – Diálogo

The flesh-smell hatred.
[O ódio carnicento.]
– Eavan Boland, "The Death of Reason"

Entendimento lógico e poético

O que é falso quando tomado literalmente na dimensão puramente lógica pode ser verdadeiro quando entendido imaginativa ou poeticamente na dimensão psicológica.

ILUSTRAÇÃO: Uso poético da linguagem

Song

Go and catch a falling star,
Get with child a mandrake root,
Tell me where all past years are,
Or who cleft the devil's foot,
Teach me to hear mermaids singing,
Or to keep off envy's stinging,
And find
What wind
Serves to advance an honest mind.

If thou be borne to strange sights,
Things invisible to see
Ride ten thousand days and nights,
Till age snow white hairs on thee,

[17] John Milton (1608-1674), poeta, dramaturgo e político inglês, autor de O *Paraíso Perdido*. (N. T.)

Thou, when thou return'st wilt tell me
All strange wonders that befell thee,
        And swear
        Nowhere
Lives a woman true, and fair.

If thou findst one, let me know,
    Such a pilgrimage were sweet –
Yet do not, I would not go,
    Though at next door we might meet;
Though she were true, when you met her,
And last, till you write your letter,
        Yet she
        Will be
False, ere I come, to two, or three
        – John Donne

[Vai e agarra uma estrela cadente,
    Emprenha uma raiz de mandrágora,
Diz-me onde estão os anos que se foram,
    Ou quem fendeu os cascos do diabo,
Ensina-me a ouvir o canto das sereias,
    Ou então a manter-me longe das ferroadas do ciúme e da cobiça,
    Descobre que vento serve bem à alma honesta

Se tu estás acostumado a estranhas visões,
    Às coisas invisíveis,
Cavalga por dez mil noites e dias,
    Até que a idade os teus cabelos cubra de branca neve,
Tu, quando retornares, tu me contarás
Todas as estranhas maravilhas que a ti sobrevieram,
    E darás testemunho
    Que em lugar algum
Vive uma mulher fiel, e formosa.

Se tu achares uma, faz-me saber,
    Fosse doce tal peregrinação –
Mas não me conte, eu não iria,
    Pois ainda que na porta ao lado a pudéssemos encontrar;
Ainda que ela fosse fiel quando a conhecesses,
    Até que escrevas tua carta,
    Já terá ela sido infiel a dois ou três.]

Entendido literalmente em sua dimensão lógica, este poema é falso e até mesmo ridículo. Mas se entendido imaginativamente, como tem a intenção de sê-lo, uma vez que é metafórico, o poema contém verdade emocional. O som mesmo e o movimento das palavras, além da simetria – o paralelismo das estruturas gramatical e lógica – das três estrofes, contribuem para o efeito agradável.

A ambiguidade da linguagem

Uma vez que uma palavra é um símbolo, um signo arbitrário ao qual é imposto um significado, não pela natureza, nem pela semelhança, mas por convenção, ela é por sua natureza mesma sujeita à ambiguidade; porque, obviamente, mais de um significado pode ser imposto a dado símbolo. Numa língua viva, de tempos em tempos e em situações cambiantes, as pessoas comuns impõem novos sentidos a uma mesma palavra. Assim, as palavras estão mais sujeitas à ambiguidade do que estão os símbolos da matemática, da química ou da música, cujos significados são a eles impostos por especialistas.

A ambiguidade de uma palavra pode surgir a partir: (1) dos vários significados a ela impostos no curso do tempo, constituindo a história da palavra; (2) da natureza de um símbolo, de onde brotam as três imposições de uma palavra e as duas intenções de um termo; (3) da natureza do fantasma do qual a palavra é originalmente um substituto (ver Cap. 2, "A Geração de um Conceito", p. 46-47).

AMBIGUIDADE QUE BROTA DA HISTÓRIA DAS PALAVRAS

O símbolo ou palavra adquire vários significados no decurso do tempo. O fato de um som ou palavra poder ter vários sentidos pode gerar ambiguidade porque o significado que está sendo simbolizado pode não ser conhecido. Tais palavras são homônimos, ambíguos ao ouvido, que podem ou não diferenciar-se na ortografia quando escritos. O som ambíguo pode ocorrer na mesma língua ou em línguas diferentes.

ILUSTRAÇÃO: Ambiguidade quanto ao som

Na mesma língua:
road, rode; right, wright, rite, write;
sound ("som, aquilo que se ouve"); *sound* (uma massa d'água, canal, estreito); *sound* (sólido, confiável)

Em línguas diferentes:
pax (latim, "paz") e *pox* (inglês, "erupção cutânea")
hell (alemão, "brilhante, vivo") e *hell* (inglês, "inferno")
nix (latim, "neve"; gíria inglesa, "nada")
bright (inglês, "brilhante, lustroso") e *breit* (alemão, "amplo, largo")

Dada notação é ambígua quando simboliza diferentes significados, quer na mesma língua ou em línguas diferentes. Alguns homônimos perdem sua ambiguidade quando escritos, por exemplo, *road, rode, bright, breit*. Alguns a retêm, por exemplo, *sound, hell*. Já algumas palavras, não ambíguas quando faladas (sons diferentes), tornam-se ambíguas quando escritas, por exemplo *tear* (aqui se pronuncia tér [rasgar, romper]) e *tear* (lágrima).

Um dicionário registra os significados que foram impostos a dada notação ao longo da história daquela língua. Uma obra como *A Dictionary of Modern English Usage*, de Fowler, concentra-se particularmente nos usos atuais. Já o *Oxford English Dictionary* se dá ao trabalho de, se possível, fornecer as datas de quando novos sentidos foram impostos a uma palavra, citando passagens que ilustram aquele uso particular.

Um exemplo de uma nova imposição é o do feito a *suástica*, tanto a palavra quanto o símbolo gráfico. Depois da revolução de 1918 na Alemanha, a suástica, que era um antigo símbolo de boa sorte, foi adotada pelo Partido Nacional-Socialista dos Trabalhadores Alemães (Partido Nazista).

Ainda outro exemplo é a imposição do sentido de "grupo de traidores, trabalhando de dentro" a *quinta coluna*. Em 1936, durante a Guerra Civil Espanhola, o general Emílio Mola declarou que capturaria Madri porque, além das quatro colunas de tropas de que dispunha cercando a cidade, tinha também uma quinta coluna de simpatizantes dentro da cidade.

A relação entre os vários sentidos que foram sendo impostos a uma dada notação pode ser *equívoca*, nada tendo em comum – por exemplo, *sound*, "estreito, canal", e *sound*, "som" –, ou *analógica*, tendo algo em comum – por exemplo, *march*, "um passo medido e regular", e *march*, "uma composição musical para acompanhar o marchar".

AMBIGUIDADE SURGIDA DA IMPOSIÇÃO E DA INTENÇÃO

A ambiguidade é causada pela própria natureza de um símbolo, da qual surgem as três imposições de uma palavra e as duas intenções de um termo.

O propósito último das palavras e dos termos é transmitir a outrem ideias acerca da realidade. Mas entre a realidade tal como ela existe e como alguém a apreende e a expressa há uma quantidade de passos intermediários: a criação de um fantasma, a criação de um percepto e a criação de um conceito.

Se alguém usa uma palavra, ou um termo, para que esta se refira diretamente a uma realidade que não seja ela mesma, a aquilo que conhecemos, então é usada predicativamente (isto é, dita sobre outra palavra, referida à outra, referida à realidade que simboliza).

Este é o uso comum de uma palavra ou um termo: é então usada na primeira imposição e na primeira intenção. Se, contudo, alguém usar uma palavra, ou um termo, para que se refira a si mesma, como um instrumento em qualquer dos passos intermediários pelos quais sabemos ou simbolizamos o que sabemos, então é usada reflexivamente (isto é, referindo-se a si mesma, como um conceito, um som, um sinal, um substantivo, etc.). Este é o uso peculiar de uma palavra ou um termo numa imposição ou intenção diferentes do uso comum, como pode ser visto nos exemplos a seguir.

ILUSTRAÇÃO: Imposição e intenção

Joana amava um homem. (Aqui, *homem* refere-se a outro, a um homem real que existe; portanto, *homem* é aqui usado na primeira imposição e na primeira intenção.)

Homem é um dissílabo. (Aqui, a palavra *homem* refere-se a si mesma como um mero som; pode-se saber que *homem* é um dissílabo sem sequer saber o significado; portanto, *homem* é aqui usado na imposição zero. É falso dizer "Um homem é um dissílabo", pois o artigo indefinido "um" se refere a um homem real e não a um mero som. Joana não amava um dissílabo.)

Homem tem cinco letras. (Aqui, *homem* refere-se a si mesmo como uma mera notação; pode-se ver que *homem*, quando escrito ou impresso, tem cinco letras sem saber o significado; portanto, *homem* é aqui usado na imposição zero. É falso dizer "Um homem tem cinco letras", pois o artigo indefinido "um" se refere a um homem real e não a uma mera notação. Joana não amava cinco letras.)

Homem é um substantivo. *Homem* é o objeto direto de *amava*. (Aqui, *homem* – e também *amava* – refere-se a si mesmo como uma palavra, um signo com significado. Não é possível classificar gramaticalmente uma palavra, quer como parte de um discurso, como sujeito, ou algo semelhante, sem saber o seu significado; *homem* aqui é usado precisamente como uma palavra, como um signo com significado, e é dito para ser usado na segunda imposição. É falso dizer "*Um* homem é um substantivo" ou "*Um* homem é o objeto direto de amava", pois, com o artigo, *homem* se refere a um homem real, e não à palavra. Joana não amava um substantivo nem um objeto direto.)

Homem é um conceito. Homem é um termo. Homem é uma espécie. (Aqui, o termo homem refere-se a si mesmo como uma ideia na mente, ou como uma ideia comunicada, ou como uma natureza de classe – todos eles [termos] abstrações lógicas; aqui, o termo *homem* é usado na segunda intenção ao referir-se a si mesmo como termo e não como homem real. É falso dizer "Um homem é um conceito" – ou um termo ou uma espécie – porque, com o artigo, *homem* se refere a um homem real, a uma entidade física, e não a uma entidade lógica. Joana não amava um conceito, ou um termo, ou uma espécie.)

Homem é uma substância. (Aqui, a palavra ou termo refere-se a outro, a um homem real, que é uma substância. As categorias são, principal e fundamentalmente, classificações metafísicas do ser real; homem é aqui usado na primeira imposição e primeira intenção. É verdadeiro dizer "Um homem é uma substância". Joana amava uma substância).

Uma vez que uma palavra é um símbolo, isto é, um signo sensível *com* significado, pode ser usada em qualquer uma das três imposições. A **primeira imposição** é o uso predicativo habitual de uma palavra *com referência apenas ao seu significado e à realidade que simboliza* (sua referência a outro, por exemplo, a uma criança real, a um cão, a uma árvore), sem chamar a atenção para a palavra em si como um signo sensível. A palavra é então usada como uma janela ou como óculos através dos quais vemos objetos de que não estávamos cônscios.

A **imposição zero** é o uso reflexivo de uma palavra com referência apenas a si mesma, enquanto signo sensível (um som ou uma notação), sem chamar a atenção para o seu significado, o qual não precisa sequer ser conhecido. Quando uma palavra é usada na imposição zero, é como se olhássemos para a janela ou para os óculos como objetos finais, e não através deles. A propósito, esse não é o uso habitual das palavras "janela" e "óculos". A fonética preocupa-se com a palavra enquanto som, pois lida com sua pronúncia correta, com a similitude dos sons finais em palavras que rimam, etc. A ortografia, por sua vez, preocupa-se com a palavra enquanto notação.

ILUSTRAÇÃO: Imposição zero

Rubrica é comumente pronunciada de maneira incorreta.

Árvore é uma proparoxítona.

Mulher tem duas sílabas.

Apague *menina* e escreva *moça*.

Humilde tem sete letras.

A imposição zero é também a base de um tipo de enigma ou charada.

ILUSTRAÇÃO: Imposição zero em charadas

Nabucodonosor, Rei dos Judeus!

Soletre isso com seis letras e eu lhe conto as novidades.

Resposta: *J - U - D - E - U - S.*

Que palavra em inglês é pronunciada mais frequentemente incorretamente?

(Aqui é também uma questão de ordem na frase, e a resposta óbvia é "incorretamente". Que outra palavra, além de "incorretamente", poderia ser pronunciada *corretamente* como signo de incorretamente além da mesma "incorretamente"?)

A **segunda imposição** é o uso reflexivo de uma palavra; refere-se a si mesma precisamente como palavra, com referência tanto ao signo sensível quanto ao significado. Este uso da palavra é confinado à gramática; uma palavra não pode ser classificada pela gramática sem que seu significado seja conhecido. A gramática é, assim, a ciência das segundas imposições.

ILUSTRAÇÃO: Segunda imposição

Pular é um verbo.

Sobre o morro é um sintagma.

Bolo é o objeto direto de *está comendo.*

Cada palavra, frase ou oração, não importando que parte seja no uso habitual, torna-se um substantivo quando na segunda imposição ou na imposição zero, pois então se nomeia a si mesma. Palavras na imposição zero ou na segunda imposição devem ser apresentadas graficamente em *itálico* [ou, ainda, em redondo e entre aspas].

Palavras da ciência da gramática e palavras das ciências da fonética e da ortografia, como todas as palavras, podem ser usadas em cada uma das três imposições.

ILUSTRAÇÃO: Palavras da gramática, da fonética e da ortografia, usadas em variadas imposições

Friamente é um advérbio. (*Friamente* está na segunda imposição; *advérbio* está na primeira imposição, pois se refere a outra palavra, a *friamente*, e não a si mesma.)

[A palavra] *Advérbio* é um substantivo. (*Advérbio* está na segunda imposição.)

Um *advérbio* não é um substantivo. (*Advérbio* está na primeira imposição e *substantivo* está na primeira imposição porque ambas se referem a outras palavras, e não a si mesmas.)

Advérbio tem três sílabas. (*Advérbio* está na imposição zero; *sílabas* está na primeira imposição porque se refere a outra palavra, a *advérbio*, e não a si mesma.)

Sílabas é um substantivo plural. (*Sílabas* está na segunda imposição; *substantivo* está na primeira imposição.)

Escreva *sílabas* no quadro-negro. (*Sílabas* está na imposição zero, referindo-se a si mesma como mera notação.)

Primeira imposição: uma palavra usada para fazer referência direta à realidade.

Imposição zero: uma palavra usada reflexivamente com referência a si mesma enquanto signo sensível.

Fonética (pronúncia)

Ortografia (soletração)

Segunda imposição: uma palavra usada reflexivamente com referência ao signo sensível e ao significado. A gramática é a ciência da segunda imposição.

2-5. *Imposição das palavras*

Uma vez que um termo é uma palavra ou símbolo que transmite um significado particular, pode ser usado em qualquer das duas intenções. A **primeira intenção** é o uso predicativo usual do termo para referir-se à realidade. Esta é a sua referência ao outro, à realidade (a um indivíduo ou a uma essência). Um termo usado na primeira intenção corresponde exatamente a uma palavra usada na primeira imposição. O termo é então usado como óculos através dos quais vemos objetos de que não tínhamos ciência. A **segunda intenção** é o uso reflexivo de um termo para referir-se a si mesmo como um termo ou conceito, aquele pelo qual conhecemos, e não o que conhecemos.[18]

ILUSTRAÇÃO: Segunda intenção

Cadeira é um conceito. Cadeira é um termo. Cadeira é uma espécie de móvel. (Não podemos sentar-nos num conceito, num termo, numa espécie ou em qualquer ente meramente lógico. Podemos sentar-nos numa cadeira real, que é um ente físico.) Aqui, o termo é usado como óculos para os quais olhamos, em vez de através deles para ver alguma outra coisa.

O uso de um termo na segunda intenção é restrito à lógica; portanto, a lógica é a ciência das segundas intenções, tanto quanto a gramática é a ciência das segundas imposições. Os termos peculiares à ciência da lógica, assim como outros termos, podem ser usados em qualquer das duas intenções.

ILUSTRAÇÃO: Termos lógicos usados na primeira e segunda intenções

Quadrado é um conceito. (Quadrado está na segunda intenção porque se refere a si mesmo como conceito; conceito está na primeira intenção porque se refere ao quadrado e não a si mesmo.)

Um quadrado é um conceito. (Quadrado está na primeira intenção; conceito está na primeira intenção. Nenhum se refere a si mesmo e a afirmação é falsa.)

Um conceito deveria ser claro. (Conceito é um termo usado na primeira intenção, porque predicativamente se refere a outros conceitos e não reflexivamente a si mesmo.)

Um cavalo não pode formar um conceito. (Conceito está na primeira intenção.)

Conceito é um termo. (Conceito está na segunda intenção, referindo-se a si mesmo como um termo.)

Primeira intenção: uma palavra é usada para referir-se à realidade.

Segunda intenção: uma palavra é usada reflexivamente para referir-se a si mesma como termo ou como conceito. A lógica é a ciência das segundas intenções.

2-6. *Intenção das palavras*

[18] Palavras na segunda intenção não são grafadas em itálico.

AMBIGUIDADE QUE SURGE DA NATUREZA DO FANTASMA

O fantasma é uma imagem mental de um objeto ou objetos fora da mente (a designação ou extensão[19] do termo); desta imagem o intelecto abstrai o conceito (o significado, ou intenção, do termo) na mente. Por causa desse caráter triplo do fantasma, do qual a palavra é originalmente um substituto, a palavra é sujeita a três tipos de ambiguidade:

1. A ambiguidade pode surgir da imagem que a palavra evoca. A palavra *cão* espontaneamente evoca imagens diferentes num montanhês suíço, num caçador inglês ou num explorador do Ártico. Assim, o poder das palavras afeta a dimensão psicológica da linguagem e é especialmente importante na composição literária.

A ambiguidade pode emergir da extensão ou designação de uma palavra – o objeto ou objetos a que o termo pode ser aplicado, sua referência externa. O propósito fundamental de um nome próprio é designar um indivíduo em particular ou um agregado; ainda assim, um nome próprio é por vezes ambíguo na designação porque o mesmo nome foi dado a mais de um indivíduo ou agregado dentro da mesma espécie; por exemplo, William Shakespeare, poeta dramático, 1564-1616, e William Shakespeare, um carpinteiro.

Fazer com que os nomes próprios sejam claros e sem ambiguidade é um problema especial na confecção de documentos legais como testamentos, escrituras e contratos. Se um homem deixasse metade de seus bens para João da Silva, muitos requerentes apareceriam, a menos que o herdeiro fosse designado menos ambiguamente a ponto de excluir qualquer outra pessoa além do João da Silva que o doador realmente tinha em mente.

Listas telefônicas adicionam endereços e outras descrições empíricas aos nomes próprios num esforço por evitar a ambiguidade em suas referências. As fichas de identificação de criminosos são tentativas de tornar nomes próprios não ambíguos, adicionando a eles uma descrição empírica, uma fotografia e impressões digitais, que são consideradas únicas, no mais verdadeiro sentido do termo, pois não há duas exatamente iguais.

Uma descrição empírica é menos ambígua na designação do que um nome próprio, por exemplo, o primeiro presidente deste país.

---

[19] A extensão refere-se a todos os itens que uma palavra denota. Por exemplo, na frase "As árvores decíduas perdem suas folhas no outono", o sintagma *árvores decíduas* [que trocam/perdem folhas periodicamente] inclui todas as árvores decíduas que existiram ou existirão.

2. A ambiguidade pode surgir porque um nome comum, tal como homem, navio, casa, morro, pretende aplicar-se a qualquer objeto da classe nomeada e, portanto, pretende ser geral, ou universal, em sua designação. Por exemplo: as designações ou a extensão plena de "oceano" são cinco;[20] de "amigo", referindo-se a você, é o número de seus amigos; de "montanha", "árvore", "livro", é o número total de objetos passados, presentes ou futuros a que o termo pode ser aplicado.

3. A ambiguidade pode surgir porque tanto os nomes comuns quanto os próprios podem adquirir muitos significados; em outras palavras, a intensão,[21] ou intensidade, ou significado, ou conceito podem ser muitos. O propósito primeiro de um nome comum é ser preciso quanto ao significado, ou intensão; não obstante, um nome comum frequentemente é ambíguo na intensão porque uma variedade de significados foi imposta a ele. Por exemplo, *sound* pode significar "algo que se ouve" ou "uma massa d'água". Cada uma dessas descrições de *sound* é dita uma descrição geral, ou universal. A descrição geral é menos ambígua no sentido/significado do que o nome comum.

Uma definição é uma descrição geral perfeita. O dicionário lista os vários significados que constituem a ambiguidade intensional das palavras. As palavras definidas são nomes comuns; as definições são descrições gerais ou universais. Um nome comum é usado primeiramente em intensão (apesar de ter extensão) em contraste com um nome próprio, que, por sua vez, é usado primeiramente em extensão (apesar de ter intensão).

Um nome próprio, como George Washington, por exemplo, apesar de usado primordialmente para designar um indivíduo, deve designar um indivíduo de alguma espécie em particular: um homem, uma ponte, um hotel, uma cidade, porque cada indivíduo é membro de alguma classe.

Uma vez que o indivíduo designado pode ser um de várias espécies diferentes, um nome próprio pode ser ambíguo na intensão. Por exemplo, "Bryn Mawr" pode designar uma famosa escola superior ou uma pequena cidade na Pensilvânia.

[20] Conforme alguns dicionários: Antártico, Ártico, Atlântico, Índico e Pacífico. (N. T.)

[21] A palavra *intensão* (intensidade) significa a soma de atributos contidos numa palavra. *Intenção* significa a maneira na qual a palavra é usada. Na frase "Rosas margeando o caminho que leva ao chalé do jardim", *rosas* é usada na primeira intenção porque simboliza a realidade da flor. Sua intensão (ou significado) é uma flor com caule espinhoso, folhas arranjadas de forma pinulada e pétalas coloridas variegadas.

"Madeira" pode designar um grupo de ilhas no Oceano Atlântico próximas ao Marrocos, um rio do Brasil ou um tipo de vinho forte.

AMBIGUIDADE DELIBERADA

Apesar de a ambiguidade ser, nas comunicações intelectuais, uma falha contra a qual todos os cuidados devem ser tomados, ela é, por vezes, buscada deliberadamente na comunicação estética ou literária.

A ironia é o uso das palavras com o fito de transmitir um significado exatamente oposto àquele normalmente transmitido por elas. (É uma forma de ambiguidade deliberada na intensão [soma de atributos contidos na palavra].)

Um trocadilho ou jogo de palavras é o uso de uma palavra simultaneamente em dois ou mais sentidos. (Também é uma forma de ambiguidade deliberada na intensão). Em nossa época, o trocadilho é comumente considerado uma forma trivial de humor. Todavia, já foi tido em alta estima por Aristóteles, por Cícero e pelos mestres da retórica[22] da Renascença (que classificavam o trocadilho entre as quatro figuras de linguagem). Foi usado por Platão, pelos dramaturgos gregos e pelos pregadores e escritores da Renascença, frequentemente de uma maneira séria.

ILUSTRAÇÃO: Ambiguidade deliberada

If he do bleed,
I'll gild[23] the faces of the groom withal,
For it must seem their guilt.
– *Macbeth* 2.2.52-54

Now is it Rome indeed, and room[24] enough
When there is in it but one only man!
– *Julius Caesar* 1.2.156-7

William Somer, o bobo da corte de Henrique VIII, vendo que ao rei faltava dinheiro, disse: "Vós tendes tantos Fraudadores, tantos Contraventores e tantos Receptadores para obter-vos dinheiro, que eles o obtêm todo para si mesmos". [fazendo jogo de palavras com auditores, supervisores e recebedores ou coletores].

– Thomas Wilson, *The Arte of Rhetorique* (1553)

---

[22] Talvez seja útil fazer a distinção entre *retor* e *retórico*: o primeiro, o praticante da técnica; o segundo, o estudioso da técnica. Cícero, por exemplo, exerceu as duas atividades. (N. T.)

[23] Cobrir com ouro, folhear a ouro. Aqui, o sentido de *gild* é *smear with blood*, lambuzar com sangue. Gold era, com frequência, também chamado *red* (vermelho). A referência inicial a *bleed* (sangrar) e a rima de *gild* com *guilt* (culpa) e a aparência desta, dão conta da ambiguidade pretendida. (N. T.)

[24] Shakespeare, o mestre do *pun*, joga com os sons de *Rome* e *room*. Na intensão, *room* é quarto e é também espaço. Para o homem que tomara o poder de toda Roma, não haveria mais quem ocupasse o seu espaço de único senhor. (N. T.)

Metáfora é o uso de uma palavra ou sentença para evocar duas imagens simultaneamente, uma literal e outra figurada. (É a ambiguidade deliberada de imagens.)

A metáfora é de grande valor na poesia e em toda a produção literária imaginativa, incluindo os melhores escritos científicos e filosóficos. Aristóteles considerava a metáfora como uma proporção comprimida, uma afirmação de igualdade entre duas razões. A proporção pode ser representada assim: **a:b::c:d**. (a/b = c/d). A proporção comprimida é **a é c**.

ILUSTRAÇÃO: Metáfora como uma proporção comprimida

O Wild West Wind, thou breath of Autumn's being. *(a é c)*
– Percy Bysshe Shelley, "Ode to the West Wind"

West Wind [vento] (a) está para *Autumn* [outono] (b) assim como *breath* [o sopro de vida] (c) está para o ser humano (d). *(a:b::c:d)*

The moon is a boat. [A Lua é um barco] *(a é c)*
The moon [a lua] (a) move-se pelo céu (b) como um *boat* [barco] (c) navega sobre o mar (d). (*a:b::c:d*).

Uma metáfora morta é aquela que por certo tempo evocou duas imagens, mas que agora falha em fazê-lo e normalmente porque aquilo que uma vez foi apenas o sentido figurado suplantou completamente o que fora o sentido literal. Na citação "Teus pesares [dores, sofrimentos] são as tribulações da tua alma", *tribulações* é uma metáfora morta. *Tribulum* já significou debulhadeira [para separar o milho da casca; para deixar o melhor]. Esta metáfora, usada pela primeira vez por um escritor cristão dos primeiros tempos, era tão boa, que *tribulação* veio a significar sofrimento e *pesar* perdeu seu significado original, "debulhação". Seu uso metafórico tornou-se o próprio uso habitual. Nós já não reconhecemos a metáfora. *Tribulação* agora evoca apenas uma imagem, e não duas; portanto, a frase é uma metáfora morta.

Man-of-war é uma metáfora morta. Originalmente, tinha a força da seguinte proporção: Um navio está para uma batalha naval assim como um guerreiro está para uma batalha em terra (*a:b::c:d*). Portanto, um navio de guerra é um *man of war* (*a é c*). O sentido figurado transformou-se em sentido literal, pois *man-of-war* significa hoje apenas um navio de guerra. *Candidato* "vestido de branco" e arranha-céu são outras metáforas que perderam seu sentido original.[25]

[25] A metáfora *Candidate* "clothed in white" [Candidato "vestido de branco"] perdeu o sentido original na língua inglesa (metáfora originária do latim: *candidatus*, passando pelo

Na série de significados atribuídos a uma palavra como *spring*, por exemplo, é possível observar como significados novos, derivados do fundamental por uso figurado, depois se tornaram significados usuais, perdendo assim sua qualidade figurada. O dicionário lista os seguintes significados para *spring*: (1) saltar, pular, saltitar; (2) o brotar de uma planta a partir de uma semente, o brotar de uma corrente a partir de sua fonte, etc.; (3) uma saída, fluxo de água a partir da terra; (4) um dispositivo elástico que recupera sua forma original quando liberado após ter sido distorcido [mola]; (5) uma estação em que as plantas começam a crescer; (6) tempo de crescimento e progresso. (Apesar de o dicionário listar este último como um sentido habitual de *spring*, a frase "A juventude é a primavera (*spring*) da vida" ainda é tida, mesmo que suavemente, como uma metáfora).

Ironia: uso das palavras para transmitir o sentido exatamente contrário àquele normalmente transmitido pelas palavras.

Trocadilho (jogo de palavras): o uso de uma palavra em dois ou mais sentidos, simultaneamente.

Metáfora: o uso de uma palavra ou sentença para evocar duas imagens simultaneamente.

2-7. *Ambiguidade deliberada*

O *TRIVIUM*

Após as considerações precedentes, o leitor pode agora entender melhor o escopo e o alcance comparativo das três artes do *trivium*: lógica, gramática e retórica, já discutidas no capítulo anterior.

Ao observador é possível distinguir as faculdades da mente: cognição, apetição e emoção. A cognição inclui a cognição inferior ou sensória, que produz perceptos, e a cognição superior ou racional, que produz conceitos. A apetição inclui os apetites inferiores ou sensíveis, que basicamente buscam comida, vestuário e abrigo, e o apetite superior ou racional, a vontade, que busca o bem e a unidade da verdade e da beleza como aspectos do bem.

francês *candidat*, até chegar à língua inglesa como *candidate*). *Candid* significa cândido, franco, honesto, isto é, alvo e imaculado. A metáfora original fazia descrição das togas brancas dos candidatos ao senado da antiga república romana. Por sua vez, o branco das togas simbolizava a ausência de nódoas no candidato, porque este deveria possuir atributos de honorabilidade e incorruptibilidade. Em inglês, porém, *clothed*, além de vestido e coberto, tem também o sentido de "oculto, escondido, dissimulado", o que vai de encontro ao sentido original, dando a entender que o candidato apenas finge ser alguém sem mácula. De metáfora, a expressão passou a ser entendida como ironia sarcástica. (N. T.)

A emoção é um tom agradável ou doloroso que pode acompanhar o exercício tanto das faculdades sensoriais quanto racionais. O prazer é concomitante ao exercício normal e saudável de qualquer uma das faculdades. A dor é concomitante ao exercício excessivo, inadequado ou até inibido de qualquer uma de nossas faculdades.

A Lógica diz respeito ou lida apenas com operações do intelecto, com cognição racional, não com a volição nem com as emoções.

A *Gramática* dá expressão a todos os estados da mente ou da alma – cognitivo, volitivo e emocional – em frases que são afirmações, perguntas, desejos, preces, ordens e exclamações. Neste sentido, a gramática tem um escopo mais amplo que a lógica; e assim também a retórica, que tudo isso comunica a outras mentes.

A *Retórica* faz um cotejo entre símbolos gramaticais equivalentes para então escolher o melhor para comunicar a ideia em dada circustância, por exemplo, corcel ou cavalo. A gramática lida apenas com a frase, com um pensamento; a lógica e a retórica lidam com o discurso estendido, projetado, com as relações e combinações de pensamentos.

A lógica dirige-se apenas ao intelecto; a retórica, incluindo a poesia, dirige-se não apenas ao intelecto, mas também à imaginação e às afeições, a fim de comunicar o agradável, o cômico, o patético e o sublime.

A lógica pode funcionar sem a retórica ou a poesia, mas estas são rasas sem a lógica. A gramática é requisito de todas.

Se as imperfeições de uma língua comum, especialmente a sua ambiguidade, são percebidas, podemos mais prontamente entender o valor das regras da gramática, da lógica e da retórica como meio de interpretação. Por exemplo, as regras da gramática nos guiam para a correta leitura das linhas seguintes, frequentemente mal interpretadas. Qual é o sujeito da primeira frase? Qual é o predicado?[26]

> A jactância dos brasões, a pompa do poder,
> E toda aquela beleza, tudo que a riqueza jamais pôde dar
> A hora inevitável igualmente espera:
> Pois os caminhos da glória, inexoráveis, também levam à sepultura.
>
> – Thomas Gray, "Elegy Written in a Country Churchyard"

[26] Na estrofe da "Elegy", de Gray, *espera* está na terceira pessoa do singular do verbo *esperar*. *Hora* é o sujeito de *espera*. Na ordem normal [em inglês ou português] das palavras, a frase seria lida assim: "A hora inevitável espera a jactância dos brasões, a pompa do poder e toda aquela beleza, tudo que a riqueza jamais pôde dar".

É verdade que o uso correto da gramática, da retórica e da lógica (com frequência com base apenas em conhecimento implícito) é da máxima importância. Os hábitos diários de pensamento e expressão em casa e na escola medem nosso domínio pessoal prático da língua. Não obstante, o conhecimento formal da gramática, da retórica e da lógica (conhecimento explícito) é também valioso, pois nos permite saber por que certos raciocínios e expressões estão corretos ou são eficazes, enquanto outros, exatamente o oposto; ademais, esse conhecimento explícito nos permite aplicar as regras à fala, à escrita, à audição e à leitura.

O **ente** é o ser do todo individual ou é a essência que é comum aos indivíduos de uma espécie ou gênero.

O **fantasma** é (1) uma imagem mental de (2) um objeto fora da mente (sua referência extensional) a partir da qual o intelecto abstrai (3) o conceito na mente (sua referência intensional).

Um **símbolo** é um signo sensível arbitrário que tem um significado imposto a ele por convenção. (Um conceito não é arbitrário.)

A **linguagem** tem uma dimensão lógica e uma dimensão psicológica.

Matéria e **forma** constituem um todo composto.

2-8. *Ideias-chave no capítulo 2*

3. GRAMÁTICA GERAL

GRAMÁTICA GERAL E GRAMÁTICAS ESPECIAIS

A gramática geral[1] diz respeito à relação das palavras com as ideias e com as realidades, enquanto uma gramática especial, tal como a inglesa, a latina, a francesa ou a portuguesa, diz respeito principalmente à relação das palavras com as palavras, como, por exemplo, na concordância entre sujeito e verbo quanto a pessoa e número, ou, então, na concordância entre adjetivo e substantivo quanto a número, gênero e caso.

A gramática geral é mais filosófica que as gramáticas especiais porque está mais diretamente relacionada à lógica e à metafísica – ou ontologia. Consequentemente, ela difere um pouco das gramáticas especiais no que diz respeito ao ponto de vista e à classificação resultante, tanto na análise morfológica[2] quanto na análise sintática.[3]

MORFOLOGIA NA GRAMÁTICA GERAL

Do ponto de vista da gramática geral, a distinção essencial entre as palavras é entre palavras categoremáticas e sincategoremáticas.

Palavras categoremáticas são aquelas que simbolizam alguma forma do ser e que podem, correspondentemente, ser classificadas nas dez categorias do ser – substância e nove acidentes.[4] As palavras categoremáticas, portanto, são de duas grandes classes: (1) substantivas, que fundamentalmente simbolizam a substância, e (2) atributivas, que simbolizam acidentes.[5] Deste ponto de

[1] O capítulo 3 apresenta conceitos gramaticais que podem ser aplicados a todas as línguas – às hoje existentes, às já não mais usadas e às ainda por inventar. A gramática geral descreve a relação entre linguagem e realidade. A gramática geral formula a pergunta: Como é que o intelecto usa a linguagem para traduzir a realidade?

[2] Na língua inglesa, *part-of-speech analysis* faz parte de uma *morphological analysis* mais ampla. Em português, *análise morfológica* é tradução adequada de *part-of-speech analysis*. (N. T.)

[3] A sintaxe se refere aos arranjos de palavras em frases.

[4] As dez categorias do ser, apresentadas no Capítulo 2, são a substância e os nove acidentes: quantidade, qualidade, relação, ação, paixão, *quando*, *onde*, postura e hábito.

[5] A palavra *acidente* vem do latim *accidere*, acontecer. Normalmente, os acidentes se referem aos eventos que não podem ser previstos. Nas dez categorias do ser, porém, acidentes são aqueles elementos que não podem existir sozinhos. Acidentes existem na substância. Alguns acidentes são essenciais à substância, no sentido de torná-la o que é; já outros

vista, os verbos e os adjetivos são adequadamente classificados igualmente como atributivos, como acidentes que existem na substância, porque a ação, assim como a qualidade ou a quantidade, deve existir na substância. Estas distinções são um notável exemplo das diferenças de pontos de vista entre a gramática geral e as gramáticas especiais.

Palavras sincategoremáticas são aquelas que só têm significado junto a outras palavras, pois, tomadas por si mesmas, não podem ser classificadas nas categorias. Elas não simbolizam o ser. De fato, são mero cimento gramatical, por meio do qual, numa frase, relacionamos palavras categoremáticas que simbolizam o ser. Por esta razão, são às vezes chamadas palavras gramaticais. As palavras sincategoremáticas são de duas classes: (1) determinativas, que chamam a atenção para as substâncias, e (2) conectivas, que ligam ou palavras, ou frases ou sujeitos e predicados.

ANALOGIAS: Diferença entre símbolos categoremáticos e sincategoremáticos

Na música, as notas são símbolos categoremáticos, enquanto a marcação do tempo, do fraseado, do *staccato* ou *legato*, etc., são símbolos sincategoremáticos de operação. Na matemática, os números, figuras, ângulos, etc., são símbolos categoremáticos, enquanto +, –, x, %, =, etc., são símbolos sincategoremáticos de operação que indicam como os símbolos categoremáticos se relacionam.

Dando prosseguimento, na gramática geral distinguimos quatro categorias morfológicas fundamentais: substantivos, atributivos, determinativos e conectivos.

Porém podemos ainda subdividir essas quatro e distinguir nove categorias; e se adicionarmos a interjeição, que, por razões explicadas mais adiante, não pode ser considerada precisamente como categoria morfológica, a lista subirá a dez, como se segue: substantivos (nomes),[6] pronomes, verbos, adjetivos, advérbios, determinativos (especificam o indivíduo referido), preposições, conjunções, a "pura" cópula (aquela parte da proposição que conecta o sujeito [S] e o predicado [P], segundo o modelo *S é P*; o verbo *ser* como mero signo de predicação, sem significação semântica; um outro verbo com função similar) e as interjeições.

---

acidentes não são essenciais. Considere a frase "Uma pessoa pensa". *Pessoa* é uma substância e como tal é uma realidade designada por um substantivo. *Pensa* é uma ação (um dos nove acidentes dentro das categorias do ser) e como tal é uma realidade designada por um verbo. A habilidade de pensar é uma qualidade essencial à natureza humana, mas não é uma qualidade que exista fora da pessoa.

[6] *Substantive noun.* (N. T.)

Palavras Categoremáticas (palavras significantes por si mesmas)

Designadoras de substância (palavras substantivas)
Substantivos
Pronomes

Atributivas
Primárias – atributos da substância
Verbos (e as inflexões)
Adjetivos

Secundárias – atributos dos atributos
Advérbios

Palavras sincategoremáticas (palavras significantes apenas quando acompanhadas de outras)

Determinativas, associadas a uma palavra
Artigos
Dêicticos

Conectivas, associadas a muitas palavras
Preposições – conectam palavras
Conjunções – conectam frases (expressas ou implícitas)

A pura cópula, que conecta sujeito e predicado

3-1. *Categorias morfológicas*

As interjeições são nomeadas entre as categorias morfológicas apenas porque é desejável que haja um nome para toda classe de palavras. Todavia, as interjeições não são classe morfológica, e por duas razões. Elas não podem ser assimiladas à estrutura de uma frase e, portanto, não têm importância gramatical. Expressam emoções, não pensamento,[7] e, assim, não têm importância lógica.

MORFOLOGIA CATEGOREMÁTICA

Designadoras de substância: substantivos e pronomes

De acordo com o tipo de realidade a que se refere, um substantivo pode simbolizar tanto uma substância concreta quanto uma abstração. Uma substância concreta é um objeto que existe em si mesmo, seja natural ou artificial. Árvore, pedra e cavalo são exemplos de substância natural. Cadeira, vidro e relógio são exemplos de substância artificial.

[7] Palavras como *raiva*, *amor* e *felicidade* expressam emoção, mas é o intelecto que abstrai tais qualidades emocionais da experiência. O processo de abstrair ideias a partir da realidade difere da emoção expressa por uma interjeição, que expressa uma emoção não processada pela mente.

Uma abstração é um acidente[8] concebido pela mente, a bem da ênfase, como se existisse por si mesma e à parte da substância concreta em que pode realmente existir; por exemplo, suavidade, quantidade, forma ou prudência existem realmente como parte da substância. Uma abstração é também substância considerada em sua essência, a bem da ênfase e à parte de sua existência concreta; por exemplo, humanidade, corporeidade, "cadeiridade" e "arvoridade" realmente existem como parte da substância.

Substantivos abstratos simbolizam ideias em cada uma das dez categorias, por exemplo: animalidade, extensão, brancura, similaridade, movimento, sensibilidade, futuridade, ubiquidade, verticalidade. Na verdade, os nomes mesmos de sete[9] das nove categorias de acidentes são exemplos de substantivos abstratos.

Assim, a habilidade humana de distinguir, selecionar e abstrair um aspecto da realidade e torná-lo objeto de pensamento foi o meio indispensável de onde a mente humana foi capaz de avançar em busca da verdade. Cada uma das várias ciências e ramos da filosofia abstrai da realidade um aspecto selecionado; por exemplo, a matemática lida apenas com a quantidade; a física, com o movimento; a metafísica, com o ser. A capacidade humana de abstrair e estudar um aspecto selecionado da realidade é a medida do progresso intelectual que contrasta de forma impressionante com a total ausência de tal progresso entre os animais irracionais, a despeito de seus instintos maravilhosos e que frequentemente são superiores aos instintos do homem. À medida que a civilização humana avança, cresce a proporção de substantivos abstratos na linguagem.[10]

---

[8] Lembre-se de que acidente se refere àqueles elementos que só podem existir na substância. Ao conceber o acidente como uma qualidade abstrata, o ser pensante faz da qualidade um substantivo. A palavra *amor* é uma realidade que só pode existir no ser que experimenta a emoção. A habilidade que a mente tem de abstrair, de conceber qualidades à parte da realidade em que existem, cria a necessidade de substantivos abstratos.

[9] As categorias referidas são: quantidade, qualidade, relação, ação, paixão, postura e hábito (condição).

[10] *The Story of English*, escrito por Robert McCrum, William Cran e Robert MacNeil (New York, Viking Press, 1986), fornece uma nota interessante acerca da introdução de substantivos abstratos no inglês. "A importância desta revolução cultural [a introdução do Cristianismo na Inglaterra pelo monge beneditino S. Agostinho de Canterbury em 597] na história da língua inglesa não se limita ao fato de ter fortalecido e enriquecido o *Old English* com novas palavras, das quais mais de 400 sobrevivem até hoje, mas também ao fato de que deu ao inglês a capacidade de expressar pensamento abstrato. Antes da vinda de S. Agostinho de Canterbury, era fácil expressar a experiência comum da vida – Sol e Lua, mão e coração, mar e terra, calor e frio – mas muito mais difícil era expressar ideias mais sutis" (p. 55-56).

De acordo com sua classificação lógica, um substantivo (designador de substância) simboliza tanto um indivíduo como uma espécie ou um gênero.[11]

ILUSTRAÇÃO: Classificação lógica de um substantivo

Indivíduo	Espécie	Gênero
Eleanor Roosevelt	humana	animal
Excalibur	espada	arma
Atlântico	oceano	corpo d'água

CARACTERÍSTICAS GRAMATICAIS DOS SUBSTANTIVOS

Número

Um substantivo que nomeia uma espécie ou um gênero tem número; isto é, pode ser singular ou plural porque pode designar um ou mais dos indivíduos que constituem a espécie ou o gênero. Tal substantivo pode ser um nome comum ou uma descrição geral.[12]

Em sentido estrito, um substantivo que nomeia um indivíduo não tem número, porque um indivíduo é único e não pode ser pluralizado naquilo que o torna um indivíduo, mas apenas naquilo que o torna um membro de sua espécie ou gênero. Um substantivo que nomeia um indivíduo é um nome próprio ou uma descrição empírica.

Gênero

Um substantivo pode ser masculino, feminino, neutro ou comum. Os substantivos no inglês moderno têm gênero natural (ou gênero lógico); os substantivos no francês, latim, alemão e em muitas outras línguas têm gênero gramatical (que requer diferentes formas de concordância com determinantes, adjetivos ou outras palavras).

Pessoa

Esta é uma característica muito mais importante para pronomes do que para substantivos. Tem sua origem natural na conversação, pois a primeira pessoa é aquela que fala; a segunda pessoa é aquela a que se fala; e a terceira pessoa é aquela de que se fala.

[11] Em português, a palavra *gênero* é utilizada tanto para designar uma classe mais abrangente que a espécie, quanto para se referir às classes *masculino* e *feminino*. Em inglês, são usadas as palavras *genus*, no primeiro caso, e *gender*, no segundo. (N. T.)

[12] Substantivos, tal como definidos na gramática geral, incluem tanto sintagmas como palavras isoladas.

Um pronome concorda em pessoa, número e gênero com o seu antecedente, o substantivo ao qual se refere; seu caso, porém, é determinado por seu uso em sua própria oração.[13]

O pronome relativo desempenha simultaneamente três funções: (1) faz a vez de um substantivo; (2) conecta orações; (3) subordina uma oração à outra.

Caso

O caso mostra a relação de um substantivo ou pronome com outras palavras na frase. Na gramática geral, são distinguidos quatro casos de substantivos, pois estas são as relações necessárias em qualquer língua, ainda que não em todas as frases.

Quatro casos de substantivos

Nominativo é o caso do sujeito. É o único caso necessário a todas as frases.

Genitivo é o caso que nomeia aquele que possui.

Dativo é o caso que nomeia o termo[14] para o qual a ação segue. (O.I.)

Acusativo é o caso que nomeia o objeto que recebe a ação. (O.D.)

3-2. *Caso*

A gramática especial de uma língua particular pode distinguir menos ou mais casos do que esses quatro, enquanto o número normalmente depende mais das formas de declinação do que das relações subjacentes entre ideias e palavras. Assim, a gramática inglesa moderna distingue apenas três casos: nominativo, genitivo e acusativo. Todavia, é óbvio que os usos do caso dativo[15] estão presentes na língua inglesa tão claramente quanto o estão no latim; ademais, o caso dativo e o caso instrumental, que é análogo ao ablativo no latim, tiveram formas de declinação e usos distintos no período do *Old English* (antes de 1150 d.C.).

---

[13] Considere a frase "Sofia é a garota que conheci na escola". Na oração – que conheci na escola – *que* está no caso acusativo porque recebe a ação de *conhecer*. *Que* refere-se a *garota*, que está no caso nominativo, mas o caso de *que* é determinado pelo seu uso na oração.

[14] A distinção entre termo e palavra é explicada no Capítulo 4. Em resumo, um termo é uma palavra usada para comunicar um conceito.

[15] Na gramática inglesa, as palavras no caso dativo são chamadas *objetos indiretos*. Na frase "Shakespeare deu *Hamlet* ao mundo", *mundo* é um objeto indireto (caso dativo) e *Hamlet* é o objeto direto (caso acusativo). O caso dativo acompanha os verbos *dar, contar, entregar*, etc., que predicam um receptor e algo a ser recebido. "The Quarterback threw Dan the Football". O zagueiro não lançou Dan; ele lançou a bola e esta recebeu a ação.

Os casos de substantivos podem ser expressos pela ordem das palavras, por preposições ou pelas terminações dos casos (no inglês moderno, são mantidas apenas as do caso possessivo).

ILUSTRAÇÃO: Caso

Ordem das palavras	João matou a cobra. A cobra matou João.
Preposições	A mãe está **no** jardim. A decisão **do** árbitro foi aplaudida.
Terminações	*Father's, him, puero, noctis.*[16]

AS DEZ FUNÇÕES GRAMATICAIS DOS SUBSTANTIVOS

Substantivos podem atuar como sujeito, predicativo do sujeito, objeto direto de um verbo ou de uma forma nominal, objeto indireto de um verbo ou de uma forma nominal, predicativo do objeto, objeto de uma preposição, modificador possessivo, nominativo absoluto, nominativo de discurso direto (vocativo), ou como aposto de qualquer desses.

ILUSTRAÇÃO: Funções gramaticais dos substantivos

Senna ultrapassou Prost na curva, fazendo uma manobra que definiu a corrida.
Senna é o sujeito. *Prost* é o objeto direto de *ultrapassou*; *manobra* é o objeto direto do gerúndio *fazendo*; *corrida* é o objeto direto de *definiu*; *curva* é o objeto da contração da preposição *em* + artigo *a* = *na*; *que*, como exemplo de substantivo da gramática geral, é sujeito de *definiu* e dêictico de *manobra*.

João, o sócio do meu tio considera que aquele homem é um salafrário.
João é o nominativo do discurso direto (vocativo). *Do meu tio* é modificador possessivo (genitivo) de *sócio*. *Salafrário* é um complemento subjetivo, ou substantivo predicativo, pois completa a cópula *é* e se refere ao sujeito da oração, *homem*.

A classe elegeu John presidente.
Presidente é um complemento objetivo (acusativo), pois completa o verbo *elegeu* e se refere a *John*, o objeto direto de *elegeu*. (*Eleger* pertence ao grupo de verbos que inclui *escolher, nomear, julgar,* que requer dois acusativos para ter seu sentido completo.) A oração é, na verdade, uma combinação condensada de duas outras: A classe elegeu John. John é o presidente. Na segunda dessas orações, presidente é um complemento subjetivo (nominativo), pois completa a cópula é e se refere ao sujeito John; sua relação com John é a mesma que aquela presente na declaração combinada acima, mas lá é chamada de complemento objetivo porque se refere ao objeto do verbo.

Expulsos os inimigos, César chegou ao território dos éduos. (Hostibus pulsis, Caesar in fines Aeduorum pervenit).
Inimigos é o nominativo absoluto (ablativo absoluto), pois a frase da qual faz parte não tem nenhuma relação gramatical com as demais palavras da sentença. Em latim, a construção absoluta é expressa pelo caso ablativo; em inglês, pelo nominativo.

[16] *Puero* é o dativo singular de *puer* e significa "para o menino". *Noctis* é o genitivo singular de *nox* e significa "da noite".

Atributivas

Atributivas são as palavras que expressam os acidentes que existem na substância. Atributivos primários incluem verbos, substantivos verbais (formas nominais) ("Ela cultiva o sorrir"), adjetivos verbais (formas nominais) ("*Relata refero*": "Conto o que me contaram") e adjetivos.

VERBOS E SUAS FUNÇÕES

Um verbo possui quatro funções: expressa um atributo juntamente com a noção de tempo; indica distinção temporal da ação denotada (tense); expressa o modo (mode ou mood); afirma.

Expressar um atributo juntamente com a noção de tempo é a função essencial de um verbo e constitui a sua definição. Aristóteles, no *Órganon*, define um verbo como aquele que, além do seu significado próprio, transmite também a noção de tempo. É por esta sua característica, de com ele transmitir a noção de tempo ou de mudança, que Aristóteles o distingue do adjetivo e de qualquer outra classe morfológica.

Para compreender esta definição, é necessário compreender o que se entende por tempo. Tempo é medida de mudança. O ano mede uma mudança, o movimento da Terra em torno do Sol. O dia mede uma mudança, o movimento de rotação da Terra sobre seu eixo. A hora mede um movimento artificial tal como o da areia da metade superior à metade inferior de uma ampulheta ou o de um ponteiro de minutos ao redor de um mostrador de relógio.

Uma vez que ação é mudança e mudança envolve tempo, um verbo, que expressa uma ação, necessariamente envolve tempo. A ação particular expressa varia de verbo para verbo, como em *pular, falar, cantar, nadar*. Cada um destes verbos tem significado próprio, mas, uma vez que a noção de mudança é comum a todos, cada verbo leva consigo a noção de tempo. O verbo *existir*, quando predicado de seres contingentes, implica ter sido deslocado da potência à atualidade e continuar nessa atualidade. Portanto, envolve duração ou tempo.

Logo, o tempo é concomitante ao significado dos verbos, e não o seu significado principal. Quando desejamos que o tempo assuma o significado principal, nós o fazemos pelo uso de substantivos abstratos, tais como *ano, dia, hora*, ou por meio de advérbios: *anualmente, diariamente, de hora em hora, instantaneamente, gradualmente*.

O tempo verbal, por sua vez, é a relação entre o tempo do ato mesmo e o tempo em que se faz a referência ao ato. Se eu falo de uma ação enquanto ela ocorre, uso o tempo presente (O pássaro voa); se depois da ocorrência, o tempo pretérito (O pássaro voou); se antes da ocorrência, o tempo futuro (O pássaro voará). Além destes, em português há os tempos pretérito imperfeito, pretérito mais-que-perfeito e futuro do pretérito.

Devemos tomar cuidado para não confundir tempo verbal com tempo. O tempo é essencial ao verbo. O tempo verbal não é essencial: é uma mera variação acidental. Aristóteles compara os tempos verbais aos casos dos substantivos.

Na declaração de uma verdade geral, não há, estritamente falando, nenhum tempo verbal. Exemplos: "Fogo queima"; "Ácidos contêm hidrogênio"; "O homem adquire conhecimento pelo raciocínio"; "O bem deve ser feito"; "O mal deve ser evitado"; "Um triângulo tem três lados".

Tais declarações gerais expressam uma relação que não cessa de existir nem começa a existir por obra de nossa observação; é uma relação constante. Assim, a relação entre o tempo desses atos mesmos e o tempo em que se fala desses atos nunca varia. O uso do tempo pretérito ou do tempo futuro violaria a verdade de tais afirmações gerais. Nem se pode dizer que o tempo presente seja usado, pois este tem uma significação temporal que não é aqui pretendida. Apesar de ser usada a forma gramatical do tempo verbal presente, as declarações de verdades gerais, na realidade, não têm tempo verbal.

O **modo** declara de que maneira sujeito e predicado[17] estão relacionados: como certos, como possíveis, como condicionais, etc.

1. *Modo indicativo (declarativo)*: declara a relação como um fato, uma certeza. Exemplos: "O carro passou correndo"; "Ele desejou-me sucesso".

2. *Modo potencial*: afirma a relação como possível, ou contingente. Exemplos: "Uma rosa pode ser branca"; "Esta semente pode se transformar numa árvore"; "Os freios podiam estar defeituosos".

3. *Modo interrogativo*: pede informação e requer uma resposta em palavras. Exemplos: "Ele está vindo?"; "Onde você o achou?".

4. *Modo volitivo*: busca a gratificação das volições e requer uma resposta, usualmente em forma de ações. Faz referência direta somente ao futuro. Isto é tão verdadeiro que o futuro do indicativo frequentemente tem força de ordem, como nos *Dez Mandamentos*: "Não roubarás".

[17] O predicado é aquilo que se afirma do sujeito. A predicação é o tipo de relação que o verbo mantém com o sujeito da oração.

O tom do volitivo poderá ser imperativo ou optativo. O imperativo diz respeito a uma ordem, usualmente emitida a um subordinado.[18] Por exemplo: "João, feche a porta". O optativo ou exortativo[19] relaciona-se a um desejo, e é normalmente dirigido a um igual ou a um superior. Exemplos: "Que você tenha sucesso"; "Quisera eu dispor dos meios para ajudá-los!".

Aqui, novamente, e agora na distinção dos modos verbais, vemos a diferença de pontos de vista entre a gramática geral e as gramáticas especiais. As gramáticas especiais, que se preocupam principalmente com as relações entre palavras, distinguem (em inglês, português, latim, etc.) três modos, marcados por uma diferença na forma gramatical: (1) o modo indicativo, que expressa a relação como uma atitude de certeza, seja numa afirmação, seja numa pergunta; (2) o modo subjuntivo, que expressa as relações potenciais, subjuntivas e optativas, e, às vezes, as interrogativas, quando se pede permissão, por exemplo; (3) o modo imperativo, que expressa uma ordem.

Nas gramáticas inglesa, latina, portuguesa ou francesa, é razoável não fazer distinção entre os modos interrogativo e indicativo, tratando-os como a um só, porque normalmente as mesmas formas gramaticais do verbo são usadas na pergunta e na resposta. Porém, na gramática geral, é razoável, e até necessário, distinguir esses dois modos, pois do ponto de vista da lógica, ao qual a gramática geral está intimamente relacionada, esses dois modos diferem na essência: o modo indicativo expressa uma declaração que pode ser verdadeira ou falsa; o modo interrogativo expressa uma pergunta que, em si, é incapaz de ser verdadeira ou falsa.

Somente os modos indicativo e potencial são capazes de expressar a veracidade ou a falsidade; os modos interrogativo e volitivo, não o são. O modo potencial afirma não um fato, mas uma possibilidade ou contingência; portanto, sua veracidade ou falsidade depende da conformidade não ao fato, como no caso do modo indicativo, mas à possibilidade ou contingência. Por exemplo, "Pode chover amanhã" é uma afirmação verdadeira de uma possibilidade. Sua veracidade não depende de que realmente chova no dia seguinte ao da declaração.

Um verbo afirma. Esta função é necessária à formação da frase, que deve expressar um pensamento completo.

---

[18] O refinamento de dirigir-se aos subordinados no imperativo e aos superiores no optativo é, hoje, pouco observado.

[19] O optativo refere-se a desejar, e o exortativo, a persuadir.

Classes de verbos: transitivos e intransitivos

O verbo transitivo expressa uma ação que começa no sujeito (agente) e "vai até" (*trans* + *ire*) o objeto (receptor). O objeto pode ser o mesmo que o sujeito, por exemplo: "Ele se cortou". Mas não é necessário que seja o mesmo, por exemplo: "Ele cortou o bolo"; "Ele leu o livro". Um verbo transitivo sempre requer um complemento, isto é, uma palavra que complete o sentido do predicado. Todo verbo transitivo requer ao menos um complemento, o objeto direto; alguns verbos transitivos, como *dar*, requerem tanto um objeto direto quanto um indireto; outros, como *eleger*, podem requerer dois acusativos para completar o seu sentido, um o objeto direto e o outro o predicativo do objeto, por exemplo: "Nós o elegemos presidente".

O verbo intransitivo expressa a ação que começa e termina no agente, o sujeito; consequentemente, o sujeito deve ser tanto agente quanto paciente, por exemplo: "O pássaro voa". Há duas classes de verbos intransitivos: (1) Alguns expressam a ação completa por si mesma, por exemplo, *brotar*, *murchar*. (2) Alguns requerem um complemento, uma palavra para completar o sentido do predicado, por exemplo, *tornar*. Um verbo intransitivo que requer um complemento é um verbo copulativo.[20]

CÓPULA: UM CASO ESPECIAL

Uma cópula é uma palavra que liga um atributivo ou um substantivo ao sujeito. Tal atributivo (adjetivo ou verbal) ou substantivo é denominado de maneira variada pelos gramáticos: predicativo adjetivo ou predicativo substantivo, complemento predicativo, complemento atributivo ou complemento subjetivo (significando que completa o predicado e modifica o sujeito).

A pura cópula *é* não é um verbo porque não expressa um atributo juntamente com a noção de tempo. É uma palavra sincategoremática de operação e será discutida em conjunto com aquela categoria de palavras.

Já o verbo intransitivo flexionado *é*, que é uma palavra categoremática e sinônimo de existir, não é um verbo copulativo e deve, portanto, ser distinguido da cópula *é*. Tal como outros verbos, a forma flexionada *é* admite um modificador adverbial, o qual não teria vez a menos que *é* já expressasse um atributo, pois um advérbio é um atributo de um atributo, conforme será explicado mais adiante.

---

[20] Um verbo intransitivo nunca requer um objeto direto, pois o objeto direto recebe a ação do verbo e um verbo intransitivo não transmite a ação a um complemento.

ILUSTRAÇÃO: *Ser* como verbo intransitivo

João é. (João existe).
João está no jardim. (João existe no jardim).

Um verbo copulativo é aquele que desempenha simultaneamente as funções de cópula e de verbo. Há duas classes de verbos copulativos: a cópula verdadeira e a pseudocópula.

A cópula verdadeira *ficam*, por exemplo, é uma cópula e é um verbo. Por exemplo: "As folhas verdes ficam amarelas". (1) *Ficam* é mesmo um verbo porque expressa um atributo juntamente com a noção de tempo; envolve mudança. (2) *Ficam* é uma cópula porque liga um atributivo ao sujeito; faz a ligação entre o *antes* e o *depois* da mudança.

A pseudocópula é verbo verdadeiro e expressa uma percepção sensível: *parecer, soar, saber, cheirar. The apple tastes sour* [A maçã cheira a azedo]. Aqui, *tastes* funciona como uma cópula ao ligar *sour* a *apple*. A frase é exemplo de bom inglês, mas é ilógica e literalmente falsa, pois a maçã não pode, ela mesma, cheirar coisa alguma. Em seu sentido principal, a pseudocópula é um verbo transitivo. A frase é uma condensação gramatical de duas outras: *I taste the apple* [Eu cheiro a maçã]; *The apple is sour* [A maçã está azeda]. Aqui, *taste* é um verbo transitivo.

Atributivos: formas verbais nominais

Há três classes[21] de formas verbais nominais: o infinitivo, o particípio e o gerúndio. Assim como o verbo, a forma nominal: (1) expressa um atributo juntamente com a noção de tempo (noção de mudança); (2) indica o tempo verbal.

Diferentemente do verbo mesmo, a forma nominal: (1) não afirma; (2) não expressa modo. Uma vez que a forma verbal nominal não afirma, dá ensejo a frequentes erros de frases fragmentadas e incompletas.[22]

O *infinitivo* é um substantivo abstrato e, portanto, pode desempenhar todas as funções gramaticais de um substantivo. Por exemplo: Pensar é exercitar a mente.[23]

---

[21] Sob a categoria de atributivos, as formas verbais nominais são consideradas em conjunto com os verbos. O outro atributivo primário é o adjetivo.

[22] Por sua extensão e porque contém uma oração dependente, a sentença seguinte poderia ser erroneamente tomada por uma frase, mas é, obviamente, um fragmento: "*Nadando tão longe que chegou aos limites da baía e podia olhar e ver o litoral*". Não se poderia sequer classificar esse fragmento como sentença gerundial ou participial, se não fosse parte de uma frase.

[23] Em inglês, um infinitivo pode também desempenhar a função de um adjetivo (The play to see is *Hamlet*) ou de um advérbio (Robert joined the health club to lose weight).

O *gerúndio* é uma forma verbal nominal que, tal como o infinitivo, em inglês, pode desempenhar todas as funções de um substantivo. Nesta língua, o gerúndio tem a mesma forma que o particípio presente, mas difere na função. Por exemplo: *Thinking* is *exercising* the mind.

O *particípio* é uma forma verbal nominal que gramaticalmente funciona como adjetivo, pois modifica um substantivo. Por exemplo: flores colhidas no campo.

Atributivos: adjetivos

A diferença essencial entre o adjetivo e o verbo ou a forma verbal nominal é que estes últimos expressam um atributo da substância e também a noção de tempo e, portanto, de mudança, enquanto o adjetivo expressa um atributo simplesmente.

Atributivos secundários: advérbios

Atributivos secundários funcionam como atributos de atributos – a saber, advérbios. Por exemplo: "O homem anda rapidamente". Andar é uma ação existente no homem; logo, é um atributo da substância. Rapidez é uma qualidade existente no andar; logo, *rapidamente* expressa um atributo de um atributo de uma substância. A realidade de que se fala é a de um homem andante rapidamente.

Designadores de substância: substantivos e pronomes

Atributivos: verbos, formas verbais nominais e adjetivos

Atributivos secundários: advérbios

3-3. *Morfologia categoremática*

MORFOLOGIA SINCATEGOREMÁTICA

A morfologia sincategoremática refere-se a palavras que só têm significado quando associadas a outras palavras. As determinativas e as conectivas são palavras sincategoremáticas.

Determinativas

Uma palavra determinativa é aquela que, quando associada a um nome comum, é capaz de selecionar ou destacar um indivíduo ou um grupo de indivíduos "para fora" da classe designada pelo nome comum. Esta é a função essencial da palavra determinativa. A uma palavra definitiva combinada a um nome comum dá-se o nome de descrição empírica. As palavras determinativas incluem artigos e dêicticos.

James Harris[24] observa que uma determinativa pode designar indivíduos como:

Conhecido: o homem.
Definido: um certo homem.
Presente e próximo: este homem.
Presente e distante: aquele homem.
Uma multidão definida: mil homens.
Uma multidão indefinida: muitos homens, alguns homens.
As unidades da multidão tomadas distintamente: cada homem.
As unidades da multidão tomadas em ordem: o primeiro homem, o segundo homem.

O ARTIGO

O artigo nunca está sozinho. Ele pode ser indefinido ou definido. Um **artigo indefinido** seleciona um indivíduo, mas não designa qual. Ele significa também o primeiro encontro, a primeira impressão de algo ou de alguém. Por exemplo: "Hoje, no centro, vi **um** homem alto, ruivo e de nariz adunco".

A repetição do artigo é, frequentemente, um auxílio à clareza. Por exemplo, a frase "Ele hospedava um poeta e filósofo" é pouco clara. É a mesma pessoa um poeta e filósofo ou há duas pessoas? A frase "Ele hospedava um poeta e um filósofo" é clara ao mostrar que duas pessoas foram hospedadas.

O **artigo definido** singulariza um indivíduo particular. Pode também significar uma relação de familiaridade estabelecida ou indicar a eminência.

ILUSTRAÇÃO: O uso do artigo definido

Familiaridade estabelecida: Lá vai o homem alto, ruivo e de nariz adunco que eu vi no centro ontem.

Eminência: o poeta; o filósofo; a Maria.

[24] James Harris (1709-1780), autor de *Hermes or a Philosophical Inquiry Concerning Language and Universal Grammar*.

O DÊICTICO

A função primária do dêictico é agir como uma palavra determinativa, isto é, limitar um nome comum. Algumas vezes, porém, ele aparece sozinho e, portanto, desempenha as funções de um pronome. Por exemplo, na locução "este lápis", *este* é uma palavra determinativa. Na frase "Este é um lápis", *este* é um pronome.

Dêicticos usados como determinativos podem ser empregados para expressar antíteses. Por exemplo: "Deste livro eu gosto, mas daquele não".

Um modificador de uma designação de substância, seja uma palavra, uma locução ou uma oração, possui ou função determinativa ou função atributiva (adjetiva). O modificador determinativo está essencialmente associado ao sujeito, enquanto o modificador atributivo é essencialmente um predicado.

Por exemplo, na locução "esta maçã", *esta* é uma palavra determinativa porque *esta* é associada ao sujeito; *esta* não predica sobre algo do sujeito. Na locução "maçã verde", *verde* é atributiva porque *verde* poderia ser predicado da maçã.

Essa profunda e essencial diferença de função entre o determinativo e o adjetivo requer que eles se distingam claramente na gramática geral. Tão grande é a diferença entre eles, que o adjetivo é uma palavra categoremática e o determinativo é uma sincategoremática.

Aqui, novamente percebemos que o ponto de vista da gramática geral difere radicalmente do das gramáticas especiais. Estas últimas, tais como as gramáticas latina, alemã, francesa ou portuguesa, tratam o determinativo como um adjetivo, uma vez que, a exemplo do adjetivo, tem terminação flexionada e deve, do mesmo modo, concordar em número, gênero e caso com o substantivo que modifica. O determinativo não é uma das oito classes morfológicas distinguidas nas gramáticas especiais, mas nelas é classificado como adjetivo.

Regras de pontuação para os modificadores determinativo e atributivo

Uma vez que sua função é apontar, delimitar, o modificador determinativo é restritivo[25] e nunca é separado por vírgulas do substantivo que ele modifica. Por exemplo: "O homem de pé mais próximo da porta é um líder sindical".

---

[25] Na gramática, a palavra *restritivo* significa limitar, definir (daí, restringir) o significado. Alguns livros de gramática classificam os elementos restritivos como essenciais e os não restritivos como não essenciais. Dito de outro modo, se uma oração modificante limita o significado de forma que sem a oração a frase não comunique a informação correta, então a oração é essencial.

Uma vez que sua função é descrever, o modificador atributivo é não restritivo e, se for uma oração, deverá ser separado por vírgulas do substantivo que ele modifica. Por exemplo: "John Lewis, que está de pé e mais próximo à porta, é um líder sindical".

3-4. *Pontuação dos modificadores determinativo e atributivo*

Vale notar que a distinção entre um modificador determinativo e um modificador atributivo é funcional. Se um modificador descreve com o intuito de ressaltar, é um determinativo, tal como no primeiro exemplo acima. Se o indivíduo já está designado por um nome próprio, o modificador já não é necessário para ressaltar o indivíduo e torna-se um atributivo – é então descritivo, não restritivo e meramente aditivo, como no segundo exemplo acima.

É importante distinguir a análise funcional da morfológica. Por exemplo, um modificador determinativo não precisa conter determinativo único: "A garota ruiva é minha prima". *Ruiva* é um modificador determinativo de *garota*, mas nenhuma palavra nessa sentença é em si e isoladamente determinativo.

Conectivos

Os conectivos são classes sincategoremáticas que associam palavras a outras palavras. Os conectivos incluem preposições, conjunções e a pura cópula. As palavras conectivas são análogas ao cimento, pois mantêm juntas as classes categoremáticas na unidade de pensamento expressa na frase.

PREPOSIÇÕES

Preposições ligam palavras. Uma preposição une substantivos, que não se misturam naturalmente. Na natureza, os acidentes existem na substância; na gramática, atributivos e substantivos misturam-se e aglutinam-se naturalmente. Por exemplo: rosa vermelha. Mas, na natureza, as substâncias não se unem umas às outras[26] nem as substâncias se misturam na gramática. Por exemplo: "o lençol sobre a cama". *Sobre* une *lençol* a *cama*.

Se você somar cinco maçãs, três mesas, quatro cadeiras e dois cães, qual é o resultado? A resposta é: cinco maçãs, três mesas, quatro

[26] A declaração de que na natureza as substâncias não se misturam parece ser contradita pelos elementos químicos, que se misturam para formar diferentes substâncias. Talvez a distinção que a Irmã Miriam Joseph tinha em mente fosse exatamente esta: quando substâncias misturam-se na natureza, elas mudam e tornam-se uma nova substância. [Segundo Aristóteles e Santo Tomás de Aquino, os elementos não são *propre* substância, mas são precisamente *elementos* que se combinam nas substâncias. (N. R. T.)]

cadeiras e dois cães. É verdade que há quatorze objetos, ou coisas, ou substâncias e, pelo aspecto mais geral, a soma pode ser expressa como quatorze; mas amontoar objetos dessa forma é ignorar a sua natureza específica. Todavia, é possível dizer, "Dois cães, perseguindo um ao outro, derrubaram cinco maçãs de sobre três mesas para debaixo de quatro cadeiras". As preposições expressam uma relação entre essas substâncias sem lhes roubar a sua natureza específica.

As preposições apresentam as relações precisas entre as substâncias. Por exemplo: O cão correu ao redor da mesa, rastejou sob a mesa, pulou sobre a mesa, deitou-se ao lado da mesa, ficou perto da mesa.

A repetição da preposição é frequentemente um meio de assegurar a clareza. Exemplos: (1) A invasão dos anglos e saxões (uma invasão); (2) A invasão dos dinamarqueses e a dos normandos (duas invasões). Relações, especialmente aquelas de lugar, podem sofrer uma transferência para relações intelectuais. Exemplos: ficar *sob* a autoridade; agir *por* ciúme. Tais relações podem também fazer parte de compostos – *overlook*, quando comparado a *look over*; *understand*, quando comparado a *stand under*. Em português, podemos comparar *entrever* a *ver entre*, *percorrer* a *correr por* (atravessar). Com frequência as preposições são usadas para expressar as relações genitivas (ex.: das crianças) e dativas (ex.: para as crianças) dos substantivos.

As preposições podem perder a função conectiva e tornar-se advérbios; então, é claro, tornam-se palavras categoremáticas. Os advérbios derivados de preposições transmitem um significado mais vago, menos específico do que a correspondente sentença preposicional.

ILUSTRAÇÃO: A mesma palavra como preposição e advérbio

He walked around the house. He walked around.

They gazed up the shaft. They gazed up.

CONJUNÇÕES

Conjunções unem frases. As frases unidas podem ser tanto explícitas quanto implícitas.

ILUSTRAÇÃO: Conjunções que unem frases

Explícita: Os convidados chegaram, e o jantar foi servido.

Implícita: O exército e a marinha prepararam-se para a guerra.

Explícita: O exército preparou-se para a guerra, e a marinha preparou-se para a guerra.

Conjunções puras são coordenativas. Elas unem orações ou frases independentes. Elas podem ligar ou separar. Por exemplo, *e* liga; isto é, *e* liga tanto as frases quanto o sentido. Conjunções como *mas*, *ou*, *quer... quer...*, *nem... nem...* separam; isto é, unem as frases, mas não o sentido.

Regra [inglesa] para pontuação de orações coordenativas ligadas por uma conjunção coordenativa

A menos que as orações coordenativas unidas sejam bastante curtas, use uma vírgula antes da conjunção coordenativa.

3-5. *Pontuando orações coordenativas*

Advérbios conjuntivos podem ser coordenativos. Estes ligam frases e orações independentes. Exemplos: *daqui*, *por isso*, *consequentemente*, *portanto*, *então*, *não obstante*. Advérbios conjuntivos podem ser subordinativos. Estes ligam uma oração dependente a uma oração independente, formando uma frase complexa. Exemplos: *durante*, *enquanto*, *onde*, *quando*, *embora*, *a menos que*, *senão*, *se*.

Regras para a pontuação entre orações com um advérbio conjuntivo

Use ponto e vírgula ou um ponto entre orações ou frases ligadas por um advérbio conjuntivo. Por exemplo: Choveu; portanto, nós adiamos o passeio. A violação desta regra resulta no grave erro de frases truncadas quando se encadeiam em períodos longos, sem pontuação própria ou com uma união indevida através de uma vírgula.

Use uma vírgula ou nenhuma pontuação onde uma oração dependente é ligada a uma independente por uma conjunção adverbial. Por exemplo: Uma vez que choveu, nós adiamos o passeio. A violação desta regra resulta no grave erro de fragmentação da frase ou de meia-frase, pontuada como se fosse uma frase completa.

3-6. *Pontuação de advérbios conjuntivos*

A PURA CÓPULA

A pura cópula conecta sujeito e predicado. Por causa de sua relação com a lógica, não há nada na gramática que seja tão necessário entender quanto a natureza e função da pura cópula.

A pura cópula *é* é uma palavra estritamente sincategoremática que declara a relação entre um sujeito e um predicado, os quais são ambos palavras categoremáticas. Vale notar que na gramática geral, assim como na lógica, a pura cópula não é nem o predicado nem uma parte deste, senão que é completamente distinta do predicado. O predicado mesmo é equivalente, em sentido amplo, a um complemento subjetivo (predicativo do sujeito) que completa a pura cópula.

Toda frase declarativa simples é composta de sujeito, pura cópula e predicado. A pura cópula e o complemento subjetivo (predicativo do sujeito), ou predicado, podem ser explícitos ou implícitos.

Se a frase contém uma cópula explícita, conterá, é claro, um complemento subjetivo explícito, que pode ser um adjetivo, uma forma verbal nominal ou um substantivo. Exemplos: A grama é verde; O cavalo é um animal.

Se a frase contém um verbo que expressa ação simples, a cópula e o complemento subjetivo estão implícitos no verbo e, na língua inglesa, podem ser tornados explícitos pela mudança da ação simples para a locução verbal que indica a continuidade da ação.[27] Se o verbo tem modificadores, ou se é um verbo transitivo ou um verbo copulativo, então o complemento subjetivo é uma combinação (constructo) de que os modificadores e o objeto direto, ou outros complementos, formam as partes.

ILUSTRAÇÃO: Forma verbal simples e forma verbal contínua	
O sol brilha.	O sol está brilhando.
As folhas verdes ficam amarelas.	As folhas verdes estão ficando amarelas.
O vento fustiga a árvore.	O vento está fustigando a árvore.
Ele dá a ela um livro.	Ele está dando a ela um livro.

"O vento fustiga a árvore" ilustra um constructo.[28] *Fustigando a árvore* é um constructo porque é um atributivo ligado a *vento* pela pura cópula *está*. A realidade de que se fala é um vento "fustigante de árvores".

Na locução verbal que indica a continuidade da ação, a pura cópula *está* liga o atributivo (um gerúndio, que é uma forma verbal nominal) ao sujeito. Consequentemente, torna clara e explícita a natureza precisa e as funções da pura cópula e do verbo (ou da forma verbal nominal). Na forma simples do verbo, essas funções não estão tão claras.

[27] Em inglês, denominada *progressive* ou *continuous form*. (N. T.)

[28] Um constructo é um conceito composto. Frequentemente, uma palavra simboliza um conceito que combina tanto espécie natural quanto qualificações que são apenas acidentais. Ser fustigada não é pertinente à espécie árvore.

Tempo verbal da ação	Ação simples	Ação contínua
Presente do indicativo	O pássaro voa.	O pássaro está voando.
Pretérito imperfeito	O pássaro voava.	O pássaro estava voando.
Futuro do presente	O pássaro voará.	O pássaro estará voando.
Pretérito perfeito	O pássaro voou.	O pássaro esteve voando.
Pretérito mais-que-perfeito	O pássaro voara.	O pássaro estivera voando.
Futuro do pretérito	O pássaro voaria.	O pássaro estaria voando.

3-7. *Conversão da forma simples para a forma contínua*

A locução verbal que indica a continuidade da ação deixa claro que a pura cópula *está*, sofrendo flexão, desempenha três funções importantes na gramática geral: (1) afirma; (2) expressa o modo; (3) indica o tempo verbal.

O verbo, que na locução que indica a continuidade da ação se reduz à forma verbal nominal – a um gerúndio –, desempenha a sua função genuína, essencial e própria, que é a de expressar um atributo juntamente com a noção de tempo; o ato de voar envolve mudança e daí envolve tempo.

O voo do pássaro requer tempo, mas o tempo verbal expresso é irrelevante para o ato; o tempo verbal indica apenas que aquele que fala escolhe fazer a observação durante, depois ou antes do ato. Portanto, o tempo verbal não é uma característica essencial do verbo.

A pura cópula *está* é estritamente sincategoremática; a única realidade simbolizada aqui é o pássaro que voa. Por outro lado, os dois exemplos a seguir têm um significado diferente: O pássaro que voa é. O pássaro que voa era. Nestas duas frases, *é* e *era* são verbos, significando *existe* e *existia*; não são cópulas, de forma alguma. A segunda frase pode até dar a entender que o pássaro foi atingido; em todo caso, declara que o pássaro deixou de existir.

Verbo intransitivo *ser* Um verbo intransitivo significando "existir".	A orquestra está na sala de concerto.
Verbo copulativo (predicativo) ou cópula verdadeira Um verbo que requer complemento	A garota tornou-se violinista.
A pseudocópula Um verbo que expressa uma percepção sensível	A orquestra parece boa.
A pura cópula Um verbo de ligação (abstrato) que conecta sujeito e predicado	A pianista é uma mulher.

3-8. *A cópula e o verbo* ser

ANÁLISE SINTÁTICA NA GRAMÁTICA GERAL

Qualquer frase simples ou complexa pode ser dividida em sujeito completo e predicado completo. Uma frase composta pode ser dividida em frases simples.

No estudo da lógica, a análise importante de uma frase declarativa simples é aquela que a divide em sujeito completo, pura cópula e predicado completo, tal como explicado acima.

Uma análise sintática menos importante, mas mais detalhada, é aquela que divide uma frase em no máximo cinco unidades funcionais:

1. Sujeito simples.

2. Predicado simples, incluindo o complemento ou complementos, se presentes. Há quatro tipos de complementos: o subjetivo, o objetivo, o objeto direto e o objeto indireto.

3.Uma oração. Esta é um grupo de palavras que contém um sujeito e um predicado, e que funciona como um substantivo, como um atributivo ou como um determinativo.

4. Um modificador de um modificador.

5. Conectivos para ligar estas partes ou para ligar frases simples de modo a formar uma frase composta.

Outro tipo de análise sintática é aquela que mostra que cada unidade funcional deve ser classificada materialmente como:

1. Uma palavra.

2. Um sintagma. Este é um grupo de palavras que não contém um sujeito e um predicado e que funciona como um substantivo, como um atributivo ou como um determinativo; pode ser classificada como sentença preposicional ou como sentença verbal. Por exemplo, *on that day* e *into the house* são sintagmas preposicionais. *To sing, to make excuses* são sintagmas infinitivos (verbais). Na frase, "Making excuses is the weakling's first thought" ("Dar desculpas é o que primeiro ocorre aos fracos"), *making excuses* é – em inglês – um sintagma gerundial. Na frase, "John stood before his employer, making excuses", *making excuses* é uma sentença participial.

3. Uma oração. Esta é um grupo de palavras que contém um sujeito e um predicado e que funciona como um substantivo, como um atributivo ou como um determinativo.

A diferença entre a análise sintática e a análise requerida para o estudo da lógica pode ser ilustrada através de uma analogia. Funcionalmente, uma construção pode ser um hotel, uma igreja, uma escola, uma casa, uma fábrica, um celeiro. Materialmente, pode ser feita de tijolos, pedras ou de madeira.

FUNÇÃO DA GRAMÁTICA

A função fundamental da gramática é estabelecer leis para relacionar símbolos de modo a expressar pensamento. Uma frase expressa um pensamento – uma relação de ideias – numa declaração, numa pergunta, numa ordem, num desejo, numa prece ou numa exclamação. Símbolos categoremáticos são aqueles que são relacionados; símbolos sincategoremáticos são os meios de relacioná-los; a oração é a relação mesma.

As regras para relacionar símbolos regem três operações gramaticais: substituir símbolos equivalentes, combinar símbolos e separar símbolos.

Regras para a substituição de símbolos equivalentes

EXPANSÃO

1. Todo nome próprio é conversível em uma descrição empírica. Por exemplo: Benjamin Franklin = o homem que descobriu que o raio é eletricidade = o inventor do para-raios = o diplomata representante do Congresso Continental junto à França durante a Guerra de Independência americana.

2. Todo nome comum é conversível numa descrição geral. Por exemplo: gato = animal pequeno, peludo, com garras afiadas, bigodes e que mia.

3. Uma palavra pode ser estendida numa frase, um grupo de palavras. Por exemplo: horseshoe (ferradura) = a shoe for a horse; bookseller = a seller of books. Em português: planalto = um plano alto. Todavia, nem todas as palavras compostas podem ser estendidas sem mudança de significado, e é este o caso da maioria das palavras compostas da língua portuguesa, inclusive no exemplo fornecido, que, expandido, não é inequívoco. Em inglês, a expansão de palavras tais como, wallflower, moonshine, goldenrod, sheepskin, etc., altera totalmente os significados. Goldenrod não é uma haste de ouro, mas uma flor, assim como cantochão não é um

canto no chão, mas um canto litúrgico da Igreja Católica, na acepção de "plano", "igual".

4. Um sintagma pode ser expandido numa oração ou grupo de orações. Por exemplo: este relógio = Este objeto é um relógio. Céu nublado = O céu está nublado.

CONTRAÇÃO

1. Teoricamente, toda descrição empírica pode ser convertida em um nome próprio. Na verdade, nós não temos nomes próprios para todos os objetos existentes.

2. Teoricamente, toda descrição geral pode ser convertida em um nome comum, por exemplo: uma corrente violenta, estrondosa e rápida = torrente; walked with long and measured steps [andava a passos largos e bem medidos] = strode; walked slowly and aimlessly = sauntered [passeava].

3. Uma frase pode ser contraída numa sentença. Por exemplo: O homem tem uma barba ruiva = o homem com uma barba ruiva = o homem de barba ruiva.

4. Uma sentença pode ser contraída numa palavra. Por exemplo: homem que vende = vendedor; luz da lua = luar. A contração de algumas sentenças cria uma mudança tanto na dimensão lógica quanto na psicológica. Por exemplo: man fearing God, God-fearing man; man of God, godly man [respectivamente: homem temente a Deus, homem profundamente devoto; homem criado à imagem e semelhança de Deus, homem pio].

A contração e a expansão são artifícios determinantes do estilo e de seus efeitos. A contração caracterizaria a linguagem dirigida a adultos; a expansão, a dirigida a crianças.

Regras para a combinação de símbolos

Há cinco meios de combinação de símbolos: palavras gramaticais, flexões, ordem das palavras, ênfase (acento) e entonação.

1. As *palavras gramaticais* são palavras de operação sincategoremáticas: a pura cópula, auxiliares verbais,[29] conjunções, preposições, determinativos. As palavras gramaticais são os mais importantes meios de relacionar palavras numa frase. São indispensáveis a qualquer língua.

[29] Ou verbos auxiliares que se combinam com outros verbos. Na língua inglesa, as palavras *has* e *have* atuam como auxiliares verbais na criação dos tempos verbais perfeitos.

2. As *flexões* têm as mesmas funções gramaticais das palavras gramaticais. Por exemplo, *puero* expressa a relação dativa por meio de uma terminação flexionada (desinência), *para o menino* expressa uma relação dativa por meio de palavras gramaticais.

3. A *ordem de palavras* é muito importante numa língua relativamente pouco flexionada como o inglês. Provavelmente, a dependência do inglês com respeito à ordem de palavras deu origem a algumas de suas construções gramaticais ilógicas, tal como o chamado *retained object*.[30]

A frase seguinte ilustra a voz ativa: (1) She gave me a pencil. [Ela me deu um lápis] (*Pencil* [lápis] é o objeto direto). Na verdadeira voz passiva, o objeto direto da ação é o sujeito. Por exemplo: (2) A pencil was given to me by her. (*Pencil* é o sujeito).

(3) "I was given a pencil by her" ilustra a voz pseudopassiva. *Pencil* é um *retained object* (objeto retido). É provável que na língua inglesa, a dependência da ordem de palavras tenha ocasionado o desenvolvimento da voz pseudopassiva com o chamado objeto retido. A verdadeira voz passiva, com a ordem de palavras da voz pseudopassiva, é ilustrada pela frase seguinte: (4) "To me was given a pencil by her". Aqui, *pencil* aparece na sua verdadeira função, como sujeito, e não como objeto, retido ou de outra maneira, e *I* torna-se *me* para expressar com precisão a sua verdadeira função de objeto indireto. Somente a verdadeira voz passiva, expressa na ordem normal como na frase (2) e em ordem anormal como na frase (4), pode ser traduzida para línguas precisas e lógicas, tais como o latim e o francês.[31] Apesar de ilógica, a voz pseudopassiva, assim como a pseudocópula, é inglês correto, vernáculo; está em uso desde pelo menos o século XIII.

4. A *ênfase* é a força relativa com que um som é pronunciado; é um meio de expressar as relações das palavras. Tem maior importância maior na linguagem falada. As frases seguintes requerem interpretação através do uso da ênfase.

That that is is not that is not. [Aquele que é não é o que não é].

---

[30] Quando uma frase é convertida da voz ativa para a voz passiva, o objeto direto deveria tornar-se o sujeito. Numa frase com um *retained object*, o objeto é "retido" na posição de objeto direto, ainda que logicamente devesse ser o sujeito. Tal anomalia ocorre quando a frase na voz ativa tem um objeto indireto que então se torna o sujeito da frase na voz passiva. Ex: *picture*. They showed him the picture. He was shown the picture (*The picture was shown to him* é a voz passiva verdadeira).

[31] (2) "Um lápis me foi dado por ela". (4) "A mim foi dado um lápis por ela". (N. T.)

Ele era meu amigo. (**Ele** [e não outro] era meu amigo) (Ele **era** [era; não é mais] meu amigo). (Ele era **meu amigo** [e não outra coisa]).

Compare o efeito da ênfase dentro das palavras, acentuando cada uma das seguintes, na primeira e na segunda sílabas: *record, object, converse, project, compact, august, entrance.*

Por exemplo:
record: registro, anotação, relatório, crônica; re**cord**: gravar, registrar, anotar
object: objeto; ob**ject**: objetar
converse: conversa, conversação, convertido, contrário; con**verse**: conversar

5. *Entonação* é o uso controlado do tom e uma outra maneira de expressar as relações das palavras. Tem maior importância na linguagem falada. As frases a seguir requerem interpretação através do uso da entonação.

He's a fine fellow.

Oh she is dead.

Yet Brutus says he was ambitious
And Brutus is an honorable man.
– *Julius Caesar* 3.2.86-87

Macbeth: ... If we should fail?
Lady Macbeth. We fail!
But screw your courage to the sticking place
And we'll not fail.
[*Macbeth*: ... E se falharmos?
Lady Macbeth: Falharmos?
Basta que aperteis vossa coragem até o limite,
E não falharemos.]
– *Macbeth* 1.7.58-61

Nenhuma língua pode prescindir das palavras gramaticais. Nenhuma língua pode valer-se exclusivamente da ordem das palavras, da ênfase e da entonação. O inglês depende principalmente da ordem das palavras e das palavras gramaticais, tal como o chinês; assim, as línguas inglesa e chinesa são estruturalmente, ou morfologicamente, similares. O latim se assenta principalmente na flexão; o inglês se relaciona com o latim genealogicamente, pois muitas palavras inglesas são derivadas do latim. Do mesmo modo, muitas palavras inglesas são derivadas do germânico,[32] e, portanto, o inglês é também genealogicamente relacionado ao alemão. É também relacionado morfologicamente ao alemão, pois ambas as línguas fazem amplo uso de palavras gramaticais. Inglês, alemão, latim, grego e um bom número de outras línguas são todas derivadas da família indo-europeia.

Pontuação oral

As marcas de pontuação estão para a linguagem escrita assim como a prosódia, a ênfase e algumas formas de entonação – tal como erguer a voz para uma pergunta – estão para a linguagem falada.

O fato de a pontuação oral fazer pela leitura aquilo que as marcas de pontuação fazem pela escrita fica evidente quando se tenta ler textos não pontuados. Uma passagem lida com prosódia grotesca, isto é, com métodos errados de combinação e separação, torna-se quase sem sentido.

Interprete:
There's a divinity that shapes our ends
Rough hew them how we will.[33]
– *Hamlet* 5.2.10-11

That that is is that that is not is not.[34] (Aquilo que é é; aquilo que não é não é).

He said that that that that that sentence contains is a definitive.[35] (Ele disse que aquele "que" que aquela frase contém é um determinativo).

---

[32] O germânico é um ramo da família de línguas indo-europeias que contém o alemão e o inglês.

[33] *Them* refere-se a *ends*, isto é, há uma divindade que apara nossas arestas, ainda que nós imaginemos poder fazê-lo de forma tosca.

[34] Separar a frase ajuda a entender o significado. That "that is" is; that "that is not" is not.

[35] Prestar atenção à função gramatical de cada *that* ajuda a entender o significado. He said that (conjunção subordinativa, inicia a oração substantiva) that (um pronome) *that* (deveria estar em itálico, porque neste caso é usado na segunda imposição) that (conjunção subordinativa, inicia a oração adjetiva) that (um pronome) sentence contains is a definitive.

The boy said his father was to blame.[36]

Uma vez que as línguas são imperfeitas por obra de sua extrema riqueza de significados, o problema da gramática é interpretar a página escrita. A linguagem falada é esclarecida por quem a fala e a pontua oralmente. O emissor também combina e separa elementos pela prosódia, aplicando ênfase e modulando a entonação. As dificuldades da escrita são idênticas às da leitura. Os estudantes falham na expressão, ao falar ou escrever, pela mesma razão por que falham na impressão, ao ouvir ou ler; eles não entendem ou não aplicam as regras da gramática que devem guiar, indistintamente, aquele que escreve, aquele que lê, aquele que fala e aquele que ouve.

[36] A frase poderia ser lida assim: The boy, said his father, was to blame (culpa do menino). Ou: The boy said [that] his father was to blame (culpa do pai).

4. OS TERMOS E SEUS EQUIVALENTES GRAMATICAIS: DEFINIÇÃO E DIVISÃO

OS TERMOS E SEUS EQUIVALENTES GRAMATICAIS

Palavras são símbolos criados para representar a realidade. Um termo é um conceito comunicado através de um símbolo. Assim que as palavras são usadas para comunicar um conceito de realidade, tornam-se termos.

A comunicação é dinâmica; é a transmissão de uma ideia de uma mente a outra, através de um meio material, palavras ou outros símbolos. Se o ouvinte ou o leitor recebe através da linguagem precisamente as ideias que nela colocou o emissor ou o escritor, esses dois chegaram a um acordo quanto ao significado dos termos – a ideia foi transmitida exitosa e claramente do emissor ao receptor, de um extremo ou termo da linha de comunicação ao outro, sem ambiguidade.[1]

Um termo difere de um conceito apenas no seguinte: um termo é uma ideia em trânsito, razão por que é dinâmico, um *ens communicationis*; o conceito é uma ideia que representa realidade, um *ens mentis*. Um conceito é um termo potencial que se atualiza quando é comunicado através de um símbolo. Assim, um termo é o significado, a forma (alma) do conteúdo lógico das palavras (ver, no Capítulo 2, Natureza da Linguagem). As palavras são, portanto, símbolos; são os meios pelos quais os termos são transmitidos de uma mente a outra.

ANALOGIA: Realidade e símbolos da realidade

O café na cafeteira só pode chegar a mim por meio de um transportador, tal como uma xícara. Uma ideia pode ir de uma mente a outra também somente por meio de um transportador, de um símbolo. A ideia é análoga ao café; o símbolo, à xícara. A palavra usada como transportadora torna-se um termo quando o pensamento é efetivamente comunicado.

---

[1] No original, "come to terms". A expressão implica a ideia de acordo entre os comunicantes, sem ambiguidades. Ver Mortimer J. Adler e Charles Van Doren, *Como Ler Livros*. Trad. Edward Horst Wolff e Pedro Sette-Câmara. São Paulo, É Realizações, 2010, p. 111-27. (N. T.)

Todavia, nem toda palavra pode simbolizar um termo lógico. Apenas palavras categoremáticas (substantivas e atributivas) podem fazê-lo. Apesar de uma palavra sincategoremática (uma preposição, uma conjunção, um determinativo) não poder simbolizar um termo lógico, gramaticalmente pode ser parte de um símbolo completo, o qual expressa um termo lógico. Um símbolo completo, que deve ser um nome próprio, uma descrição empírica, um nome comum ou uma descrição geral, é, portanto, o equivalente gramatical de um termo lógico. Não importando se o símbolo completo é uma palavra ou um grupo de palavras, ele expressa apenas um termo lógico.

O termo é o elemento da lógica, assim como a palavra é o elemento da gramática, e a letra é o elemento da ortografia.

Um termo é sempre não ambíguo, ou unívoco, porque é sempre um: é ele mesmo e não outro. Porém, o símbolo gramatical que expressa um termo pode ser ambíguo, pois o mesmo símbolo é capaz de expressar termos diferentes. Para cada palavra, o dicionário lista vários significados. Quem quer que use uma palavra normalmente pretende transmitir apenas um de seus significados numa instância particular.

O mesmo termo, quer signifique um indivíduo particular quer uma essência, pode ser expresso através de símbolos diferentes na mesma língua, ou em línguas diferentes.

EXEMPLOS: Termo expresso em símbolos diferentes

Indivíduo	**Essência**
O homem da barba ruiva.	Um retângulo equilátero.
O homem com uma barba ruiva.	Um equilátero retangular.
O homem que tem uma barba ruiva.	Um retângulo com lados iguais.
L'homme qui a une barbe rouge.	Um quadrado.
Der Mann mit einem roten Barte.	*Un caré.*
El barbirroja.	*Ein gleichseitiges Rechteck.*

Símbolos completos que são logicamente equivalentes no significado, na designação, ou em ambos, são substituíveis um pelo outro (ver, no Capítulo 3, Regras para a Substituição de Símbolos Equivalentes). Tal equivalência torna possível a tradução de uma língua em outra; também permite uma variedade de estilos numa mesma língua, além de fornecer meios para aprimorar o estilo.

Palavras em línguas diferentes normalmente são equivalentes na sua dimensão lógica, mas frequentemente não o são na sua dimensão psicológica. É por isso que é difícil traduzir poesia satisfatoriamente. É raro que sinônimos na mesma língua tenham exatamente o mesmo significado. O menos ambíguo de todos os símbolos é uma descrição geral, especialmente uma tão perfeita quanto uma definição.

CLASSIFICAÇÃO DOS TERMOS

Termos empíricos e termos gerais

A distinção fundamental entre os termos é aquela que os classifica de acordo com o tipo de realidade significada: como um termo empírico ou como um termo geral.

Um termo empírico designa um indivíduo ou um agregado de indivíduos. Este termo deve ser simbolizado por um nome próprio ou por uma descrição empírica. Por exemplo: Cristóvão Colombo, a mesa nesta sala.

Um termo geral, também chamado termo universal, significa essência (de uma espécie ou gênero). Este termo deve ser simbolizado por um nome comum ou por uma descrição geral. Por exemplo: árvore, uma figura plana retilínea de três lados.

Ser capaz de distinguir entre um termo empírico e um termo geral é da mais alta importância.[2] Para fazê-lo, não se pode depender de códigos gramaticais; é preciso olhar através das palavras a realidade simbolizada.

EXEMPLOS: Termos gerais e termos empíricos	
Um pássaro tem penas.	(Pássaro é um termo geral.)
Um pássaro voou pela minha janela.	(Pássaro é um termo empírico.)
A dança foi até a meia-noite.	(Dança é um termo empírico.)
A dança é uma forma de arte.	(Dança é um termo geral.)

[2] Ao considerar se um termo é geral ou empírico, pergunte se o termo se refere a uma categoria inteira de seres (geral), ou se a um indivíduo ou indivíduos naquela categoria (empírico). (*TM*)

Termos contraditórios: termos positivos e termos negativos

Termos são contraditórios quando um é positivo e o outro é o correspondente negativo. Um termo positivo é aquele que expressa o que está presente na realidade. Um termo negativo é aquele que expressa o que está ausente. Alguns exemplos: consciente, inconsciente; completo, incompleto; conclusivo, inconclusivo.

Algumas palavras gramaticalmente negativas simbolizam termos logicamente positivos. Exemplos: infinito (a ausência de limite conota plenitude do ser), impaciente (significando positivamente rabugento ou mal-humorado), inclemente (significando positivamente duro, cruel, malevolente).

Um termo privativo (restritivo) é um tipo de termo negativo que expressa a privação, a ausência de uma característica de uma realidade que pertence à sua natureza e que deveria estar presente. Exemplos: manco, cego, morto, descabeçado. Um cão pode ser cego; uma pedra não pode ser cega, pois a visão não pertence à natureza da pedra.

Termos concretos e termos abstratos

Um termo concreto é aquele que representa realidades como elas realmente são na ordem do ser. Exemplos: animal, veloz, suave, comprido, próximo e tépido.

Um termo abstrato é aquele que representa uma substância ou um acidente mentalmente abstraído da realidade concreta e considerado, com finalidade de ênfase, como um objeto do pensamento; é simbolizado por um substantivo abstrato. Exemplos: animalidade, velocidade, suavidade, comprimento, proximidade, tepidez.

Lembre-se de que no Capítulo 2 se enfatizou a importância dos termos abstratos. Lá também se observou que os termos concretos são mais vívidos (para os sentidos); os termos abstratos são mais claros (para o intelecto).

Termos absolutos e termos relativos

Um termo absoluto é aquele que pode ser entendido por si mesmo sem referência a outro termo. Exemplos: homem, árvore, cão, campo, vermelho, sólido.

Um termo relativo é um de dois termos, numa relação em que cada um deve ser entendido com referência ao outro. Exemplos: marido, mulher; pais, filhos; professor, aluno; causa, efeito; amigo, amigo; maior, menor; mais longo, mais curto.

Termos relativos são correlativos e são sempre absolutos em pelo menos uma das categorias.[3] Têm significado em pelo menos duas e frequentemente em três ou mais categorias; uma destas é a categoria relação; uma outra é, normalmente, ação ou paixão, pois uma destas é o mais frequente elo pelo qual os dois termos estão relacionados um ao outro. O exemplo *professor e aluno* pode ser assim analisado.

EXEMPLOS: Termos relativos e suas categorias

Professor é um termo que tem significado nas seguintes categorias:

Substância: homem.
Qualidade: conhecimento e a habilidade de comunicá-lo.
Relação: a um aluno.
Ação: comunicar conhecimento.

Aluno é um termo que tem significado nas seguintes categorias:

Substância: homem.
Qualidade: ignorância.
Relação: a um professor.
Paixão: receber conhecimento.

Note que o receber conhecimento não pode ser puramente passivo, apesar de ser passivo com referência ao seu correlativo, o comunicar conhecimento. Ensinar e ser ensinado devem ser ações cooperativas.

Termos coletivos e termos distributivos

Um termo coletivo é aquele que pode ser aplicado apenas a um grupo considerado como tal, mas não aos membros do grupo tomados isoladamente. Exemplos: exército, júri, tripulação, grupo, senado, família, time, equipe, rebanho, multidão, manada (Joana pode ser membro do júri, mas não pode ser o júri). A regra gramatical que requer a concordância entre sujeito e verbo (ou cópula), e também entre pronome e antecedente, torna necessário distinguir dois usos de um substantivo que simboliza um termo coletivo.

O *uso coletivo* exige que o verbo (ou cópula) e os pronomes estejam no singular. Por exemplo: The audience shows its pleasure by demanding encore after encore.

O *uso distributivo* exige que o verbo (ou cópula) e os pronomes estejam no plural, pois os membros do grupo são imaginados como

[3] A referência é às categorias aristotélicas: substância, qualidade, quantidade, relação, lugar, tempo, postura ou situação, hábito, ação, paixão.

se agissem individualmente e não coletivamente. Por exemplo: The audience demonstrate uproarious approval by tossing their hats into the air and shouting with loud voices.[4]

Um termo distributivo é aquele que pode ser aplicado a membros individuais de um grupo tomados isoladamente. Por exemplo: homem é aplicável tanto a qualquer homem individual quanto à espécie homem.

As dez categorias do ser

As dez categorias de termos constituem uma classificação importante. Elas correspondem exatamente às dez categorias metafísicas do ser, a saber: substância, quantidade, qualidade, relação, ação, paixão, quando, onde, postura ou situação, hábito (posse ou condição).

DIFERENÇA ENTRE TERMOS

Conforme o princípio fundamental da diferença, os termos podem ser diferentes categoricamente, genericamente, especificamente ou individualmente.

Diferença baseada em categoria, gênero, espécie e indivíduo

1. Os termos são categoricamente diferentes se estão em categorias diferentes (Ver, no Capítulo 2, as Dez Categorias do Ser). Exemplo: maçã, grande, vermelho, lá, agora, escolhido.

2. Os termos são genericamente diferentes se pertencem a gêneros diferentes na mesma categoria. Exemplos: redondo, liso, azedo; pedra, árvore, animal.

3. Os termos são especificamente diferentes se pertencem a diferentes espécies de um mesmo gênero. Exemplos: vermelho, azul, amarelo, cinza, preto; redondo, quadrado, triangular; pinheiro, cedro, carvalho, ipê; cão, elefante, cavalo; andar, rastejar, voar.

4. Os termos são individualmente diferentes se designam indivíduos da mesma espécie, pois todo indivíduo é único. Exemplo: esta mulher, minha mãe, o Rio Amazonas, o Rio Paraná, o Rio Tietê.

[4] A distinção não vale para o português, onde os coletivos são sempre empregados no singular. (N. T.)

Diferença pela natureza: repugnante ou não repugnante

Conforme a natureza da diferença, os termos são repugnantes[5] ou não. Os termos são repugnantes quando são incompatíveis, isto é, quando significam realidades que são mutuamente excludentes, que não podem coexistir na mesma substância ao mesmo tempo e no mesmo período.

1. Os termos que são categoricamente diferentes ou genericamente diferentes não são necessariamente repugnantes, pois com frequência significam realidades que podem coexistir na mesma substância.[6]

2. Os termos a seguir são necessariamente repugnantes:

Todos os termos individualmente diferentes são repugnantes. Um indivíduo não pode ser ele mesmo e outro ao mesmo tempo.

Todos os termos que são especificamente diferentes são repugnantes. Por exemplo: pinheiro, cedro, carvalho; cachorro, cavalo; quadrado, círculo, triângulo.

Termos contraditórios são necessariamente repugnantes. Por exemplo: branco, não branco.

Termos contrários, os quais ou são pares de termos que são espécies em um mesmo gênero (por exemplo: preto, branco [cor]; longo, curto [comprimento]), ou espécies em gêneros contrários (por exemplo: veracidade e falsidade, a primeira uma espécie de virtude, e a outra de falta) são repugnantes.

Gêneros contrários são repugnantes. Por exemplo: bem e mal.

Termos contrários representam extremos de diferença. Nem todo termo tem um contrário. Por exemplo, não há contrários nos seguintes gêneros: animal, árvore, veículo, formato. Algumas das classificações de termos neste capítulo são termos contrários que juntos constituem um gênero; eles são, portanto, especificamente diferentes e, consequentemente, repugnantes ou incompatíveis. Isto é verdadeiro para cada um dos seguintes pares: termos gerais e empíricos; termos positivos e negativos; termos concretos e abstratos; termos absolutos e relativos.

---

[5] O leitor deve considerar a acepção de *repugnante* referente à lógica. (N. T.)

[6] O exemplo do professor e do aluno, usado na seção Termos Absolutos e Termos Relativos, mostra que termos categoricamente diferentes podem coexistir na mesma substância. O termo *professor* inclui as categorias da substância, qualidade, relação e ação. Na verdade, a maioria dos termos inclui várias categorias.

Os membros de cada par de termos contrários são repugnantes e, portanto, mutuamente excludentes; mas um dado termo pode ser simultaneamente membro de mais de um par, porque os pares em si não são mutuamente excludentes. Assim, dado termo não pode ser igualmente geral e empírico, ou igualmente positivo e negativo, etc. Porém dado termo pode ser, a um só tempo, geral, positivo, abstrato e absoluto; por exemplo: *comprimento* é tudo isso simultaneamente. *Minha avó* é um termo a um só tempo empírico, positivo, concreto e relativo.

De grande importância é a distinção entre termos contrários e termos contraditórios. Não há meio-termo nem nenhuma área comum entre termos contraditórios. Por exemplo, ou tudo é branco ou é não branco; e ou tudo é uma árvore ou é uma não árvore. Assim, todo par de termos contraditórios faz uma dicotomia, isto é, divide tudo exatamente em dois, não deixando nada em comum entre os termos.

Entre os termos contrários há um meio-termo. Por exemplo: nem tudo precisa ser branco ou preto; pode ser cinza, ou vermelho ou azul.[7]

Todo termo tem o seu contraditório; nem todo termo tem um contrário. Termos contrários representam o maior grau de diferença. Termos contraditórios representam uma diferença definida.

A EXTENSÃO E INTENSÃO[8] DOS TERMOS

Definições: extensão e intensão

Todo termo tem tanto extensão quanto intensão. A extensão de um termo é a sua designação: o conjunto total de objetos ao qual o termo pode ser aplicado. Esta é a sua referência objetiva e extramental à realidade. Por exemplo: a extensão de *amigo* é o conjunto de pessoas que são amigas de um indivíduo; a extensão de *oceano* são todos os oceanos do planeta Terra; a extensão de árvore são todas as árvores. Um termo é usado em sua extensão completa quando é aplicado a todos os objetos que designa. Não é necessário saber o número de objetos.

[7] Este importante conceito é revisto e torna-se mais claro no capítulo sobre silogismos.

[8] "Em muitos textos de lógica contemporâneos usa-se o termo 'intensão' no lugar do termo tradicional 'compreensão'. Os motivos desse uso são dois: 1) o termo 'intensão' oferece uma estrutura linguística análoga à do termo contraposto 'extensão'. 2) os significados de 'intensão' na lógica contemporânea nem sempre coincidem com os de 'compreensão'." (Mora, *op. cit.*, p. 1543). Em inglês, *intension* = intensão; intention = intenção. Cf. ibidem. (N. T.)

A intensão do termo é o seu significado, a soma das características essenciais que o termo implica.[9] Esta é a referência conceptual ou lógica. Tornar explícita a intensão – o significado – de um termo é defini-lo. Por exemplo, a intensão de *amigo* é a soma das qualidades que fazem um amigo, como lealdade, congenialidade, afeição mútua, dedicação desinteressada, integridade de caráter, fidelidade. Igualmente, a intensão de *oceano* ou de árvore se torna explícita em sua definição.

A extensão e a intensão dos termos têm suas raízes na referência dupla do fantasma, que é a imagem mental dos objetos (referências extensionais), da qual o intelecto deriva o conceito (referência intensional).

Relação entre extensão e intensão

Há uma relação entre a extensão e a intensão dos termos tal como expressa na seguinte lei.

Relação entre extensão e intensão dos termos

À medida que um termo cresce em intensão, decresce em extensão.

À medida que um termo cresce em extensão, decresce em intensão.

4-1. *Extensão e intensão dos termos*

A Árvore de Porfírio ilustra a relação inversa entre a extensão e a intensão dos termos, bem como a relação entre estas e a definição e a divisão. Esta é uma divisão progressiva, essencial e dicotômica, que vai da substância do *summum genus* até a *infima species* homem. Ela foi delineada por Porfírio (233-303 d.C).[10]

O *summum genus* é o maior e mais alto gênero; este não pode tornar-se uma espécie, pois não há gênero acima e do qual possa ser uma espécie ou parte. A *infima species* é a mais baixa e menor das espécies; esta não pode tornar-se um gênero por divisão subsequente em espécies essencialmente diferentes.

A divisão que emana do *summum genus* até a *infima species* é, portanto, uma série completa: não pode ser continuada acima daquela primeira nem abaixo desta última.

[9] A intensão é um conjunto de condições necessárias e suficientes para aplicar o termo. (*TM*)

[10] Porfírio (232?-305?) foi um filósofo neoplatônico que tentou conjugar as filosofias de Platão e Aristóteles. Ele escreveu uma importante obra, *Isagoge*, sobre as *Categorias* de Aristóteles.

Árvore de Porfírio

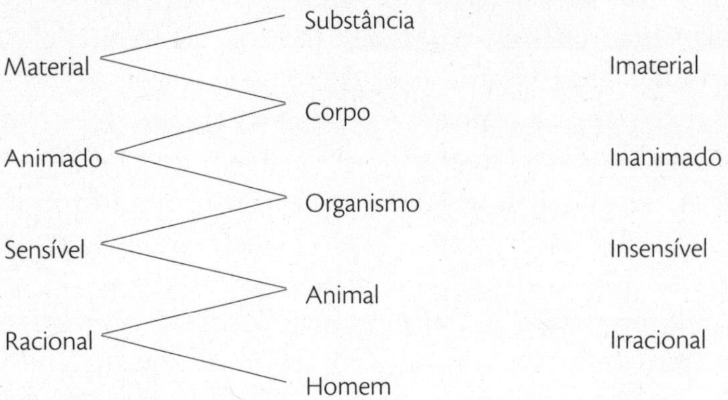

4-2. *Árvore de Porfírio*

Ao observar a Árvore de Porfírio, note que cada termo entre o *summum genus* e a *infima species* pode ser tanto um gênero quanto uma espécie, pois para termos intermediários, gênero e espécie são relativos conforme o ponto de vista: um termo é um gênero daqueles que lhe estão abaixo e uma espécie daqueles que lhe estão acima. Um termo é o gênero próximo do termo diretamente abaixo dele; por exemplo: animal é o gênero próximo de homem; corpo é o gênero próximo de organismo. Todos os termos acima de dado termo, mas não imediatamente acima, são gêneros remotos desse termo; por exemplo: organismo, corpo e substância são gêneros remotos de homem, sendo substância o mais remoto.

Consequentemente, a Árvore de Porfírio ilustra a lei de relação inversa entre a extensão e a intensão dos termos: à medida que é aumentada a intensão da substância (pela adição dos atributos material, animado, sensível e racional), sua extensão é diminuída. A substância, o *summum genus*, tem a maior extensão e a mínima intensão. Homem, a *infima species*, tem a mínima extensão e a maior intensão, isto é, o maior número de notas características: o homem é uma substância racional, sensível, animada e material.

DEFINIÇÃO

Uma definição torna explícita a intensão ou significado de um termo, a essência que este representa. Uma definição é simbolizada por uma descrição geral, não por uma palavra só. Uma definição é uma descrição geral perfeita. Há dois tipos de definição construídos de um ponto de vista lógico: uma definição lógica e uma definição distintiva.

Definição lógica

Uma definição lógica expressa a essência de uma espécie em termos de seu gênero próximo e de sua diferença específica. O padrão é: espécie é seu gênero próximo mais diferença específica. Por exemplo: o homem é um animal possuidor de racionalidade.

A espécie é o termo por definir; o sujeito de uma definição é, portanto, sempre uma espécie.

A diferença específica é aquela parte da essência que pertence somente a dada espécie e que a distingue de todas as outras espécies do mesmo gênero. Por exemplo: a racionalidade é a parte da essência de homem que o faz diferente de toda outra espécie de animal.

O gênero é aquela parte da essência que é comum a todas as espécies que constituem o gênero. Por exemplo: animalidade é aquela parte da essência de homem que ele compartilha com outras espécies do seu gênero, tais como cavalo, pardal, ostra.

A Árvore de Porfírio fornece dados para a definição lógica de homem, animal, organismo e corpo.

Uma definição lógica não pode ser construída para cada termo porque para alguns termos não há gênero próximo, ou então a diferença específica não é conhecida. Todavia, tais termos podem ser esclarecidos por uma descrição geral que não é uma definição lógica.

Uma definição lógica não pode ser elaborada para: um *summum genus*, um conceito transcendental ou o indivíduo.

Um *summum genus*, tal como substância ou qualquer outra das dez categorias, ou um predicável (gênero, espécie, diferença, propriedade, acidente), não pode ser definido logicamente. Poderia parecer que o ser é o gênero da substância e das outras categorias, uma vez que as dez categorias classificam o ser. Porém o ser não é entendido da mesma maneira como o são substância e acidente; ademais, o ser transcende as categorias e, portanto, não pode ser seu gênero.

Um conceito transcendental é um conceito que não pode ser classificado porque se estende através e além de todas as categorias. Os transcendentais são o ente e seus atributos transcendentais: unidade, veracidade, bondade, *res*, *aliquid*;[11] alguns filósofos incluem a beleza.

[11] *Res* significa "é uma coisa" e *aliquid*, "algo".

O indivíduo, sendo individual, não pode ser definido, pois sua essência é aquela que compartilha com outros indivíduos da sua espécie. Aquilo que faz o indivíduo único e diferente de outros indivíduos de sua espécie serve mais para designação do que para significação.

Consequentemente, apenas a espécie pode ser definida. Quando um termo como animal é definido, deve ser definido como espécie de seu gênero (organismo), e não como gênero de suas espécies (homem, cavalo, etc.). Por exemplo: um animal é um organismo sensível.

Definição distintiva

Uma definição distintiva é definição pela propriedade. O padrão é o seguinte: espécie é gênero (próximo, remoto ou no mesmo nível) mais propriedade. Por exemplo: homem é um ser (ou animal, ou organismo) suscetível de hilaridade.

Propriedade não é a essência nem uma parte da essência, mas é um concomitante necessário da essência e dela resulta. Assim, hilaridade não é essência do homem, nem uma parte de sua essência, mas é consequência de sua essência, isto é, tanto do gênero quanto da diferença: porque o homem é racional, pode ver que algo é engraçado; porque é um animal, pode rir. Um homem possui uma capacidade para a hilaridade, quer a exerça quer não. A risada de uma hiena não é alegre; é uma mera gargalhada, um som, um barulho horrendo, mas não alegre.

ILUSTRAÇÃO: Relação entre concomitante e essência

Numa tarde ensolarada, minha sombra é concomitante a meu corpo.

Se eu desenho uma linha convexa, ela é concomitantemente uma linha côncava quando vista do outro lado.

O paladar é o concomitante da alimentação de um animal; não é concomitante à nutrição de uma árvore.

Uma definição distintiva por propriedade normalmente é a melhor definição que uma ciência pode alcançar. Na química, elementos como hidrogênio, cloro, sódio, cobre e zinco são definidos por suas propriedades específicas, como estado físico natural (sólido, líquido, gasoso), peso atômico, gravidade específica e valência. Na geometria, as proposições por provar simplesmente explicitam as propriedades do triângulo, do círculo, da esfera, etc. É de notar que uma espécie tem só uma diferença específica; pode ter várias propriedades específicas.

Outros tipos de definição

Uma **definição causal** é aquela que explicita o significado ou intensão de um termo ao nomear a causa que produziu a realidade que o termo significa. Uma definição causal pode nomear qualquer das quatro causas: eficiente, material, formal e final.[12] Por exemplo: pneumonia é a doença causada pelo pneumococo (causa eficiente). Água é H_2O (causa material, nomeando os constituintes; causa formal, indicando como eles estão relacionados).

Uma definição por matéria e forma é, por vezes, chamada definição genética. Assim são todas as fórmulas e equações químicas, bem como todas as receitas. Uma definição por causa final é às vezes chamada definição intencional.

Uma **definição descritiva** faz mera enumeração das características pelas quais a espécie pode ser reconhecida. Por exemplo: um elefante é um quadrúpede, mamífero, enorme, atarracado, quase sem pelos, com uma probóscide longa e muscular e duas longas presas.

Definição por exemplo fornece dados para a definição, em vez de uma definição mesma. Às vezes, a apresentação de exemplos familiares permite à mente fazer, a partir deles, uma abstração que lhe é mais clara do que seria uma abstração já pronta e apresentada por uma definição. Exemplo: um gênio militar é um homem como Alexandre, o Grande, Júlio César, Washington, Napoleão, George S. Patton Jr. Já a única definição autêntica e realmente esclarecedora de próximo é a dada, por exemplo, na parábola do Bom Samaritano.

Definição gramatical e retórica ou nominal traz o problema de tornar claro que termo é imposto a dado símbolo, a uma palavra ou a uma sentença, mais do que tornar explícito o significado do termo. Consequentemente, o problema é o esclarecimento da linguagem e a eliminação da ambiguidade; é um problema de acordo entre comunicantes, entre leitor e escritor, entre ouvinte e falante, os quais devem atribuir o mesmo significado ao símbolo dado.

---

[12] Causa eficiente é o agente e os instrumentos. Causa material refere-se ao que foi usado para fazer alguma coisa. Causa formal é o tipo de coisa que está sendo feita. Causa final é o propósito que motivou o agente. As quatro causas metafísicas, como definidas por Aristóteles, serão tratadas mais detalhadamente no Capítulo 10.

1. Definição por etimologia. Uma palavra é frequentemente entendida mais claramente a partir de sua origem. Exemplos: *Infinito* é derivado do latim *in* (não) mais *finit* (limite); *eleito* é derivado do latim *e* (de dentro; para fora) mais *lectus* (escolhido).

Esteja-se ciente de que a etimologia não é um guia seguro, pois às vezes o significado atual não concorda com o significado etimológico. Etimologicamente, *hidrogênio* significa formador de água, e *oxigênio* significa formador de ácido. Mas na realidade o hidrogênio é o formador de ácido, e o oxigênio é o principal formador da água, no sentido de que equivale a aproximadamente oito vezes o peso do hidrogênio na composição da água. Portanto, seus nomes deveriam ser trocados, mas isto não será feito, porque, apesar de o oxigênio ser chamado por nome errado, este se tornou permanentemente associado ao elemento antes que o erro fosse descoberto. Esta é apenas suma instância notável a mostrar que a etimologia não é um guia seguro para os significados correntes das palavras, ainda que seja bastante útil e esclarecedora. Por uma estranha anomalia, os bens transportados num carro (*car*) ferroviário são chamados *shipment* e os transportados num navio (*ship*) são chamados *cargo*.

2. Definição por sinônimos. Esta ilustra exatamente o fato de que a gramática fornece uma escolha entre símbolos quase equivalentes para o mesmo termo. Porém tais símbolos diferem de alguma maneira, seja na dimensão lógica, seja na psicológica ou em ambas.

3. Definição arbitrária. Há certas palavras, palavras muito importantes, sobre cujo significado não há consenso. O dicionário oferece pouca ajuda prática na definição de tais palavras.

Certos termos legais, tais como *larceny* (apropriação indébita, roubo, furto), traição e vadio, precisam ser definidos por leis para as cortes de cada Estado. Assim, a traição tal como definida pela Constituição dos Estados Unidos é um termo bastante diferente daquele definido por lei à época de Henrique VIII, ou de Elizabeth I da Inglaterra, ou, ainda, sob os czares da Rússia.

Muitos termos comumente usados, como liberdade, patriotismo, justiça, religião, cortesia, cultura, e muitos termos literários, por uma questão de clareza, deveriam ser definidos por cada usuário da palavra. Um leitor deve ter cuidado para saber exatamente que significado o escritor está atribuindo a palavras tão ambíguas quanto essas; do contrário, leitor e escritor não podem "chegar a um acordo". Os debatedores, em especial, devem ao menos concordar quanto ao objeto do debate; caso contrário, argumentarão em vão.

Para definir palavras de significado tão amplo e mutável, deveria declarar-se o que o termo inclui e o que ele exclui, tratando especialmente das instâncias limítrofes discutíveis, e não meramente daquelas obviamente incluídas ou excluídas.

EXEMPLOS: Definições famosas

A caridade[13] é paciente, a caridade é prestativa, não é invejosa, não se ostenta, não se incha de orgulho. Nada faz de inconveniente, não procura o seu próprio interesse, não se irrita não guarda rancor. Não se alegra com a injustiça, mas se regozija com a verdade. Tudo desculpa, tudo crê, tudo espera, tudo suporta. A caridade jamais passará. Quanto às profecias, desaparecerão. Quanto às línguas, cessarão. Quanto à ciência, também desaparecerá.

– 1 Cor 13, 4-8

Literatura é o que de melhor foi pensado e dito no mundo.

– Matthew Arnold, *Literature and Science*

Um clássico é uma obra que dá prazer aos poucos apaixonados que estão permanente e intensamente interessados em literatura.

– Arnold Bennett, *Why a Classic is a Classic*

Regras de definição

Uma definição deveria ser:

1. Conversível em relação ao sujeito, à espécie e ao termo por definir. Por exemplo: um homem é um animal racional. Um animal racional é um homem. O termo por definir e suas definições coincidem perfeitamente, tanto na intensão quanto na extensão; logo, são mutuamente conversíveis. Conversibilidade é o teste de uma definição. Uma declaração é conversível se for igualmente verdadeira com o sujeito e o predicado permutados.

2. Positiva, preferencialmente à negativa. Eis uma violação desta regra: Um homem bom é aquele que não faz mal a seus semelhantes. (Não é muito esclarecedor simplesmente dizer o que alguma coisa não é).

3. Clara, simbolizada por palavras que não sejam obscuras, vagas, ambíguas nem figurativas. Uma violação dessa regra é a famosa definição que Samuel Johnson deu de rede: "Uma rede é alguma

[13] Por vezes traduzida como "amor". De fato, um dos maiores apologistas cristãos do século XX, C. S. Lewis, em seu livro *Cristianismo Puro e Simples*, dedicou um capítulo inteiro à virtude da caridade. Nele, o autor a define como *"amor no sentido cristão"*. (N. T.)

coisa reticulada ou decussada a distâncias iguais, com interstícios entre as intersecções".

4. Livre de uma palavra derivada da mesma raiz da palavra por definir. Uma violação da regra é uma definição como a que segue: Sucesso é ser bem-sucedido no que quer que você empreenda.

5. Simbolizada por um estrutura gramatical paralela e não misturada. Por exemplo: um gerúndio deveria ser usado para definir um gerúndio; um infinitivo, para definir um infinitivo. Exemplos de violações à regra: Pessimism is when a person looks on the dark side of everything (o correto seria: Pessimism is to look on the dark side of everything). To cheat is defrauding or deceiving another (o correto seria: Cheating is defrauding or deceiving another).

DIVISÃO

A divisão é uma ferramenta do pensamento extremamente valiosa. Em *Fedro*, de Platão, Sócrates diz:

> Ora, caro Fedro, eu também sou amigo desta maneira de compor e decompor as ideias. É a melhor maneira de aprender a falar e a pensar. E quando me convenço de que alguém é capaz de apreender, ao mesmo tempo, o conjunto e os detalhes de um objeto, sigo esse homem como se caminhasse nas pegadas de um deus.[14]

A divisão lógica é a análise da extensão de um termo, enquanto a definição é a análise da sua intensão. A *Summa Theologica* de Santo Tomás de Aquino ilustra como a divisão aprofunda a compreensão clara e torna patente a ordem abrangente.

A divisão lógica distinguida de outros tipos de divisão

Divisão lógica é a divisão de um gênero em suas espécies constituintes. Por exemplo: árvore pode ser dividida em suas espécies – pinheiro, carvalho, ipê, etc. O teste da divisão lógica é que o todo lógico (gênero) sempre pode ser predicado de cada uma de suas partes (espécies). Por exemplo: árvore pode ser predicado de qualquer uma de suas espécies. Pinheiros são árvores. Ipês são árvores. Nenhum outro todo, além do todo lógico, pode ser predicado de suas partes. A divisão lógica nunca lida com o indivíduo, mas

[14] Platão, "Fedro". In: *Diálogos*. Trad. Jorge Paleikat. 21. ed. Rio de Janeiro, Ediouro, 1999, p. 170.

sempre com a divisão de um grupo (gênero) em grupos menores (espécies); nunca de uma espécie em seus membros individuais. Isto seria enumeração e não divisão.

Divisão quantitativa é a divisão de um todo singular extenso, como uma linha ou um corpo, em suas partes quantitativas. Por exemplo: um quilograma de manteiga pode ser dividido em porções.

Divisão física é a divisão de um todo singular composto em suas várias partes essenciais. Um composto pode ser dividido em matéria e forma. Por exemplo: um ser humano pode ser dividido em corpo e alma; um corpo humano, em cabeça, mãos, pés, coração, etc.

Divisão virtual ou funcional é a divisão de um todo potencial ou funcional em suas várias partes virtuais ou funcionais.[15]

EXEMPLOS: Divisão virtual ou funcional

"Basta dizer que a alma está toda em qualquer parte do corpo, quanto à totalidade da perfeição e da essência; não, porém, quanto à totalidade da virtude, porque está em qualquer parte do corpo, não por qualquer potência sua, mas pela visão nos olhos, pela audição nos ouvidos e assim por diante".[16]

Um governo é um todo funcional que exerce uma autoridade única através de pessoas diferentes e em lugares diferentes, mas não com a mesma potência em cada um desses.

A sociedade humana é um todo funcional com partes funcionais (família, escola, estado, igreja, comunidade local) que juntas educam o indivíduo. A escola é um todo funcional de que currículo, palestras gerais, teatro, concertos, esportes, organizações de docentes e discentes, etc. são partes funcionais. O currículo é um todo funcional dirigido ao saber e de que as várias disciplinas são partes, cada uma dando sua contribuição.

Uma peça ou história, na qual um tema unificador informa o todo, expressa o tema mais vigorosamente em certas cenas e personagens do que em outras.

Divisão metafísica é a distinção entre substância e acidentes ou entre os acidentes. Por exemplo, uma laranja (substância) é distinta de seus acidentes (cor, tamanho, formato, peso, doçura, perfume, etc.), e estes são distintos uns dos outros. Uma divisão metafísica é uma distinção e não uma separação. É uma divisão que não pode dar-se fisicamente; por exemplo, a forma de uma laranja não pode ser verdadeiramente separada da laranja mesma; do mesmo modo, não podem seu gosto, tamanho e cor ser separados da laranja, nem um do outro.

[15] Os exemplos de divisão virtual ou funcional demonstram que algumas realidades podem ser pensadas como se partes tivessem, mas verdadeiramente não podem ser divididas. Também demonstram que o princípio unificador da realidade existe no interior de cada parte, mas não no mesmo grau.

[16] S. Tomás de Aquino, *Suma Teológica I*. Trad. Alexandre Corrêa (Escola Superior de Teologia São Lourenço de Brindes. UCS). Caxias do Sul, Sulina, 1980, questão 76, artigo 8.

As distinções percebidas na divisão metafísica são usadas como as bases da divisão lógica; por exemplo, nós podemos dividir frutas de acordo com acidentes, tais como cor, formato, tamanho, teor de açúcar, etc. Ou podemos dividi-las de acordo com suas naturezas essenciais em laranjas, maçãs, bananas, cerejas, etc.

Divisão verbal é distinção que o dicionário faz entre os significados que foram impostos a uma palavra, isto é, entre os termos que uma dada notação pode simbolizar.

Elementos da divisão lógica

A divisão lógica inclui três elementos: o todo lógico, a base ou princípio fundamental da divisão e os membros divisores. O todo lógico que está para ser dividido é o gênero. A base ou princípio fundamental da divisão é o aspecto metafísico, o ponto de vista a partir do qual é feita a divisão. Os membros divisores sãos as espécies resultantes da divisão lógica.

Tipos de divisão lógica

DIVISÃO LÓGICA CONFORME O CARÁTER DA BASE OU PRINCÍPIO DA DIVISÃO

Conforme o caráter da base da divisão, distinguimos objetos naturais e objetos artificiais.

Objetos naturais

Entre os objetos naturais, a **divisão essencial** visa determinar espécies naturais. Por exemplo, a divisão das plantas comestíveis em cenoura, alface, ervilha, beterraba, espinafre, batata, etc.

A **divisão acidental** se baseia em acidentes que não determinam espécies naturais. Por exemplo, a divisão das plantas comestíveis conforme a cor, o formato ou o valor nutritivo; a divisão dos homens conforme a cor, a nacionalidade, a religião, a ocupação, a altura ou o peso.

Note que a *infima species*, como o homem, resultante de uma divisão essencial natural, pode sofrer divisão ulterior apenas em base acidental.

Objetos artificiais

Entre objetos artificiais, a **divisão essencial** se baseia na forma imposta pelo homem à matéria. Esta é a divisão de um gênero artificial em espécies artificiais. Por exemplo, a divisão da prataria em facas, garfos, colheres, conchas, etc.; a divisão de veículos em carroças, caminhões, carros, bicicletas, etc.

A **divisão acidental** se baseia em acidentes que não determinam espécies artificiais. Por exemplo, a divisão de cadeiras conforme cor, tamanho, peso, etc.

DIVISÃO LÓGICA CONFORME A MANEIRA DE APLICAR A BASE OU PRINCÍPIO DE DIVISÃO

Conforme a maneira de aplicar a base da divisão, distinguimos divisão positiva e dicotomia.

Divisão positiva

A divisão positiva divide um gênero em suas espécies constituintes. Por exemplo: a divisão dos elementos em hidrogênio, oxigênio, nitrogênio, enxofre, carbono, prata, ouro, etc.; a divisão da cor em branco, vermelho, amarelo, azul, cinza, preto, etc. Este é o tipo de divisão que a ciência visa efetuar.

Dicotomia

Dicotomia é a divisão por termos contraditórios. Por exemplo: a divisão de elementos em ouro e não ouro; da cor em vermelho e não vermelho, ou branco e não branco.

Na divisão por dicotomia, o termo negativo é inexplorado ou desconhecido, no sentido de que pode conter em si mesmo quer um número de espécies positivas quer apenas uma. Assim, a investigação revela que não branco contém muitas espécies positivas: vermelho, amarelo, azul, verde, marrom, cinza, preto, etc.; mas não par é um termo negativo que contém apenas um único termo positivo, ou seja, ímpar.

Regras da divisão lógica

1. Uma divisão lógica deve ter uma e apenas uma base (princípio).

2. As espécies constituintes devem ser mutuamente excludentes (sem sobreposição).

3. A divisão deve ser coletivamente exaustiva, ou completa; isto é, as espécies constituintes, em sua totalidade, devem igualar-se ao gênero.

Nenhuma espécie pode igualar-se ao gênero, pois então não haveria divisão alguma. Este é o erro presente num sumário quando alguém tenta dividi-lo em apenas um subtópico. Tal tentativa não resulta em nenhuma divisão; deve haver ao menos duas espécies, ao menos dois subtópicos.

Uma mudança na base da divisão é o erro de aplicar simultaneamente, mas incompletamente, dois ou mais princípios fundamentais de divisão. Por exemplo, a divisão de livros em latim, inglês, francês, poesia, história, ciência, em formato in-oitavo, em formato de in-quarto, azuis, vermelhos. Uma mudança na base de divisão é o principal erro na divisão, criando confusão e desordem. Torna impossível atingir aquilo que a divisão lógica almeja – uma divisão que seja coletivamente exaustiva (completa) e mutuamente excludente (sem sobreposição).

De um ponto de vista estritamente lógico, ainda que não de um ponto de vista científico, a dicotomia é superior à divisão positiva porque – e considerando que não há meio-termo entre termos contraditórios – a dicotomia garante a realização dos objetivos da divisão lógica tais como declarados na regras precedentes, enquanto a divisão positiva não pode fazê-lo com a mesma certeza e segurança.

O princípio da contradição[17] – pelo qual uma coisa não pode, ao mesmo tempo e sob o mesmo aspecto, ser e não ser – é um axioma do pensamento, uma lei da razão, de maior certeza do que qualquer outra lei da ciência. A dicotomia emprega esse princípio.

A divisão positiva se baseia em conhecimento empírico, o qual requer frequentes revisões porque investigações posteriores podem provar que conclusões anteriores eram incompletas, inadequadas, enganosas. Por exemplo, os observadores gregos antigos classificavam os elementos como sendo quatro: terra, água, fogo e ar. A química moderna[18] distingue mais de cem elementos e demonstra que nenhum daqueles quatro, antes considerados elementos, o é realmente. Não podemos estar certos sobre quantos elementos a ciência irá distinguir daqui a quinhentos anos. Visto que a divisão positiva depende de investigação e não de um princípio da razão, é inferior do ponto de vista lógico.

A Árvore de Porfírio é uma divisão por dicotomia. Por nenhum outro meio poderíamos atingir uma divisão progressiva, essencial, exaustiva e mutuamente excludente de toda substância.

---

[17] Ou da "não contradição". (N. T.)

[18] Os químicos identificaram todos os elementos encontrados naturalmente, mas a possibilidade de sintetizar novos elementos está em aberto.

Subdivisão e codivisão

Subdivisão é uma divisão subordinada a uma divisão precedente; ela pode empregar a mesma base de divisão ou uma diferente e deve resultar num único sistema ordenado. Um exemplo é a Árvore de Porfírio.

Codivisão é uma série de divisões independentes, mas do mesmo todo, cada uma empregando uma diferente base de divisão. Por exemplo, uma codivisão de livros poderia ser feita pela aplicação sucessiva, e a cada vez, exaustivamente, destas quatro bases de divisão: assunto, língua, tamanho, cor da encadernação.

A parte inicial deste capítulo lida com a codivisão dos termos.[19] Cada uma das seis classificações divide todos os termos conforme uma base de divisão em espécies mutuamente exclusivas e coletivamente exaustivas.

[19] Os seis métodos de classificação de termos o são pelo tipo de realidade significada, pelos termos contraditórios, pelos termos concretos e abstratos, pelos termos absolutos e relativos, pelos termos coletivos e distributivos e pelas dez categorias lógicas dos termos.

5. PROPOSIÇÕES E SUA EXPRESSÃO GRAMATICAL

A PROPOSIÇÃO: DEFINIÇÃO E DISTINÇÕES

Proposição e relação de termos

A proposição afirma uma relação de termos. Consiste em um sujeito, uma cópula e um predicado. Os termos (o sujeito e o predicado) constituem a matéria da proposição; a cópula que os relaciona constitui sua forma.[1]

Proposição: modal e categórica

PROPOSIÇÃO MODAL

Uma proposição pode ou não afirmar o modo[2] da relação de seus termos. Se o fizer, é modal; se não, é categórica, isto é, afirmada simplesmente como um fato.

Uma proposição modal afirma explicitamente a relação de seus termos como necessária ou contingente.

Necessária

Se a proposição afirma uma relação que é necessária, a necessidade pode ser metafísica, física, moral ou lógica.

Necessidade metafísica. A relação é metafisicamente necessária se não puder ser de outra maneira, porque assim será impossível, inconcebível, envolvendo contradição completa.

A necessidade metafísica é tal, que nem Deus pode fazê-la diferente. Deus é fonte de ordem, não de desordem e confusão. Ser incapaz de fazer o que é contraditório não é uma limitação de Sua Onipotência;

---

[1] Os conceitos apresentados neste parágrafo – uma proposição expressando uma relação de termos e uma proposição consistindo em sujeito, cópula e predicado – referem-se ao tipo mais comum de proposição simples. As proposições complexas serão apresentadas mais adiante neste livro. (*TM*)

[2] Modo (*mode*, no original) refere-se à maneira pela qual os termos se relacionam numa proposição. Proposições categóricas meramente declaram que este é o modo como a realidade é. Uma proposição modal que é necessária declara que este é o modo como a realidade deve ser. Uma proposição modal que é contingente declara que este é o modo como a realidade poderia ser.

não é uma imperfeição, mas perfeição. Assim, Deus não pode fazer um círculo quadrado, nem pode fazer uma pedra tão grande que Ele não pudesse levantá-la.

ILUSTRAÇÃO: Proposições que expressam relações metafisicamente necessárias

Um triângulo equilátero é necessariamente equiangular.

O efeito não pode ser maior que sua causa.

Um ser é necessariamente ele mesmo e não um outro.

Coisas iguais a uma mesma coisa são necessariamente iguais entre si.

Necessidade física. A necessidade física repousa sobre as leis da natureza. Em contraste com as leis metafísicas, Deus pode suspender as leis da natureza. Milagres como os três jovens no forno flamejante (Daniel 3,20-30) e Cristo andando sobre o Mar da Galileia (Mateus 14,29) demonstram que ab-rogar a necessidade física é a essência de um milagre.

ILUSTRAÇÃO: Proposições que expressam relações fisicamente necessárias

O fogo necessariamente queima.

A água necessariamente ferve a 100°C ao nível do mar.

O mercúrio (Hg) é necessariamente líquido à temperatura ambiente.

Necessidade moral. A necessidade moral é uma necessidade normativa referida a um agente livre. Por causa do livre-arbítrio, os humanos podem agir contrariamente a essas leis. Mesmo assim, as leis permanecem, quer expressando tendências humanas naturais, tal como nas leis econômicas; quer expressando as demandas de ordem na sociedade, tal como nas leis civis; quer, o que é mais importante ainda, expressando um dever de consciência, tal como na lei moral.

ILUSTRAÇÃO: Proposições que expressam relações moralmente necessárias

Sendo igual a qualidade dos bens, as pessoas tendem necessariamente a comprar bens que tiverem preço mais baixo. Esta tendência pode ser contrabalançada, até certo ponto, por um apelo contrário, ao livre-arbítrio, como, por exemplo, por uma campanha de apelo patriótico: "*Compre produtos feitos no Brasil*".

Os carros devem parar quando a luz do sinal está vermelha.

O bem deve ser feito e o mal evitado.

Necessidade lógica. Para uma consideração de relações de necessidade e contingência em bases estritamente lógicas, ver os predicáveis: espécie, gênero, diferença, definição, propriedade e acidente. Estes predicáveis são explicados em detalhe posteriormente neste capítulo.

Contingente

Se uma proposição modal não afirma as relações de seus termos como necessárias, então a relação é contingente. O que quer que não seja necessário é contingente. Uma relação é contingente, ou possível, quando não envolve necessidade nem incompatibilidade metafísica; ela pode ou não existir na ordem natural. Também pode ser contingente quanto a atos ou eventos futuros ou quanto a nosso conhecimento.

EXEMPLOS: Proposições contingentes

Um corvo pode ser vermelho.

Um leão pode ser manso.

Um triângulo pode ser isósceles.

Esta água pode conter germes tifoides.

Sua mãe pode estar-lhe escrevendo uma carta agora.

PROPOSIÇÃO CATEGÓRICA

Uma proposição categórica afirma a relação de seus termos tal como são verdadeiramente relacionados, sem expressar o modo de sua relação. Se posteriormente o modo for considerado, será considerado, é claro, necessário ou contingente. Consequentemente, a cópula numa proposição categórica é ambígua no sentido de que, se examinado, o simples *é* significa tanto *é necessariamente* (*deve ser*) quanto *é de maneira contingente* (*pode ser*).

Nota acerca da gramática

O modo[3] indicativo da cópula expressa a relação categórica.

O modo potencial expressa as relações contingentes.

5-1. *Modo das proposições categóricas e contingentes*

[3] Em português, usamos modo indistintamente para referirmo-nos tanto ao caráter de uma proposição (ver nota 2 deste capítulo), quanto aos grupos de formas verbais que indicam se a ação é representada como um fato ou de outra maneira, isto é, na gramática. Em inglês, por vezes faz-se essa distinção, como na versão original deste livro, onde a autora usa *mode* quando trata da lógica e *mood* quando se refere à gramática. Originalmente não havia tal distinção entre os termos em inglês. Na verdade, e nessas acepções específicas, permanecem intercambiáveis, cf. o *Oxford English Dictionary*. (N. T.)

Proposição: simples ou complexa

Uma proposição é simples ou é complexa.

Uma *proposição simples* é aquela que afirma a relação de dois, e apenas dois, termos. Uma proposição simples é categórica se afirma a relação como um fato. Toda proposição categórica é uma proposição simples, mas nem toda proposição simples é categórica. Uma proposição simples é modal se explicitamente afirma a relação como necessária ou contingente.

Uma *proposição complexa* é aquela que relaciona pelo menos três termos. Uma proposição complexa pode ser tanto hipotética quanto disjuntiva. Uma proposição hipotética afirma a dependência de uma proposição com respeito a outra. Por exemplo: Se ele não estudar, será reprovado (três termos). Uma proposição disjuntiva afirma que de duas ou mais suposições uma é verdadeira. Por exemplo: Um triângulo é equilátero, isósceles ou escaleno (quatro termos).

CARACTERÍSTICAS DAS PROPOSIÇÕES

As proposições são caracterizadas por referência a realidade, quantidade, qualidade, modalidade e valor. Cada uma dessas características divide as proposições em duas classes.

Referência à realidade: geral e empírica

A referência à realidade, que é a distinção fundamental entre proposições, é determinada pela referência do sujeito.

Uma proposição *geral* é aquela cujo sujeito é um termo geral, referente a uma essência e simbolizado por um nome comum ou por uma descrição geral.

Uma proposição *empírica* é aquela cujo sujeito é um termo empírico, referente a um indivíduo ou a um agregado e simbolizado por um nome próprio ou por uma descrição empírica.

Quantidade: total ou parcial

A *quantidade* de uma proposição é determinada pela extensão do sujeito. Uma proposição é **total** se o sujeito é um termo usado na sua extensão completa.

Uma proposição geral não tem quantidade em sentido concreto, pois seu sujeito é essência, uma natureza de classe. Todavia, o sujeito de uma proposição geral é usado em sua extensão completa e, nesse sentido, é considerado como total. Uma proposição categórica, em que o sujeito é usado em sua extensão completa e, portanto, é total em quantidade, pode ser enunciada de várias maneiras.

EXEMPLOS: Proposições gerais afirmadas categoricamente

O espinafre é um vegetal.

Um coelho é um animal.

Todos os pássaros têm penas. (Esta proposição é explicitamente quantificada por "Todos").

Ser um quadrado é ser um retângulo.

Quando uma proposição geral é afirmada como uma modal necessária, pode ser enunciada assim: Um quadrado deve ter quatro lados iguais.

Uma proposição empírica singular, porque seu sujeito é um indivíduo, é usada em sua extensão completa e é, nesse sentido, considerada como total. Quando a proposição empírica singular é afirmada categoricamente, pode ser enunciada assim: Este homem é um ladrão. Quando a proposição empírica singular é afirmada como uma modal necessária, pode ser enunciada assim: João é necessariamente mortal.

Quantidade, em sentido estrito, é própria apenas das proposições empíricas plurais. Uma proposição empírica plural é total quando o sujeito é um agregado total de indivíduos.

EXEMPLOS: Proposições empíricas totais

Todos os membros deste clube são adultos.

Nenhuma cadeira nesta sala é uma cadeira de balanço.

Estas mulheres são advogadas.

Doze cavalos participaram da corrida.

Uma proposição é **parcial** se o seu sujeito é um termo usado em apenas parte de sua extensão. Nas proposições empíricas plurais, a extensão parcial de um sujeito é expressa por palavras limitantes, tais como "alguns" ou algo equivalente.

EXEMPLOS: Proposições empíricas parciais

Alguns homens são bonitos.

Algumas rosas não são vermelhas.

Todas as violetas não são roxas. ("Todas não são", de modo idiomático, significa "Algumas não são").

Nem todo dia é chuvoso. (= Alguns dias não são chuvosos).

Quando uma proposição geral ou uma proposição empírica singular é contingente na modalidade, o sujeito é usado em apenas parte de sua extensão (como fica provado pelo teste da conversão).[4]

EXEMPLOS: Proposições contingentes

Uma proposição contingente geral: Um retângulo pode não ser um quadrado.

Uma proposição contingente singular: João pode não estar triste.

Qualidade: afirmativa ou negativa

A qualidade de uma proposição é determinada pela cópula, que une ou separa, compõe ou divide os termos. Uma proposição é afirmativa se afirma a inclusão do sujeito (todo ele ou parte dele) no predicado. Uma proposição é negativa se afirma a exclusão do predicado (sempre de todo ele) do sujeito.

Modalidade: necessária ou contingente

A modalidade de uma proposição é determinada pela cópula. As relações necessárias e as contingentes foram explicadas e exemplificadas no início deste capítulo.

Valor: verdadeira ou falsa

A veracidade ou falsidade de uma proposição pode ser conhecida pela investigação, pela experiência, por um apelo aos fatos. Neste sentido, é sintética: é um agregado de fatos.

"Todo curso colegial na América ensina cálculo". Para descobrir a veracidade ou falsidade desta proposição, alguém deveria visitar todos os colégios secundários[5] na América, ou, por outros meios, obter informação autêntica acerca de cada um deles.

A veracidade ou falsidade de uma proposição geral pode ser conhecida através de uma análise dos termos, sem necessidade de investigação de todos os fatos. Neste sentido, é analítica. Uma vez que depende de um *insight* intelectual acerca de uma natureza de classe ou essência, nosso conhecimento de sua veracidade ou falsidade tem maior grau de certeza que o de uma proposição empírica, que depende da investigação de casos individuais.

---

[4] Conversão é a inversão entre sujeito e predicado.

[5] No original, *high-school*, equivalente nominal do antigo Colegial, do 2° Grau, ou do atual "Ensino Médio". (N. T.)

"Um círculo não pode ser quadrado." Para descobrir a veracidade ou falsidade desta proposição, não é necessário achar todos os círculos no mundo e tentar transformá-los em quadrados. O *insight* intelectual revela a incompatibilidade dos termos, uma vez que sejam entendidos.

Uma proposição deve ser ou verdadeira ou falsa. O que quer que seja capaz de ser verdadeiro ou falso deve ser uma ou mais proposições, pois esta característica (veracidade ou falsidade) é uma propriedade das proposições.

Uma proposição é verdadeira se a relação que afirma é realmente tal como afirmada; caso contrário, é falsa. Por exemplo, uma proposição que afirma uma possibilidade é verdadeira se a relação é realmente possível, ainda que não seja atualizada na realidade: Um corvo pode ser vermelho. Todavia, é falso afirmar isso como um fato: Alguns corvos são vermelhos.

Três tipos de verdade

Verdade metafísica é a conformidade de uma coisa com a ideia desta, primariamente na mente de Deus e secundariamente na mente dos homens; todo ser tem verdade metafísica.

Verdade lógica é a conformidade do pensamento à realidade; seu oposto é a falsidade.

Verdade moral é a conformidade da expressão ao pensamento; seu oposto é a mentira.

5-2. *Três tipos de verdade*

FORMAS PROPOSICIONAIS: FORMAS A E I O

Desde o período clássico, as proposições foram classificadas de acordo com a qualidade e de acordo com a quantidade ou com a modalidade. Todas as proposições são negativas ou positivas. Todas as proposições são categóricas ou modais. Se uma proposição é modal, pode ser necessária ou contingente. Estas distinções foram apresentadas neste capítulo e formam as bases da conceituação e do manejo das proposições. Usando a qualidade, ou tanto a quantidade quanto a modalidade, como base, toda proposição pode ser classificada como A, E, I ou O. Consequentemente, temos formas A E I O quantitativas (também chamadas categóricas) ou modais.

A tabela 5-3 apresenta um sumário das formas A E I O. Nas fórmulas, S simboliza o sujeito, e P o predicado. Tot. é abreviação de total, e parc. de parcial. Afirm. é abreviação de afirmativa, e neg. de negativa. Nec. é abreviação de necessária, e cont. de contingente. Por exemplo, uma proposição A é total (sujeito usado em sua extensão completa) e afirmativa (o predicado é afirmado acerca do sujeito). Considerar uma proposição como uma das formas A E I O rapidamente se torna uma segunda natureza no estudo da lógica.

Formas A E I O Quantitativas (As proposições são categóricas)

A	Tot. afirm	S a P	Todo S é P.	Todos os leões são animais.
E	Tot. neg	S e P	Nenhum S é P.	Nenhum leão é cavalo.
I	Parc. afirm	S i P	Algum S é P.	Alguns leões são mansos.
O	Parc. neg	S o P	Algum S não é P.	Alguns leões não são mansos.

Formas A E I O Modais (As proposições são explicitamente modais)

A	Nec. afirm.	S a P	S precisa ser P	Um leão precisa ser um animal.
E	Nec. neg	S e P	S não pode ser P.	Um leão não pode ser um cavalo.
I	Cont. afirm	S i P	S pode ser P.	Um leão pode ser manso.
O	Cont. neg.	S o P	S pode não ser P.	Um leão pode não ser manso.

5-3. *Formas de proposições*

A característica de indefinição das proposições I e O pode ser expressa tanto pelo indefinido *algum* como pelo *pode* contingente. A quantidade de uma proposição é determinada pelo seu sujeito e, por esta razão, pela matéria e não pela forma. A modalidade e a qualidade de uma proposição são determinadas pela cópula. Uma vez que a cópula é a forma de uma proposição, as formas modais, determinadas inteiramente pela cópula, expressam mais propriamente as formas proposicionais. Ainda assim, as formas quantitativas normalmente são mais convenientes e mais amiúde usadas, pois somos mais propensos a usar proposições categóricas com frequência maior do que as modais.

As designações A E I O são um artifício mnemônico em latim. A e I são as duas primeiras vogais de *affirmo*, eu afirmo, e assim designam as proposições afirmativas. E e O são as vogais de *nego*, eu nego, e assim designam as proposições negativas.

A DISTRIBUIÇÃO DOS TERMOS

A distribuição é uma característica dos termos usados numa proposição e não de um termo isolado. Um termo é distribuído se for usado em sua extensão completa. É não distribuído se for usado numa extensão menor do que a completa.

As regras formais de distribuição

A quantidade (ou modalidade) de uma proposição determina a distribuição do seu sujeito. A qualidade de uma proposição determina a distribuição de seu predicado.

1. Uma proposição total (ou necessária) distribui o seu sujeito.
2. Uma proposição parcial (ou contingente) tem o seu sujeito não distribuído.
3. Uma proposição negativa distribui o seu predicado (porque este se exclui todo do sujeito).
4. Uma proposição afirmativa tem seu predicado não distribuído (porque o predicado é normalmente um termo mais amplo em extensão que o sujeito).

O predicado de uma proposição afirmativa é, todavia, distribuído onde quer que a proposição seja uma definição e em virtude do seguinte raciocínio: (1) uma definição é sempre uma proposição A (afirmativa necessária) e, portanto, o sujeito é distribuído através da forma; (2) o predicado, sendo a definição do sujeito (seja pelo gênero e pela diferença ou pela propriedade), tem não apenas a mesma intensão do sujeito, mas também a mesma extensão, ou seja, extensão completa, e é, portanto, distribuído (através da matéria, dos termos, ainda que não através da forma, da cópula). O fato mesmo de que uma definição seja conversível prova que o predicado tem a mesma extensão que o sujeito e, portanto, uma vez que o sujeito é distribuído, também o é o predicado. A conversão é o teste da distribuição.

Aplicando as regras às formas A E I O

A distribuição é um importante conceito na lógica. As regras formais de distribuição podem ser reduzidas a fórmulas aplicáveis às formas A E I O. Ao considerar a fórmula, note que **d** significa distribuído, e **nd**, não distribuído.

d nd
1. S a P Porque é total (ou necessária), uma proposição A distribui seu sujeito; porque é afirmativa, seu predicado é não distribuído. (Todos os leões são animais).

d d

2. S e P   Porque é total (ou necessária), uma proposição E distribui seu sujeito; porque é negativa, distribui seu predicado. (Nenhum leão é cavalo).

nd nd

3. S i P   Porque é parcial (ou contingente), uma proposição I tem seu sujeito não distribuído; porque é afirmativa, seu predicado é não distribuído. (Alguns leões são mansos).

nd d

4. S o P   Porque é parcial (ou contingente), uma proposição O tem seu sujeito não distribuído; porque é negativa, distribui seu predicado (Alguns leões não são mansos).

Note que conhecer a distribuição dos termos é tão indispensável ao sucesso no estudo da lógica quanto é indispensável conhecer os axiomas básicos no estudo da geometria. Se você ficar confuso, ou parecer perdido em meio ao nevoeiro, volte a este ponto, faça um esforço por compreendê-lo com clareza, e então avance rumo à luz.

A relação e a distribuição dos termos: círculos de Euler

A relação e distribuição dos termos nas formas A E I O pode ser representada graficamente pelos círculos de Euler.[6] Dois termos, S e P, podem se relacionar de quatro maneiras.

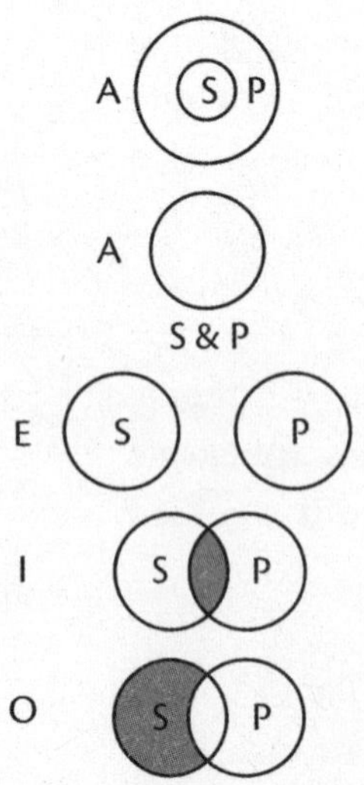

1. Total inclusão de S em P. S é distribuído. Se P excede S em extensão, como normalmente acontece, P é não distribuído. Se P coincide exatamente com S em extensão, como quando uma moeda é sobreposta a outra de mesmo valor, P é distribuído através da matéria e não através da forma; isto ocorre apenas quando P é a definição ou a propriedade de S.
2. P totalmente excluído de S. Ambos são distribuídos.
3. Inclusão parcial de S em parte de P. Nenhum é distribuído.
4. Exclusão de todo P de parte de S. Portanto, S é não distribuído; P é distribuído.

[6] Leonhard Euler (1707-1783), matemático suíço.

OS PREDICÁVEIS

Classificação pelos predicáveis

Os predicáveis representam a mais completa classificação das relações que podem ser afirmadas de um predicado em relação a um sujeito, tanto quanto as categorias são a mais completa classificação do ser tal como é (as categorias metafísicas) e do ser tal como é conhecido (as categorias lógicas).

Na lógica, a classificação de predicados em predicáveis é análoga à análise sintática de uma frase na gramática, tanto quanto a classificação dos termos nas categorias lógicas é análoga à análise morfológica na gramática.

Os predicáveis são espécie, gênero, diferença, definição, propriedade e acidente. Apesar de todos estes, com exceção do acidente, terem sido explicados quando tratamos de definição, por conveniência são aqui repetidos.

Espécie, como um predicado, expressa aquilo que os membros individuais de uma classe têm em comum. Quando uma espécie é o predicado de uma proposição categórica, o sujeito é sempre um indivíduo ou um agregado. *Infima species*, como um predicado, expressa a essência toda ou intensão do seu sujeito, um membro individual (ou membros) da espécie. Dois exemplos: Sócrates é um homem; Estes animais são cavalos.

Gênero é aquela parte da essência que é comum a todas as suas espécies constituintes. Exemplos: O homem é um animal. Um quadrado é um retângulo.

Diferença é aquela parte da essência que pertence apenas a dada espécie e que a distingue de todas as outras espécies no mesmo gênero. Exemplos: O homem é racional; Um quadrado é equilátero.

Definição é constituída do gênero mais a diferença; ela torna explícita a essência da espécie que se apresenta como seu sujeito e, portanto, coincide perfeitamente com o sujeito, tanto na intensão quanto na extensão. Dois exemplos: O homem é um animal racional; Um quadrado é um retângulo equilátero.

Propriedade não é a essência nem uma parte da essência, mas flui da essência e está presente onde quer que a essência esteja presente, pois é uma concomitante necessária da essência. Portanto, coincide perfeitamente com o sujeito em extensão, mas não em intensão. Exemplos: O homem é jovial; Por sua diagonal, um quadrado é divisível em dois triângulos retos isósceles iguais.

Acidente é um predicado contingencialmente relacionado ao sujeito, enquanto todos os outros predicáveis são relacionados ao sujeito necessariamente. A contingência pode ser tanto explícita quanto implícita. Exemplos: O homem pode ser branco; Um quadrado pode ser grande; A grama é verde.

O acidente predicável deve ser cuidadosamente distinguido do acidente predicamental (qualquer das nove categorias de acidente).[7] Os predicáveis e as categorias (ou *praedicamenta*) são co-divisões de termos, cada uma usando um diferente princípio de divisão, uma dependendo inteiramente das relações de termos e a outra classificando termos independentemente.

Predicados classificados por predicável e categoria

Proposição	Predicável	Categoria
O homem é racional.	Diferença	Acidente (qualidade)
O homem é jovial.	Propriedade	Acidente (qualidade)
O homem é animal.	Gênero	Substância
João é um homem.	Espécie	Substância
João é um advogado.	Acidente	Substância (constructo)
João é alto.	Acidente	Acidente (quantidade)
A neve é branca.	Acidente	Acidente (qualidade)

5-4. *Classificação dual dos predicados*

Um acidente inseparável, que é um predicado contingente, não deve ser confundido com propriedade, que é um predicado necessário. Por exemplo, um corvo é sempre preto, mas pretura (ou pretidão) não é, por essa razão, um predicado necessário de corvo. Assim, a proposição geral contingente "Um corvo pode ser vermelho" é verdadeira como uma possibilidade.

Durante anos, a brancura foi considerada um acidente inseparável dos cisnes, pois não havia cisnes conhecidos além dos brancos, até que cisnes negros foram descobertos na Austrália. Não obstante, mesmo antes da descoberta, o branco era corretamente tido como um predicado contingente e não como um predicado necessário de cisne.

[7] A referência é às dez categorias aristotélicas do ser: substância e os nove acidentes. Nas categorias do ser, acidente inclui conceitos que seriam categorizados diferentemente nos predicáveis. Entre os predicáveis, o acidente não inclui características pertinentes a uma espécie, mas, nas dez categorias do ser, os acidentes certamente incluem características pertinentes a uma espécie.

O número dos predicáveis

Há cinco predicáveis que classificam os predicados de uma proposição afirmativa geral (ou universal), e um sexto, que aparece apenas numa proposição afirmativa empírica.

Em sua exposição dos predicáveis, na qual ele mostra que estes analisam a modalidade como necessária ou contingente, Aristóteles distingue cinco. Sua análise é aplicável somente a proposições afirmativas gerais. Digamos que S a P simbolize uma proposição afirmativa geral. Então, ou P é totalmente conversível em S ou não o é. Se for conversível, P é um dos elementos da definição (significando a essência) ou é uma propriedade. Se não for conversível, P ou é um dos elementos da definição (gênero ou diferença) ou não é; se não for um dos elementos da definição, é um acidente (*Tópicos*, 1.8).

Aristóteles também diz, enfaticamente (*Categorias*, 2.5), que toda predicação é primária e essencialmente de substância primeira, isto é, de um indivíduo, o objeto de nossa experiência, expresso por um termo empírico singular como sujeito. Um termo geral ou universal pode apresentar-se como um sujeito apenas porque pode ele mesmo ser predicado de singulares, isto é, de indivíduos. Consequentemente, Aristóteles inclui um sexto predicável, espécie, o qual declara a natureza de classe de um indivíduo e pode, portanto, ser predicado normalmente apenas de indivíduos. Em sua relação extensional com o seu sujeito, tal como revelada pelo teste da conversão, a espécie se assemelha ao gênero conquanto não é conversível, pois sua extensão é maior que a do sujeito. Por exemplo: Sócrates é um homem.

As relações extensionais dos seis predicáveis com o sujeito podem ser graficamente representadas pelos círculos de Euler.

Relações extensionais dos seis predicáveis

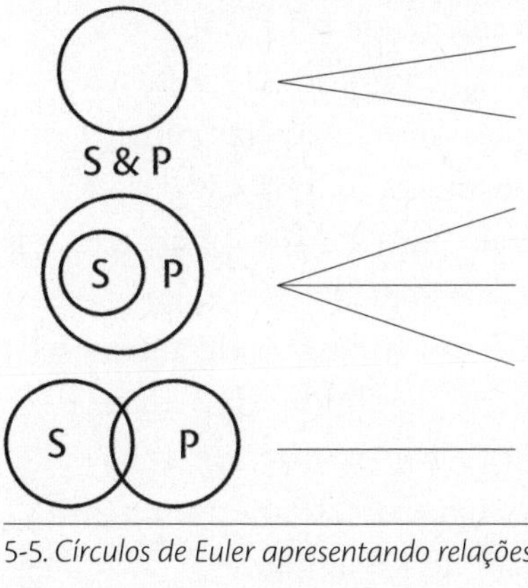

Definição	Coincidência
Propriedade	Coincidência
Gênero	Inclusão total
Diferença	Inclusão total
Espécie	Inclusão total
Acidente	Inclusão parcial

5-5. *Círculos de Euler apresentando relações extensionais dos seis predicáveis*

Porfírio e os escolásticos listavam cinco predicáveis, incluindo espécie, mas omitindo definição. É verdade que espécie e definição são idênticas tanto em extensão quanto em intensão, e que na ordem do ser, na qual a classificação de Porfírio se baseia, espécie, assim como definição, significa a essência toda; ademais, os escolásticos exemplificam o predicável espécie por meio de um predicado que é definição. Contudo, espécie, tal como normalmente entendida, e quando usada como predicado, não pode ser identificada com o predicável definição, uma vez que a espécie é o sujeito, aquele sujeito possível do predicável definição, e, normalmente, a espécie pode ser predicado apenas de um sujeito empírico singular. A espécie como predicado tem mais em comum com o gênero do que com a definição, porque em ambas as relações o sujeito está totalmente incluso num predicado mais amplo, como indicam os círculos de Euler.

Limites da predicação

Em sua significação estrita, os seis predicáveis não representam uma análise exaustiva da predicação, nem sequer da predicação necessária.

A primeira razão disso repousa no entendimento de que um predicado é necessariamente afirmado acerca de um sujeito se for uma propriedade ou uma diferença de um gênero remoto do sujeito; mas não pode ser classificado como propriedade nem como diferença *daquele* sujeito. Exemplo: Um homem necessariamente tem peso (é ponderável).

Peso é uma propriedade do corpo, e corpo é um gênero remoto de homem; mas peso não é, em sentido estrito, uma propriedade do homem, pois não é um termo conversível em relação a homem. Ainda assim, é necessariamente predicado de homem. Em termos da análise de Aristóteles, uma propriedade ou diferença de um gênero remoto do sujeito seria uma parte da definição, no sentido amplo de que está incluída em sua intensão, mas não no sentido estrito de ser a diferença, ou propriedade, *daquele* sujeito, tal como são definidas diferença e propriedade. (Propriedade, tal como definida, não é, obviamente, uma parte da definição em sentido estrito, porque não é uma parte da essência, apesar de dela derivar). O mesmo vale para a interpretação dos escolásticos, isto é, de espécie como um predicável.

A segunda razão é: porque o indivíduo é um membro de uma espécie, pode predicar-se necessariamente de um indivíduo não apenas a espécie, mas outros predicados necessários que ele tem em virtude de sua espécie. Por exemplo, João é necessariamente um homem, um animal, um animal racional, capaz de jovialidade.

Animal é um gênero de homem, mas não de João. Animal racional é definição de homem, mas não de João, pois um indivíduo não pode ser definido. Jovialidade é uma propriedade de homem, mas não de João, pois não é conversível em João.

Os predicáveis são, além disso, uma classificação dos predicados apenas em proposições afirmativas, pois o predicado em uma proposição negativa está sempre totalmente excluído do sujeito e obviamente não pode ser relacionado ao sujeito como espécie, gênero, diferença, definição, propriedade ou acidente dele. E mais, o predicado pode ser necessariamente excluído do sujeito. Algumas das mais importantes proposições na filosofia são proposições negativas necessárias. Dois exemplos: Os juízos contraditórios não podem ser ambos verdadeiros; Um quadrado necessariamente não é um círculo.

Os predicados podem, é claro, ser classificados nas categorias ou *praedicamenta*. Quando o predicado está na mesma categoria que o sujeito, ele declara a espécie ou o gênero do sujeito com maior ou menor determinação.

EXEMPLOS: Sujeito e predicado nas mesmas categorias do ser

João é um homem, um organismo, um corpo, uma substância.

Um quadrado é uma figura, uma forma, uma qualidade.

A prudência é um hábito, uma virtude, uma qualidade.

As categorias são universais metafísicos diretos, chamados termos de primeira intenção porque classificam nossos conceitos do ser ou da realidade. Os predicáveis são universais lógicos reflexivos, chamados termos de segunda intenção porque são completamente mentais, uma vez que classificam as relações que a mente percebe entre nossos conceitos da realidade.

FRASES E PROPOSIÇÕES

Símbolos gramaticais são requeridos para expressar proposições.

Símbolos gramaticais e proposições

Se uma proposição é simbolizada por uma frase, esta precisa ser uma frase declarativa. Uma frase não declarativa (ordem, prece, desejo, pergunta ou exclamação) não pode simbolizar uma proposição, pois não é verdadeira nem falsa; uma frase não declarativa expressa volição, não cognição, e, portanto, não tem *status* na lógica, apesar de ter *status* perfeitamente válido na gramática.

Como cada frase declarativa simples é composta, explícita ou implicitamente, de sujeito, cópula e complemento subjetivo, pode perfeitamente simbolizar a proposição lógica composta de sujeito, cópula e predicado. Consequentemente, toda frase declarativa simboliza uma proposição ou um número de proposições, sejam a cópula e o complemento subjetivo explícitos ou não.

Uma proposição geral precisa ser simbolizada por uma frase cujo sujeito é um nome comum ou uma descrição geral. Se o nome comum ou a descrição geral não simbolizam uma essência que seja possível, então não expressam um termo, pois não se pode ter um conceito de uma essência impossível.

Eis um exemplo de violação dessa regra: Um círculo quadrado é uma figura curvilínea.

Esta frase não simboliza uma proposição porque não expressa uma relação de dois termos; ela tem apenas um termo. Seria necessário um sujeito lógico, mas círculo quadrado não tem nenhum significado, apesar de círculo e quadrado, entendidos separadamente, serem palavras que têm sentido. Essa frase não é nem falsa nem verdadeira, pois somente uma proposição é verdadeira ou falsa.

Uma proposição categórica empírica precisa ser simbolizada por uma frase cujo sujeito seja um nome próprio ou uma descrição empírica. Se o nome próprio ou a descrição empírica não simbolizam um indivíduo ou um agregado existentes no presente ou no passado, de fato ou em ficção, então não expressam um termo, pois não se pode experienciar o que é inexistente.

Eis uma violação desta regra: Os astronautas em Marte vivem em construções subterrâneas. Visto que não expressa uma relação de dois termos, esta frase não simboliza uma proposição; logo, não é verdadeira nem falsa.

As duas proposições modais empíricas seguintes, porém, são verdadeiras enquanto possibilidades: Os astronautas podem vir a viver em Marte e é possível que eles o façam em prédios subterrâneos.

Uma mesma proposição pode ser expressa por símbolos gramaticais diferentes ou equivalentes na mesma língua ou em línguas diferentes.

EXEMPLOS: Mesma proposição com diferenças de língua

The first man elected as executive head of the United States is noted for his skill as a military leader.

The first President of the United States is famed as a great general.

Le premier président des États-Unis est renommé comme un grand général.

Der erste Präsident der Vereinigten Staaten ist als ein grosser General berühmt.

O primeiro presidente dos Estados Unidos é reputado como um grande general.

Uma frase que simboliza uma proposição pode ser ambígua. Mas uma proposição não pode ser ambígua, porque o significado, o juízo, que a mente pretende expressar precisa ser um, isto é, unívoco. Quando o ouvinte ou o leitor obtém da e através da língua a proposição idêntica àquela pretendida pelo emissor ou escritor, ele compreende; eles se entendem sem ambiguidades.

O propósito da tradução é expressar em símbolos de outra língua as proposições corporificadas e embutidas nos símbolos de uma dada língua. A menos que o conteúdo proposicional de um tratado científico disponível em quatro diferentes línguas seja unívoco e comum a todas as versões, haverá quatro tratados, e não um. Esses livros diferem na língua, isto é, nos símbolos utilizados para embutir e corporificar o mesmo e único conteúdo lógico.

Quando dada composição é comparada com a sua tradução em outra língua, reconhecemos que há algo do mesmo (a forma, o conteúdo lógico) e algo de diferente (a matéria, os símbolos gramaticais). Se a composição é um poema, o que difere inclui não apenas a diferença de símbolos, mas também diferenças na dimensão psicológica da linguagem, nas suas qualidades sensíveis e emocionais, tais como som, ritmo, tom, ideias e sentimentos associados, tendo todas suas raízes na língua particular. Corporificar em símbolos diferentes apenas o conteúdo lógico de um poema é traduzir apenas parte do todo complexo que é um poema. Consequentemente, poesia é, em seus efeitos totais, praticamente intraduzível.

Diferenças de estilo na expressão de dado conteúdo lógico na mesma língua são ocasionadas por uma diferença de escolha entre símbolos logicamente, mas não psicologicamente, equivalentes – diferença entre palavras, sentenças e orações que variam em ritmo, estrutura e conotação emocional. Aprimorar o estilo através da revisão é substituir aqueles símbolos escolhidos primeiro por equivalentes melhores. A arte mestra da retórica nos guia nessa escolha.

Conteúdo proposicional e símbolos gramaticais

O conteúdo proposicional pode ser simbolizado através de uma frase declarativa simples, de uma frase declarativa complexa, de uma frase declarativa composta, ou ainda, em raras circunstâncias, por meio de uma "não frase".

FRASE DECLARATIVA SIMPLES

Uma frase declarativa simples pode simbolizar uma única proposição simples, duas ou mais proposições simples, ou uma proposição disjuntiva.

Um exemplo de proposição simples é: Aquela cadeira pode ser desconfortável.

Um exemplo de duas ou mais proposições simples é: Este menino alto e bonito é excepcionalmente inteligente. Aqui há quatro proposições:

Este menino é alto.
Este menino é bonito.
Este menino é inteligente.
Sua inteligência é excepcional.

Exemplos de proposições disjuntivas: Um retângulo ou é quadrado ou é oblongo. Os oradores da turma serão ou Maria ou João ou Tiago. Aqui, deve notar-se que uma frase simples pode ter um sujeito composto ou um predicado composto.

FRASE DECLARATIVA COMPLEXA

Uma frase declarativa complexa pode simbolizar uma única proposição simples, duas ou mais proposições simples, uma proposição hipotética ou um silogismo.

Um exemplo de uma única proposição simples: O gato amarelado que ontem perambulava por nossa garagem foi atropelado. A oração é definitiva na função, pois chama a atenção para um gato em particular.

Um exemplo de duas ou mais proposições simples: <u>Alto e magro</u>, Abraham Lincoln, o <u>primeiro republicano</u> a tornar-se <u>presidente</u> dos Estados Unidos e <u>aquele que editou</u> a Declaração de Emancipação dos Escravos, foi <u>assassinado</u> (cinco proposições). As orações são atributivas na função, pois declaram atributos de um indivíduo já claramente designado por um nome próprio.

A modificação gramatical, exceto aquela por determinativos, é predicação lógica implícita. Consequentemente, se o modificador não for definitivo na função, isto é, se não for necessário à designação do sujeito, é um predicado implícito e, em relação ao sujeito, simboliza uma outra proposição; se for determinativo na função, constitui um só termo com o sujeito e não simboliza uma outra proposição. Por exemplo: Aquele homem alto, de olhos e cabelos castanhos, com um pequeno bigode e de pé ao microfone, é um francês (esta frase simboliza uma só proposição, pois os modificadores são determinativos); Charles de Gaulle, que é um francês alto, de olhos e cabelos castanhos e que tem um pequeno bigode, estava de pé ao microfone. (Esta simboliza sete proposições, pois os modificadores são atributivos na função).

Um exemplo de proposição hipotética: Se não chover esta tarde, iremos ao bosque.

Um exemplo de silogismo: Dezoito é um número par porque é divisível por dois. Esta frase simboliza três proposições numa relação silogística (que se explicará no Capítulo 7):

> Dezoito é um número divisível por dois.
> Todo número divisível por dois é um número par.
> Logo, dezoito é um número par.

FRASE DECLARATIVA COMPOSTA

Uma frase declarativa composta pode simbolizar duas ou mais proposições simples ou uma proposição disjuntiva.

Exemplo de duas ou mais proposições simples: Os salários são altos, mas os preços também o são.

Exemplo de proposição disjuntiva: Ou o trem está atrasado ou nós o perdemos.

MENOS QUE UMA FRASE

Menos que uma frase pode, às vezes, simbolizar uma proposição simples. Por exemplo: "Fogo!". Isto é equivalente a, e mais idiomático que, "Irrompeu fogo!". Gritar "Fogo!" é dar um alarme que ou é verdadeiro ou falso. Isto prova que em tais circunstâncias a palavra é entendida como uma proposição. "Fogo!" significando "Atire!" é uma ordem e não simboliza uma proposição.

Uma frase declarativa que é gramaticalmente completa, mas que viola as regras que regem os nomes comuns e as descrições gerais ou os nomes próprios e as descrições empíricas (ver, no Capítulo 2, A linguagem e seus símbolos), não simboliza proposição alguma, pois simboliza menos que dois termos lógicos.

6. RELAÇÕES DE PROPOSIÇÕES SIMPLES

Desde os tempos de Aristóteles, reconhece-se que a lógica e a retórica, como artes da composição, têm em comum a invenção e a disposição. A invenção é a arte de descobrir material para o raciocínio ou discurso, e a disposição é a arte de relacionar ou ordenar com propriedade o material.

Na lógica, a disposição inclui a definição, a divisão, o enquadramento das proposições e a relação delas. Na retórica, a disposição é o ordenamento apropriado das partes de uma composição – sua introdução, corpo e conclusão – de acordo com os princípios de unidade, coerência e ênfase.

Cícero simplificou o tratamento dado por Aristóteles à invenção e distinguiu dezesseis tópicos lógicos, coletivamente exaustivos, pelos quais qualquer sujeito pode ser amplificado através da análise: definição, divisão de um todo em suas partes (quer todo lógico ou físico), gênero, espécie, adjuntos (de um sujeito, incluindo todas as categorias de acidente: quantidade, qualidade, relação, ação, paixão, *onde*, *quando*, postura e hábito, que consiste de roupas, ornamentos ou armas com que os seres humanos, por suas *habilidades*, complementam sua natureza de modo a conservar-se e preservar-se a si mesmos ou à sua comunidade), contrários, contraditórios, similaridade, dissimilaridade, comparação (maior, igual, menor), causa, efeito, antecedente, consequente, notação (o nome) e conjugados (nomes derivados da mesma raiz, como *justo*, *justiça*, *justamente*). Um décimo sétimo tópico, o testemunho ou prova, é externo ao sujeito da investigação e inclui todos os recursos à autoridade, tais como leis, contratos, testemunhas, provérbios, apotegmas (máximas, aforismos), juramentos, penhor, compromisso, profecias, revelação.

Note que a relação entre sujeito e adjuntos é mais ampla que aquela entre substância e acidentes, os quais a ela inerem porque um acidente, enquanto é ele mesmo inerente a uma substância, pode tornar-se o sujeito a que outro acidente inere como seu adjunto; por exemplo: "O homem está andando lentamente". Aqui, *homem* é o sujeito a que inere o adjunto *andando*, enquanto *andando* é, ao mesmo tempo, o sujeito a que inere o adjunto *lento*.

Os tópicos lógicos da invenção são gerais. Os tópicos retóricos são particularizados por tempo, lugar, pessoas e circunstâncias. Incluem questões como o que foi feito, quem o fez, quando, onde, como, era possível, necessário, crível, honesto, prudente, justo, vantajoso, difícil, fácil, agradável?

AS RELAÇÕES DAS PROPOSIÇÕES

As relações das proposições são quatro: conjunção, oposição, inferência (dedução) e silogismo.

Conjunção

Conjunção é a mera junção de duas ou mais proposições.

CONJUNÇÃO IMPLÍCITA OU EXPLÍCITA

A junção pode ser tanto explícita quanto implícita.

Explícita: O telefone tocou, e João o atendeu (duas proposições).
Implícita: O grande lago banhado pelo sol é tranquilo (três proposições).

CONJUNÇÃO NÃO ELABORADA (SIMPLES) E CONJUNÇÃO MATERIAL

A conjunção pode ser uma conjunção não elaborada ou uma conjunção material. Uma conjunção não elaborada viola a unidade requerida pela retórica para a frase, para o parágrafo e para toda a composição, enquanto a conjunção material é a base mesma dessa unidade. Uma conjunção não elaborada junta proposições que não têm relação em pensamento. Por exemplo: As cerejeiras estão em flor, e muitos estudantes estão matriculados em faculdades e universidades.

Uma conjunção material une proposições que têm relação real ou lógica, tais como as de partes com o todo, de lugar, tempo, causa, efeito, comparação, contraste ou qualquer dos tópicos mencionados acima.

1. Uma relação temporal expressa por *enquanto, antes, depois, então*, etc.

A criança adormeceu depois de sua mãe lhe ter dado o remédio.
Os visitantes foram embora antes de o telegrama ter sido entregue.

2. Uma relação causal, expressa por *porque, pois, uma vez que, consequentemente, logo, portanto*, etc.

Ela levava um guarda-chuva porque as nuvens escuras ameaçavam chuva.

O pai morreu; consequentemente, a mãe está criando os filhos sozinha.

3. Um excelente exemplo de desenvolvimento pelos efeitos, juntamente com a causa, é a descrição que Dante faz das portas do inferno:

Vai-se por mim à cidade dolente,
Vai-se por mim à sempiterna dor,
Vai-se por mim entre a perdida gente.

Moveu justiça o meu alto feitor,
Fez-me a divina potestade, mais
O supremo saber e o primo amor.

Antes de mim não foi criado mais
Nada senão eterno, e eterna eu duro.
Deixai toda esperança, ó vós que entrais.

(D. Alighieri, *Inferno*, C III, 1-9)[1]

4. Este parágrafo da *Retórica* de Aristóteles é uma notável ilustração do desenvolvimento por divisão e será usado novamente como exemplo no Capítulo 8.

> Todas as ações dos homens derivam de causas exteriores ou de causas que lhe são peculiares. Entre as que provêm de causas exteriores ao homem, umas são efeito do acaso, outras da necessidade; as ações que se fazem por necessidade provêm quer da coação, quer da natureza. Por conseguinte, todas as ações dos homens provenientes de causas exteriores dependem umas do acaso, outras da natureza, outras, enfim, da coação. [...] As ações que derivam da coação ocorrem contrárias ao desejo ou à razão do homem, ainda que se deem através dele mesmo. [...] Todas as provenientes de causas que nos são próprias, e de que somos diretamente os autores, são devidas em parte a um hábito, e em parte a uma tendência que pode ser premeditada ou irrefletida. A vontade é uma tendência para o bem, pois que ninguém quer senão o que pensa ser o bem; as tendências irrefletidas são a ira e o desejo. Pelo que, todas as ações humanas se reduzem necessariamente às sete causas seguintes: acaso, natureza, coação, hábito, reflexão, ira, desejo.
>
> – Aristóteles, *A Arte Retórica*, Livro I, Cap. X, Item II.
> *As ações humanas e suas causas.*[2]

---

[1] Dante Alighieri, *A Divina Comédia*. Tradução e notas de Italo Eugenio Mauro. São Paulo, Editora 34, 1998.

[2] Aristóteles, *Arte Retórica e Arte Poética*. Trad. Antônio Pinto de Carvalho. 17ª ed. Rio de Janeiro, Ediouro, [s.d.].

REGRAS QUE REGEM VALOR NA CONJUNÇÃO DE PROPOSIÇÕES

No Capítulo 5 foi declarado que toda proposição deve ser verdadeira ou falsa, quer seja afirmada categoricamente como um fato, ou modalmente como uma necessidade ou como uma possibilidade. O que quer que seja provável deve, obviamente, ser possível.[3] Às vezes, porém, e com propósitos práticos, é desejável distinguir três valores: verdadeiro, provável e falso. As regras de conjunção lidam com estes três valores.

Regra 1. Uma conjunção de proposições é verdadeira apenas quando toda proposição associada é verdadeira. Reciprocamente, se cada uma das proposições associadas for verdadeira, sua conjunção é verdadeira.

Regra 2. Uma conjunção de proposições é falsa quando qualquer das proposições associadas for falsa. Reciprocamente, se ao menos uma proposição for falsa, a conjunção é falsa.

Regra 3. Uma conjunção de proposições é provável se pelo menos uma das proposições associadas for meramente provável e se nenhuma for falsa. Reciprocamente, se uma proposição é provável e nenhuma é falsa, a conjunção é meramente provável.

Ao aplicar estas regras, descobrimos que quando apenas duas proposições são associadas, há nove combinações de valor possíveis; se mais proposições são associadas, o número de combinações possíveis aumenta em conformidade.

Essas regras estão resumidas na tabela seguinte, onde cada **X** e cada **Y** simbolizam uma proposição; **1** simboliza veracidade; **0**, falsidade; e **.n**, probabilidade.

Regra	Prop. X	Prop. Y	Props. X e Y
1	1	1	1
2	0	1	0
2	1	0	0
2	0	.n	0
2	.n	0	0
2	0	0	0
3	1	.n	.n
3	.n	1	.n
3	.n	.n	.n x .n

6-1. *Valores na conjunção de proposições*

[3] Entre o possível e o absolutamente certo, passando pelo verossímil e pelo provável, há um aumento no grau de certeza, e não de veracidade. (N. T.)

Note que a fórmula final da Regra 3 mostra uma conjunção de proposições na qual cada proposição declara um valor provável. Quando duas ou mais proposições são meramente prováveis, sua conjunção torna-se menos provável (passível de prova e teste) e mais verossímil (apenas acreditada pelo senso comum),[4] a qual está indicada pela fórmula .n x .n. Por exemplo, se um corpo mutilado tem uma cicatriz triangular na canela esquerda, pode ou não ser o corpo de certo homem desaparecido, pois é verossímil que mais de uma pessoa tenha uma marca como aquela; mas se também tiver os dedos dos pés palmados e uma cicatriz em forma de x resultante de uma cirurgia no ombro esquerdo, e se o homem desaparecido tivesse essas marcas, torna-se menos provável que o corpo seja de outra pessoa que não o homem desaparecido, pois é muito improvável que essas três marcas peculiares fossem aparecer combinadas em qualquer outra pessoa.

APLICAÇÕES PRÁTICAS DA CONJUNÇÃO

1. Num teste verdadeiro-falso, as regras de conjunção precisam ser aplicadas. Uma declaração será marcada como verdadeira apenas quando todas as suas partes forem verdadeiras; será marcada como falsa quando qualquer parte dela for falsa.

2. Ao calcular as chances (a probabilidade) de um político ser indicado candidato e vencer as eleições, e ao calcular a probabilidade da culpa de uma pessoa acusada de um crime, é possível aplicar os princípios da conjunção de probabilidades.

3. É frequente que seja necessário distinguir claramente que parte de uma conjunção aceitar e que parte rejeitar. Muitos jovens concordarão com Perdita em que o amor verdadeiro resiste à adversidade.

> Camilo – Ademais, é a ventura, sabeis disso, o laço mais potente para o amor, cuja estrutura grácil e, por ela, também o coração, com a adversidade por demais se ressente.
> Perdita – Uma de vossas proposições é certa: a adversidade pode influir nas feições, mas nunca pode vencer o coração.
>
> – *Conto de Inverno*, 4.4.573-577

[4] No original *likely*, que usualmente é traduzido como "provável". Todavia, é necessário distinguir entre *probable* e *likely*, provável e verossímil, respectivamente, conforme uma escala (aqui decrescente) de certeza. (N. T.)

Quando o Rei Cimbelino declara-o um traidor banido, Belário retruca:

> De fato, um homem banido;
> De que maneira um traidor, não sei.
>
> – *Cimbelino*, 5.5.318-319

4. Equívocos podem resultar da ignorância das regras de conjunção. Num grupo, alguém faz o comentário de que Joana é uma garota linda, brilhante e honesta. Uma amiga de Joana diz não concordar. (Ela não acha que Joana seja brilhante.) Mais tarde, uma intrometida conta à Joana que sua amiga disse que ela não era honesta.

5. Ao discutirmos política, religião e assuntos similares, devemos lembrar que a mente humana é feita para a verdade e que instintivamente busca a verdade; que a mente frequentemente aceita o erro por não distingui-lo da verdade que vem com ele; que é raro a mente aceitar aquilo que é totalmente errado e nada daquilo que é verdadeiro; e que nunca aceita o erro exceto quando há má apreensão daquilo que é verdadeiro. Consequentemente, numa discussão, é uma boa ideia manter o foco nas verdades aceitas em comum e apontar os erros que vêm misturados à verdade. Uma pessoa naturalmente se ressente ao ter suas convicções atacadas como se completamente erradas; ela será muito mais receptiva às ideias de alguém que primeiro leve em conta aquilo que de verdadeiro ela sustente antes de prosseguir e apontar erros.

Oposição de proposições

OPOSIÇÃO

As proposições estão em oposição quando têm a mesma matéria, isto é, quando têm o mesmo sujeito e o mesmo predicado, mas diferem na forma, isto é, em qualidade, quantidade ou modalidade, ou em duas destas. Lembre que qualidade se refere a proposições afirmativas e negativas; quantidade, a totais ou parciais; e modalidade, a necessárias ou contingentes.

As quatro relações de oposição existem entre as formas A E I O de qualquer proposição dada. Estas formas podem ser tanto quantitativas quanto modais.

	Formas quantitativas (categóricas)	
A	Todo S é P.	Todos os leões são animais.
E	Nenhum S é P.	Nenhum leão é animal.
I	Algum S é P.	Alguns leões são animais.
O	Algum S não é P.	Alguns leões não são animais.
	Formas modais	
A	S precisa ser P.	Um leão deve ser (definitivamente) um animal.
E	S não pode ser P.	Um leão não pode ser (definitivamente) um animal.
I	S pode ser P.	Um leão pode (talvez) ser um animal.
O	S pode não ser P.	Um leão pode não ser (talvez) um animal.

6-2. Oposição em formas A E I O

AS QUATRO RELAÇÕES DE OPOSIÇÃO E SUAS REGRAS

1. As contraditórias são A e O, assim como E e I. Duas proposições se opõem como contraditórias se diferem em qualidade e quantidade ou em qualidade e modalidade. Não há meio-termo entre proposições contraditórias (assim como não há meio-termo entre termos contraditórios; por exemplo, branco e não branco). Proposições contraditórias representam uma diferença cujos contornos são bem nítidos e definidos.

Regra 1. Das proposições contraditórias, uma deve ser verdadeira e a outra necessariamente falsa.

2. As contrárias são A e E. Duas proposições são opostas como contrárias se diferirem na qualidade e se ambas forem totais em quantidade ou necessárias em modalidade. Existe um meio-termo entre proposições contrárias (assim como o há entre termos contrários; por exemplo, branco e preto). Proposições contrárias representam o maior grau de diferença.

Regra 2. Das proposições contrárias, não podem ser as duas verdadeiras, mas podem ser ambas falsas. Logo, se uma é sabidamente verdadeira, a outra é necessariamente falsa; mas, se uma é sabidamente falsa, o valor da outra é desconhecido.

Na oposição, a falácia que mais frequentemente ocorre é a presunção de que, se uma proposição contrária é falsa, a outra é verdadeira (em vez de apenas desconhecida).

Note que a veracidade ou falsidade de uma proposição envolvida numa relação formal é dita desconhecida se o seu valor não puder ser sabido diretamente da forma, sendo assim determinado pela matéria, isto é, se for necessário aprendê-lo a partir de um conhecimento de seus termos.

ANALOGIA: Comparação de forma e matéria

Medidas-padrão podem ser consideradas como formas vazias. Por exemplo, dois *pints* são iguais a um *quart*.[5] Quatro *quarts* são iguais a um galão. A veracidade ou falsidade dessas declarações pode ser conhecida diretamente a partir das formas, sem que se saiba o que essas medidas contêm.

Todavia, essas formas podem conter vários tipos de matéria, como leite, água, mercúrio, vinho, ácido nítrico, suco de laranja. A respeito dessas, é possível fazer várias declarações. Por exemplo: Um *quart* é saudável. Um galão é para ficar enjoado. Um *pint* é tóxico. Meio-*pint* não é tóxico. A veracidade ou falsidade dessas declarações não pode ser sabida diretamente a partir das formas, mas é determinada pela matéria, isto é, pelo conteúdo dessas formas. Um *pint* (0,437 litro) de leite não é tóxico. Um *pint* de ácido nítrico é.

---

3. As subcontrárias são I e O. Duas proposições são opostas como subcontrárias se diferirem em qualidade e se ambas forem quer parciais em quantidade, quer contingentes em modalidade.

Regra 3. Das proposições subcontrárias, não podem ser falsas as duas, mas ambas podem ser verdadeiras. Logo, se uma é sabidamente falsa, a outra é necessariamente verdadeira; mas se uma é sabidamente verdadeira, o valor da outra é desconhecido.

4. As subalternas são A e I, assim como E e O. Uma proposição é subalterna à outra se tiver a mesma qualidade mas diferir dessa por ser parcial em vez de total, ou por ser contingente em vez de necessária. Falando de forma estrita, as subalternas não são opostas, pois não diferem em qualidade. Tradicionalmente, porém, esta relação tem sido tratada como uma oposição, pois está presente entre as formas A E I O de dada proposição.

A relação normal entre sujeito e predicado numa proposição I foi explicitada no Capítulo 5 como sendo aquela de uma inclusão parcial do sujeito no predicado, e a de uma proposição O como a exclusão de parte do S de P. Tanto as proposições I quanto as O foram representadas por círculos de Euler sobrepostos; I e O diferem nas partes sombreadas dos círculos, indicando as diferentes partes do sujeito de que se fala.

---

[5] *Pint*, *quart*, galão americano: medidas de volume de líquidos. 1 *pint* = 0,437 litro; 1 *quart* = 1/4 galão americano; 1 galão americano = aprox. 3,8 litros. (N. T.)

Contudo, na oposição de proposições, as proposições I e O devem ser entendidas como includentes do que se segue (as partes de que se fala estão sombreadas):

Se é verdade que todo S é P, deve ser verdade que alguma parte de S seja P. Todos os leões são animais. Alguns leões são animais. (Ambas são verdadeiras).

Se é verdade que nenhum S é P, deve ser verdade que alguma parte de S não seja P. Nenhum leão é elefante. Alguns leões não são elefantes (ambas são verdadeiras).

Regra 4. Das subalternas, se a proposição total (ou necessária) é verdadeira, a parcial (ou contingente) é necessariamente verdadeira; mas se aquela é sabidamente falsa, o valor da última é desconhecido. Inversamente, se a proposição parcial (ou contingente) é falsa, a total (ou necessária) é necessariamente falsa; mas se aquela é sabidamente verdadeira, o valor da última é desconhecido.

Nas formas categóricas, a oposição de proposições empíricas singulares está restrita à contradição, e esta relação se dá somente através de uma diferença de qualidade. Por exemplo: Maria é alta. Maria não é alta.

A Maria é alta.
E Maria não é alta.

Nas formas modais, a oposição de proposições empíricas singulares inclui as quatro relações.

A Maria é necessariamente amável.
E Maria não pode ser amável.
I Maria pode ser amável.
O Maria pode não ser amável.

O QUADRADO DE OPOSIÇÕES

As quatro relações de oposição são representadas graficamente pelo quadrado de oposições. Conforme a numeração, as linhas representam as quatro relações:

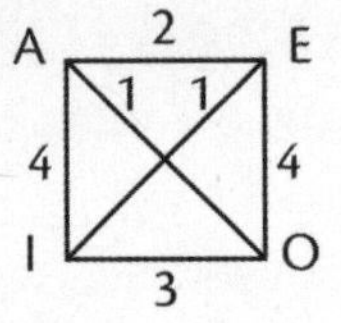

1. Contraditórias: A e O; E e I.
2. Contrárias: A e E.
3. Subcontrárias: I e O.
4. Subalternas: A e I; E e O.

Para usar de uma analogia familiar, neste quadrado de oposição as linhas entre as proposições contraditórias, AO e EI, representam as únicas "vias de mão dupla"; pois se A é verdadeira, O é falsa, e se O é falsa, A é verdadeira; ou se A é falsa, O é verdadeira, e se O é verdadeira, A é falsa; o mesmo se mantém para as relações de E e I. Todas as outras linhas representam "vias de mão única": AE, IO, AI, EO; portanto, se A é verdadeira, E é falsa, mas, se é dado que E é falsa, o valor de A é desconhecido.

Quando uma forma é dada tanto como verdadeira quanto como falsa, é possível chegar ao valor das outras três formas pela aplicação de apenas duas das regras, ou seja, a das contraditórias e a das contrárias.

Dado que A é verdadeira, então O é falsa, pois das contraditórias uma deve ser verdadeira e outra deve ser falsa (*Regra 1*); E é falsa, pois das contrárias não podem ser as duas verdadeiras (*Regra 2*); I é verdadeira, pois é a contraditória de E, que acabamos de demonstrar ser falsa (*Regra 1*). (Podemos, é claro, demonstrar que I é verdadeira aplicando a *Regra 4*).

Dado que A é falsa, então: O é verdadeira (*Regra 1*); E é desconhecida, pois das contrárias ambas podem ser falsas; I também é desconhecida, pois é a contrária de E, e se a veracidade ou falsidade de uma fosse conhecida, a da outra poderia ser disso deduzida. (Também de acordo com a *Regra 4*, se A é falsa, I é desconhecida; isto é, I pode ser tanto verdadeira quanto falsa, dependendo dos termos relacionados.)

Em ambos os conjuntos de proposições apresentados a seguir, A é falsa; mas, em um dos conjuntos, E é falsa e I é verdadeira, enquanto no outro conjunto E é verdadeira e I é falsa. A possibilidade de haver resultados tão contrastantes demonstra que quando A é falsa, a veracidade ou falsidade de E é determinada pela matéria, e não pela forma, pois matérias diferentes envolvidas na mesma relação formal produzem resultados diferentes. Lembre-se de que **1** simboliza veracidade e **0** simboliza falsidade.

EXEMPLOS: Oposição					
0	A	Todas as rosas são vermelhas.	0	A	Todos os quadrados são círculos.
0	E	Nenhuma rosa é vermelha.	1	E	Nenhum quadrado é círculo.
1	I	Algumas rosas são vermelhas.	0	I	Alguns quadrados são círculos.
1	O	Algumas rosas não são vermelhas.	1	O	Alguns quadrados não são círculos.

Segue um sumário de todas as relações envolvidas no quadrado de oposições:

Dado que E é verdadeira, então I é falsa (*Regra* 1); A é falsa (*Regra* 2); O é verdadeira (*Regras* 2, 1 e 4).

Dado que E é falsa, então I é verdadeira (*Regra* 1); A e O são desconhecidas (*Regras* 2, 1 e 4).

Dado que I é verdadeira, então E é falsa (*Regra* 1); A e O são desconhecidas (*Regras* 2, 1, 3 e 4).

Dado que I é falsa, então E é verdadeira (*Regra* 1); A é falsa (*Regras* 2 e 4); O é verdadeira (*Regras* 1 e 4).

Dado que O é verdadeira, então A é falsa (*Regra* 1); E e I são desconhecidas (*Regras* 2, 1, 3 e 4).

Dado que O é falsa, então A é verdadeira (*Regra* 1); E é falsa (*Regras* 2 e 4); I é verdadeira (*Regras* 1 e 3).

Às vezes, uma frase que parece simbolizar apenas uma proposição, na realidade simboliza uma conjunção de duas ou mais proposições. Tal conjunção deve ser decomposta em suas proposições constituintes simples antes que possa ser expressa nas formas A E I O. Uma conjunção é, por exemplo: Toda a tripulação, exceto um, se afogou. Sua simplificação: Um membro da tripulação não se afogou. O restante da tripulação se afogou.

A NATUREZA DE UMA RELAÇÃO FORMAL

Uma vez que a oposição é a primeira relação formal que estudamos e considerando que a lógica se preocupa especialmente com as relações formais, será proveitoso considerar aqui a diferença essencial entre uma relação formal, como a oposição, e uma relação material, como a conjunção.

1. Diferentemente da conjunção de proposições, a qual é verdadeira, ou falsa, ou provável, uma relação formal, como a oposição,

não é verdadeira, nem falsa nem provável; ela é ou formalmente correta, ou formalmente incorreta.

2. A distinção básica entre uma relação material de proposições e uma relação formal de proposições é esta: a veracidade ou falsidade de uma conjunção de proposições depende da veracidade ou falsidade de cada uma das proposições associadas, e o valor de cada uma precisa ser determinado independentemente por referência aos fatos; mas a veracidade ou falsidade das proposições relacionadas formalmente é interdependente, e, se o valor de uma proposição é conhecido, o valor das outras pode ser determinado a partir disso pela aplicação das regras da relação formal, sem um conhecimento dos termos relacionados ou nenhum conhecimento dos fatos, isto é, sem nenhum conhecimento material. Assim, a correção formal da oposição de proposições contraditórias A e O não determina se A é verdadeira ou falsa ou se O é verdadeira ou falsa. Mas determina que, se A é verdadeira, O é necessariamente falsa; do mesmo modo, se O é verdadeira, A é necessariamente falsa.

3. Uma relação material se mantém entre quaisquer proposições, a despeito de suas formas, enquanto uma relação formal se mantém apenas entre proposições que tenham certas formas.

4. Uma relação formal é, na realidade, uma relação de formas proposicionais, uma fórmula. Ela se mantém independentemente de que matéria ou de que termos substituem os símbolos da fórmula.

ANALOGIA: Entre oposição e álgebra e entre conjunção e aritmética

Uma relação de formas proposicionais, tal como uma oposição, é análoga a uma fórmula algébrica. As relações são corretas independentemente de que matéria ou de que números substituem os símbolos da fórmula.

$$(x + y)^2 = x^2 + 2xy + y^2$$
$$C = 2(\pi)R$$

Em contraste, uma relação material de proposições, tal como uma conjunção, é análoga a uma equação aritmética; a veracidade ou falsidade de qualquer equação dessas deve ser verificada em face dos fatos, caso a caso, e é determinada inteiramente pela matéria e de maneira alguma pela forma, pois tal equação não é uma fórmula.

$$3 \times 8 = 2 \times 12$$
$$6 \times 3 = 9 \times 2$$

5. Uma fórmula proposicional, como a da oposição, da edução ou do silogismo, opera como uma regra de asserção da seguinte maneira: Se dada proposição portadora de certa forma tem dado valor,

então outra proposição, a ela relacionada por uma fórmula correta, necessariamente tem o valor requerido pela fórmula.

Edução

Edução é o processo formal de tornar explícito tudo o que está implícito em dada proposição. Por esta razão, não é um avanço no conhecimento. Nisto, difere radicalmente da dedução, da qual o silogismo é a forma. Através da edução, nós, por assim dizer, viramos uma proposição do avesso e de cima a baixo até termos explorado todo o seu conteúdo.

Na amostra de versos ruins que vai a seguir, um parodista anônimo expressou uma ideia muito simples com uma eficácia explícita análoga àquela da edução.

Hiawatha's Mittens

He killed the noble Mudjokivis.
Of the skin he made him mittens,
Made them with the fur side inside,
Made them with the skin side outside.
He, to keep the warm side inside,
Put the inside skin outside;
He, to get the cold side outside,
Put the warm side fur side inside.
That's why he put the fur side inside,
Why he put the skin side outside,
Why he turned them inside outside.[6]

A edução é um processo formal que nunca envolve uma mudança de valor. Desde que as eduções sejam feitas corretamente e que a proposição original seja verdadeira, as eduções serão, de modo necessário, logicamente equivalentes; se a proposição original for falsa, a edução será necessariamente falsa.

A edução emprega dois processos, obversão e conversão. Pela aplicação alternada desses dois processos, podem obter-se sete formas edutivas (seus nomes aparecem abaixo de onde derivam) a partir de uma proposição geral ou de uma total, e um número menor a partir de uma parcial ou de uma contingente.

---

[6] *Mitten*: luva de proteção com o polegar separado, mas sem divisão para os quatro dedos restantes. *Skin*: pele, couro (de animal). *Fur*: pele (de animal), pelagem. *Inside*: lado interno, por dentro, dentro de, interior. *Outside*: lado externo, por fora, do lado de fora. (N. T.)

OBVERSÃO

A obversão vira uma proposição "ao contrário" ao mudar a qualidade e o predicado, mas não o significado.

Regras para a obversão de uma proposição:

1. Mudar a qualidade (determinada pela cópula).
2. Substituir o predicado (P) pelo seu contraditório (P').

Para evitar a obversão ilícita: não confunda um modificador contraditório de um termo com o termo contraditório completo. Termos contraditórios são sempre dicotômicos; eles dividem o ser todo e não apenas um gênero. Por exemplo, o contraditório de alimento amidoado não é alimento não-amidoado; é não-alimento amidoado. Lápis, maçanetas e estrelas são não-alimentos amidoados, pois nenhum é sequer alimento (atente para a partícula *não* separada por hífen).

Obversão das formas A E I O. Cada uma destas pode ser obvertida. Na fórmula seguinte, P' simboliza não P.

S a P é obvertida para S e P'.	Todo eleitor é cidadão. Nenhum eleitor é não cidadão.
S e P é obvertida para S a P'.	Nenhum muçulmano é cristão. Todos os muçulmanos são não cristãos.
S i P é obvertida para S o P'.	Algumas cadeiras são confortáveis. Algumas cadeiras não são desconfortáveis.
S o P é obvertida para S i P'.	Alguns alunos não são atenciosos. Alguns alunos são desatenciosos.

Um princípio da obversão é: se S está incluído em P, está certamente excluído de não P. A obversão é uma aplicação do Princípio do Terceiro Excluído: entre termos contraditórios, não há meio-termo.

APLICAÇÃO PRÁTICA DA OBVERSÃO

A figura de retórica chamada lítotes, usada em profusão na literatura inglesa antiga e ainda amplamente usada na literatura inglesa moderna e em outras literaturas, é uma aplicação da obversão. A lítotes tem um efeito importante no tom que se pretende dar.

Original: Eu fui bem-sucedido naquela empreitada. (S a P)
Obversa: Eu não fui malsucedido naquela empreitada. (S e P')

Original: Ela conhece os próprios encantos. (S a P)
Obversa: Ela não desconhece os próprios encantos. (S e P')

Original: Ele agiu nobremente naquelas circunstâncias difíceis. (S a P)
Obversa: Ele não agiu ignobilmente naquelas circunstâncias difíceis. (S e P')

Adam observed, and with his eye the chase
Pursuing, not unmoved to Eve thus spake. [...não impassível, não incomovido.]

– John Milton, *Paradise Lost* 11.191

One of the heavenly host, and by his gait
None of meanest. [Um das hostes celestes, e por seu porte e modo de andar, não dos mais humildes.]

– John Milton, *Paradise Lost* 11.230

I remained upon the field wholly discomfited. [Permaneci sobre o campo, totalmente desanimado.]

– James Boswell, *The Life of Samuel Johnson*, L.L.D.

My death's sad tale may yet undeaf his ear. [A triste narrativa de minha morte pode ainda destampar seu ouvido.]

– *Richard II* 2.1.1

I have no hope that he's undrown'd. [Não tenho esperança de que ele não se tenha afogado.]

– *The Tempest* 2.1.237-238

Let me unkiss the oath 'twixt me and thee.[Desmanchemos a jura que fizemos ao nos beijarmos.]

– *Richard II* 5.1.74

Lest her beauty... unprovide my mind again. [Com receio... de que seus encantos me desarmem o intento novamente.]

– *Othello* 4.1.204-206

Tremble, thou wretch, That hast within thee undivulged crimes
Unwhipped of justice. [Treme patife, que tu tens dentro de ti crimes não revelados, ainda não punidos pela justiça.]

– *King Lear* 3.2.51-53

Não é nada bobo.

O garoto não se esquecera da conversa que tivera com o pai.

CONVERSÃO

Regras para converter uma proposição:

1. Inverta o sujeito e o predicado.
2. Se for necessário, e a fim de evitar um processo ilícito, altere a quantidade (ou a modalidade), e, por meio disso, converta por limitação ou *per accidens*.
3. Não altere a qualidade (determinada pela cópula).

Para evitar um processo ilícito na conversão, nenhum termo que foi não distribuído na proposição original poderá ser distribuído na proposição convertida. Um processo ilícito é uma tentativa de obter mais de uma proposição do que nela há, usando um termo em sua extensão plena quando na proposição original o uso foi apenas em parte de sua extensão. A conversão ilícita está entre as mais prolíficas fontes de erro a que está propensa a mente humana. As falácias resultantes desse erro serão discutidas no Capítulo 9.

CONVERSÃO DAS FORMAS A E I O

Nem toda proposição pode ser convertida. S a P é normalmente convertida por limitação (ou seja, por perda da quantidade total ou da modalidade necessária) a P i S, a fim de evitar um processo ilícito. Um exemplo: Todos os leões são animais. Alguns animais são leões. Normalmente, P a S não pode ser derivada corretamente de S a P, pois essa tentativa envolve um processo ilícito de P.

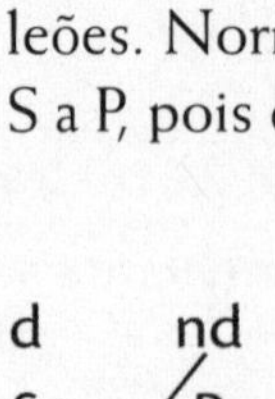

Nesta proposição original, P é não distribuído (nd), pois é o predicado de uma proposição afirmativa. Nessa convertida ilícita, P é distribuída (d), pois se tornou o sujeito de uma proposição total (ou de uma necessária). A linha que vai de nd a d indica o processo ilícito.

S a P é convertida corretamente a P a S quando P é conhecida como a definição ou como a propriedade de S, pois então P é distribuída pela matéria e não pela forma. É o teste da definição e propriedade que indica se esses predicados são conversíveis em sujeito.

EXEMPLOS: Conversões de S a P corretas

Definição: O homem é um animal racional. Um animal racional é um homem.

Propriedade: O homem é capaz de rir. Um ente capaz de rir é um homem.

S e P é convertida de maneira simples em P e S, uma vez que uma proposição E distribui tanto S quanto P, o que impede a ocorrência de um processo ilícito quando os termos são transpostos ao converter a proposição. Nenhum leão é elefante. Nenhum elefante é leão.

S i P é convertida de maneira simples em P i S, uma vez que uma proposição I não distribui S nem P, o que impede a ocorrência de um processo ilícito quando os termos são transpostos ao converter a proposição. Algumas rosas são vermelhas. Algumas coisas vermelhas são rosas.

S o P não pode ser convertida de maneira alguma, pois convertê-la de maneira simples envolveria um processo ilícito de S. Na proposição original, S é não distribuído, pois é o sujeito de uma proposição parcial (ou de uma contingente). Numa convertida ilícita, S é distribuída, pois se tornou o predicado de uma proposição negativa. Não pode ser convertida por limitação (como o é no caso de S a P), pois S o P já é parcial em quantidade (ou contingente em modalidade). Uma vez que a conversão nunca envolve uma mudança na qualidade, não há maneira validamente possível de converter O. É um fato que, com frequência, S o P permanece verdadeira quando convertida em P o S, mas, não obstante, o processo é sempre formalmente inválido.

EXEMPLOS: Conversões de S o P inválidas

Algumas rosas não são vermelhas. Algumas coisas vermelhas não são rosas.
Aqui, *rosas* é distribuído na proposição convertida e é não distribuído na proposição original. Portanto, a conversão envolve um processo ilícito de S. Que ambas as proposições sejam materialmente verdadeiras é um mero acidente da matéria. Sua veracidade não pode ser garantida através do processo formal, uma vez que o processo mesmo é sempre inválido, não importando se a proposição derivada de uma S o P verdadeira é materialmente verdadeira ou falsa.

Nos exemplos seguintes, a proposição convertida é tanto materialmente falsa quanto formalmente inválida.

Categórica: Alguns animais não são leões. Alguns leões não são animais.
Modal: Um animal pode não ser um leão. Um leão pode não ser um animal.

AS FORMAS EDUTIVAS

Sete formas edutivas podem ser derivadas de S a P e de S e P, e três de S i P e de S o P, pela aplicação alternada e sucessiva de dois processos edutivos, obversão e conversão. Sempre que, por ter sido obrigado a converter S a P em S i P por limitação, alguém chegue a uma S a P a ser convertida, não poderá ir adiante, mas deverá retornar à proposição original, aplicando a esta o processo alternado ao que foi aplicado de início. Nessas eduções, todas as aplicações de uma dada proposição são tornadas explícitas. Na tabela a seguir, a palavra *contrapositiva* refere-se à proposição resultante quando a qualidade de uma proposição é mudada e o predicado é convertido em seu contraditório. A palavra *inversa* é o termo usado para uma proposição que usa o contraditório do sujeito e o predicado da proposição original.

Eduções de S a P

Proposição original	S a P	*Processo*	Todos os eleitores são cidadãos.
Obversa	S e P'	Obversão	Nenhum eleitor é não cidadão.
Contraposítiva parcial	P' e S	Conversão	Nenhum não cidadão é eleitor.
Contrapositiva total	P' a S'	Obversão	Todos os não cidadãos são não eleitores.
Inversa total	S' i P'	Conversão	Alguns não eleitores são não cidadãos.
Inversa parcial	S' o P	Obversão	Alguns não eleitores não são cidadãos.
Convertida (da original)	P i S	Conversão	Alguns cidadãos são eleitores.
Convertida obversa	P o S'	Obversão	Alguns cidadãos não são não eleitores.

6-3. *Eduções de S a P*

Pondere cuidadosamente o sentido exato de cada uma das proposições acima. Os círculos de Euler podem ser auxiliares úteis na demonstração gráfica do conteúdo de cada uma das proposições. Esta série pode fazer o leitor lembrar-se de "*Hiawatha's Mittens*", mas ela desempenha com toda a seriedade a função de expressar todas as relações possíveis entre cidadãos, eleitores e o contraditório de cada um desses termos.

Eduções de S e P

O processo de obversão é assinalado por um "o", e o processo de conversão, por um "c".

Proposição original	S e P	*Processo*	Nenhum muçulmano é cristão.
Obversa	S a P'	o	Todos os muçulmanos são não cristãos.
Contrapositiva parcial	P' i S	c	Alguns não cristãos são muçulmanos.
Contrapositiva total	P' o S'	o	Alguns não cristãos não são não muçulmanos.
Convertida (da original)	P e S	c	Nenhum cristão é muçulmano.
Convertida obversa	P a S'	o	Todos os cristãos são não muçulmanos.
Inversa parcial	S' i P	c	Alguns não muçulmanos são cristãos.
Inversa total	S' o P'	o	Alguns não muçulmanos não são não cristãos.

6-4. *Eduções de S e P*

Eduções de S i P			
Proposição original	S i P	*Processo*	Algumas cadeiras são desconfortáveis.
Obversa	S o P'	o	Algumas cadeiras não são desconfortáveis.
Convertida (da original)	P i S	c	Algumas coisas confortáveis são cadeiras.
Convertida obversa	P o S'	o	Algumas coisas confortáveis não são não cadeiras.

6-5. *Eduções de S i P*

Eduções de S o P			
Proposição original	S o P	*Processo*	Alguns alunos não são atenciosos.
Obversa	S i P'	o	Alguns alunos são desatenciosos.
Contrapositiva parcial	P' i S	c	Alguns seres desatenciosos são alunos.
Contrapositiva total	P' o S'	o	Alguns seres desatenciosos não são não alunos.

6-6. *Eduções de S o P*

Que P é a definição, ou uma propriedade, de S só pode ser sabido através da matéria (pois não pode ser sabido através da forma). Quando isto ocorre, então S a P é corretamente conversível em P a S por toda a série, porque P *e* S estão em extensão total e, portanto, distribuídas. Neste caso, as sete eduções podem ser derivadas por um processo contínuo de conversão e obversão alternadas (não importa qual processo é aplicado primeiro; se a edução for levada mais um passo adiante, obtém-se novamente a proposição original).

Eduções de S a P com P totalmente distribuído			
Proposição original	S a P	*Processo*	Todos os homens são animais racionais.
Convertida	P a S	c	Todos os animais racionais são homens.
Convertida obversa	P e S'	o	Nenhum animal racional é não homem.
Inversa parcial	S' e P	c	Nenhum não homem é animal racional.
Inversa total	S' a P'	o	Todos os não homens são animais não racionais.
Contrapositiva total	P' a S'	c	Todos os animais não racionais são não homens.
Contrapositiva parcial	P' e S	o	Nenhum animal não racional é homem.
Obversa (da original)	S e P'	c	Nenhum homem é um animal não racional.
Original	S a P	o	Todos os homens são animais racionais.

6-7. *Eduções de S a P sendo P uma definição de S*

EDUÇÕES SUPLEMENTARES

Há três categorias de edução suplementar: edução por determinantes adicionados, edução por determinantes omitidos e edução por relação convertida.

1. Edução por determinantes adicionados (modificadores atributivos)

A fórmula é S é P; logo, Sa é Pa. O princípio da fórmula é: um determinante adicionado diminui a extensão de um termo e aumenta a sua intensão. Este processo de edução é válido se o determinante adicionado afetar S e P no mesmo grau e no mesmo aspecto. A edução é inválida se não modificá-los no mesmo grau e no mesmo aspecto.

EXEMPLOS: Determinantes que não afetam os termos no mesmo grau

Original: Reis são homens.
Inválida: Uma maioria de reis é uma maioria de homens.

Original: Uma formiga é um animal.
Inválida: Uma formiga grande é um animal grande.
Válida: Uma formiga pequena é um animal pequeno.

EXEMPLOS: Determinantes que não afetam os termos no mesmo aspecto

Original: A contralto is a woman. (Um contralto é uma mulher.)
Inválida: A low contralto is a low woman.[7] (Um contralto baixo é uma mulher baixa.)
Válida: A blond contralto is a blond woman. (Um contralto loiro é uma mulher loira.)

2. Edução por determinantes omitidos

A fórmula é S é Pa; logo, S é P. O princípio da fórmula é: um sujeito que é incluído em um predicado mais determinado (menos estendido) está, necessariamente, incluído nesse predicado quando este for menos determinado (mais estendido). Este princípio é especialmente evidente quando dois predicados se relacionam com o sujeito como espécie e gênero, ou como gêneros próximo e remoto. Exemplos: Sócrates é um animal racional; portanto, Sócrates é um animal. Uma cascavel é um réptil venenoso; portanto, uma cascavel é um réptil.

A mera semelhança gramatical (das palavras) não deve ser tomada pela verdadeira semelhança lógica (dos termos). O exemplo a seguir pode parecer ir contra o que foi logo acima afirmado, mas a dificuldade é apenas verbal. Original: O indigente é um pretenso príncipe. Inferência inválida: O indigente é um príncipe. Apenas verbalmente essas frases parecem exemplificar a fórmula S é Pa; logo, S é P. *Pretenso príncipe* não expressa o termo lógico *príncipe* mais um determinante que decresça a sua extensão; expressa, na

[7] Na classificação das extensões vocais femininas temos: soprano, mezzo-soprano, mezzo-contralto, contralto. (N. T.)

verdade, um termo completamente diferente e que é equivalente a *impostor*, um termo que é incompatível com príncipe e dele excluído; certamente não incluído nele.

3. Edução por relação conversa

A fórmula é S r^1 P; logo, P r^2 S. (Aqui r^1 e r^2 simbolizam cópulas com modificadores correlativos, e não cópulas simples.) O princípio da fórmula é: porque termos relativos necessariamente implicam seus correlativos, o sujeito e o predicado de uma proposição com uma cópula relativa poderão ser transpostos se a cópula relativa for substituída por sua correlativa. Ação e paixão (sofrimento da ação), bem como gênero e espécie, são correlativos. Quanto a proposições que declarem relações quantitativas, é também correto inferir por relação conversa. Consequentemente, a mudança da forma ativa do verbo para a forma passiva simboliza edução por relação conversa.

EXEMPLOS: Correlativos

Original: Aristóteles ensinou (ou foi o professor de) Alexandre, o Grande.
Inferência válida: Alexandre, o Grande, foi ensinado por (ou foi aluno de) Aristóteles.

Original: Maria viu as dunas.
Inferência válida: As dunas foram vistas por Maria.

Original: Lírio é uma espécie de flor.
Inferência válida: Flor é o gênero de lírio.

Original: A é maior do que B.
Inferência válida: B é menor do que A.

O silogismo

Esta é a mais importante das quatro relações de proposições, pois é a forma característica do raciocínio. De acordo com o tipo de proposição silogisticamente relacionada, distinguimos quatro tipos de silogismo: o silogismo simples (normalmente categórico), o silogismo hipotético, o silogismo disjuntivo e o dilema. Estes tipos de silogismo serão estudados nos capítulos subsequentes.

SUMÁRIO DAS RELAÇÕES DE PROPOSIÇÕES

Há quatro relações: conjunção, oposição, edução e o silogismo. Conjunção é uma relação material; as outras são relações formais. Uma relação formal é um processo de inferência mediata ou imediata.

1. Inferência imediata envolve apenas duas proposições; procede diretamente de uma à outra sem a função mediadora de um terceiro termo ou de uma terceira proposição. Há três processos de inferência imediata: oposição, obversão e conversão. Edução é um nome comum dado aos dois processos de obversão e conversão.

2. Inferência mediata envolve três termos em três proposições. Dois termos, S e P, relacionam-se um com o outro em virtude da relação de cada um com um terceiro termo M, que é o meio para relacioná-los. A função do terceiro termo, que é o termo médio (M), será explicada detalhadamente no Capítulo 7.

ANALOGIA: Relação de proposições

Duas varas podem relacionar-se quanto ao comprimento em virtude da relação que cada uma guarda com um padrão de medida determinado e que serve de meio entre elas.

7. O SILOGISMO SIMPLES

O SILOGISMO

Definição

O silogismo é o ato de raciocínio pelo qual a mente percebe que, de uma relação entre duas proposições (chamadas *premissas*) que têm um termo em comum, necessariamente emergirá uma nova e terceira proposição (chamada *conclusão*), na qual não aparece o termo comum, este chamado termo médio (M).

EXEMPLO: O silogismo

Um morcego é um mamífero.
Nenhum pássaro é um mamífero
∴ Um morcego não é um pássaro.

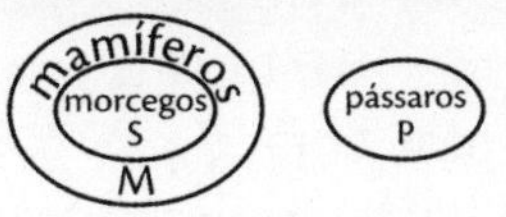

Uma vez que todos os morcegos estão incluídos entre os mamíferos e todos os mamíferos estão excluídos dos pássaros, todos os morcegos estão, necessariamente, excluídos dos pássaros. É em virtude da relação de cada um dos termos, *morcego* e *pássaro*, com o termo mediador, *mamífero*, comum às duas premissas, que a relação entre uma e outra é entendida e expressa na conclusão como sendo uma relação de exclusão total uma da outra.

Uma premissa é uma proposição relacionada com outra proposição, por meio de um termo comum, de tal modo que dessa conjunção se segue uma nova proposição, a conclusão.

Um silogismo é uma relação formal de três termos em três proposições. Cada termo ocorre duas vezes: o termo médio em cada premissa; cada um dos outros termos, em uma das premissas e na conclusão. Toda premissa é uma proposição, mas nem toda proposição é uma premissa. Uma proposição se torna uma premissa ao ser conjugada a uma outra proposição que com ela tenha um termo em comum; as regras que regem a conjunção válida de premissas são apresentadas mais adiante. A conclusão, uma nova veracidade, está implícita na conjunção das premissas; não está implícita em nenhuma delas isoladamente. Consequentemente, o silogismo resulta num avanço no entendimento alcançado pela conjunção das premissas.

ANALOGIA: Uma nova veracidade através do silogismo

Toda esposa é uma mulher, mas nem toda mulher é uma esposa. Uma mulher se torna uma esposa ao se ligar a um esposo através de laços de amor mútuo. A criança, um novo ser, deve a sua existência ao pai e à mãe, e não a apenas um deles isoladamente.

O silogismo é a fórmula do raciocínio por excelência. É a relação de formas proposicionais. Um silogismo em si não é verdadeiro nem falso; ele é válido ou inválido. Num silogismo válido, a veracidade ou falsidade de suas proposições é interdependente e pode ser determinada a partir da fórmula. Um silogismo inválido é aquele cuja conclusão não parte das premissas.

Matéria e forma do silogismo

1. A matéria do silogismo consiste em suas três proposições, relativas a seus três termos (menor, maior, médio). Para analisar um silogismo, devemos começar pela conclusão, porque a disposição dos termos na conclusão determina como esses termos funcionam nas duas primeiras proposições do silogismo. S, o termo menor de um silogismo, é o sujeito da conclusão. P, o termo maior, é o predicado da conclusão. A conclusão é sempre simbolizada S ___ P (com a, e, i ou o inseridos no espaço em branco).

"Um morcego não é um pássaro." *Morcego* é o sujeito da conclusão e o termo menor. *Pássaro* é o predicado da conclusão e o termo maior. Eles seriam assinalados da seguinte maneira:

S P
Um morcego não é um pássaro.

A premissa menor é aquela que contém o termo menor S e o termo médio M. M é o termo presente em ambas as premissas, mas não na conclusão. "Um morcego é um mamífero" é a premissa menor do exemplo de silogismo fornecido. *Morcego* é o termo menor, e *mamífero* é o termo médio. Esta premissa seria assinalada da seguinte maneira:

S M
Um morcego é um mamífero.

A premissa maior é aquela que contém o termo maior P e o termo médio M. "Nenhum pássaro é um mamífero" é a premissa maior do silogismo. Pássaro é o termo maior e mamífero é o termo médio. Esta premissa seria assinalada da seguinte maneira:

P M
Nenhum pássaro é um mamífero.

2. A forma do silogismo é a necessidade lógica com que a conclusão decorre das premissas em virtude de sua relação válida, a qual é obtida pela combinação de figura[1] e modo (explicada abaixo).

Dictum de omni et nullo: princípio do raciocínio silogístico

O que quer que se afirme de um todo lógico deve, necessariamente, ser afirmado das partes desse todo; o que quer que se negue de um todo lógico deve, necessariamente, ser negado das partes desse todo.

Isto significa que, se P é afirmado de M, deve também ser afirmado de S, que é uma parte de M; se P é negado de M, deve também ser negado de S, que é uma parte de M (ou, menos frequentemente, se P é afirmado de M e M é negado de S, P deve também ser negado de S). No exemplo, *pássaro*, o termo maior, é negado de *mamífero*, o termo médio e, portanto, é negado de *morcego*, que está incluído em *mamífero*.

Outra maneira de explicar a relação é esta: Se S está incluído em M e M está incluído em P, S deve, necessariamente, estar incluído em P; se S está incluído em M e M está excluído de P, ou se S está excluído de M e M está incluído em P, S deve, necessariamente, estar excluído de P. Estas relações podem ficar mais claras por meio dos círculos de Euler.

Consequentemente, a função do termo médio, o todo lógico, é, por assim dizer, extrair o significado do termo maior e transmiti-lo ao menor. É um termo mediador que, tendo servido nas premissas como meio de comparação, é deixado de fora da conclusão.

Regras do silogismo e falácias formais

As seguintes regras regem o silogismo:

Regra 1. Um silogismo deve conter três e apenas três termos. A falácia que resulta da violação desta regra é um quarto termo.

Regra 2. Um silogismo deve conter três e apenas três proposições. A falácia que resulta da violação desta regra é uma quarta proposição.

Regra 3. O termo médio deve estar distribuído em pelo menos uma das premissas (porque deve servir como o todo lógico sobre o qual o princípio do raciocínio silogístico se baseia). A falácia que resulta da violação desta regra é o termo médio não distribuído.

[1] A forma de um silogismo tal como determinada pela posição do termo médio. (N. T.)

Regra 4. Não há termo que, tendo sido não distribuído em sua própria premissa, possa ser distribuído na conclusão. A falácia que resulta da violação desta regra é processo ilícito do termo maior ou do termo menor. Note que um termo que está distribuído na sua premissa poderá, todavia, estar não distribuído na conclusão, pois não é processo ilícito tirar de alguma coisa menos do que nela há. Não pode haver processo ilícito do termo médio, pois as duas premissas são independentes. Uma premissa não deriva da outra, em contraste com a conclusão, que deriva das duas premissas.

Regra 5. De duas premissas negativas não há conclusão que possa ser tirada. Só se pode inferir uma relação entre dois termos dados quando pelo menos um deles se relaciona com um terceiro comum; este é exatamente o princípio no qual se baseia o raciocínio silogístico. A falácia que resulta da violação desta regra são duas premissas negativas.

Regra 6. Se uma premissa for negativa, a conclusão será negativa. De modo inverso e a fim de provar uma conclusão negativa, uma premissa precisa ser negativa. Se um termo está incluído no termo médio e outro está dele excluído, na conclusão os dois termos devem estar reciprocamente excluídos um do outro. A falácia que resulta da violação desta regra é uma conclusão negativa sem uma premissa negativa.

Regra 7. A partir de duas premissas parciais ou singulares (ou contingentes), não há conclusão por tirar. (Esta regra é um corolário das *Regras* 3, 5 e 6.) A falácia que resulta da violação desta regra são duas premissas parciais (ou contingentes).

Regra 8. Se uma premissa for parcial, a conclusão será parcial. (Esta regra é um corolário das *Regras* 3 e 4). A falácia que resulta da violação desta regra será uma conclusão geral num silogismo onde há uma ou mais premissas parciais.

Regra 9. Se uma das premissas for contingente, a conclusão será contingente. A fim de provar uma conclusão necessária, ambas as premissas deverão ser necessárias na modalidade. A falácia que resulta da violação desta regra é uma conclusão necessária ou categórica com uma premissa contingente.

Regra 10. Se uma ou ambas as premissas forem empíricas, a conclusão será empírica. A fim de provar uma conclusão geral, ambas as premissas devem ser proposições gerais. A falácia que resulta da violação desta regra é uma conclusão geral com uma premissa empírica.

Duas das regras gerais do silogismo se preocupam com a sua matéria (1 e 2); duas com a distribuição, a consideração mais importante (3 e 4); duas com a qualidade (5 e 6); duas com a quantidade (7 e 8); duas com a modalidade (7 e 9); e uma com a referência à realidade, à essência ou ao indivíduo (10).

Modo

As formas A, E, I ou O das três proposições componentes constituem o modo de um silogismo. O modo é designado por essas letras dispostas em ordem definida e convencional. Adotaremos esta ordem: a premissa menor, a premissa maior, a conclusão.[2]

Uma vez que há quatro formas proposicionais, A, E, I e O, há dezesseis combinações possíveis de premissas, a saber: AA, AE, AI, AO; EA, EE, EI, EO; IA, IE, II, IO; OA, OE, OI, OO.

A *Regra 5*, ao proibir duas premissas negativas, requer a eliminação de quatro dessas combinações: EE, EO, OE e OO.

A *Regra 7*, ao proibir duas premissas parciais (ou contingentes), requer a eliminação de mais três (OO é eliminada de acordo com a *Regra 5*, mas seria também eliminada pela *Regra 7*): II, IO e OI. Mais adiante veremos que uma oitava combinação, EI, precisa ser eliminada porque, ainda que não viole nenhuma das regras gerais, não está de acordo com nenhuma das regras especiais, as quais serão explicadas ainda neste Capítulo 7.

Restam, pois, oito combinações válidas de premissas. Podemos determinar se a conclusão derivada de cada uma dessas combinações será A, E, I ou O pela aplicação das *Regras 6* e *8*.

A tabela abaixo lista as combinações válidas de premissas. A coluna da "adaptação para evitar uma falácia" antevê o problema que surge da disposição dos termos. A disposição dos termos é explicada na próxima seção, Figuras.

[2] Mais adiante neste capítulo, a Irmã Miriam Joseph explica por que escolheu essa ordem. Outros textos de lógica usam esta ordem: a premissa maior, a premissa menor, a conclusão. Qualquer das duas está correta.

Combinações válidas de premissas	
As oito combinações padrão	*Adaptação para evitar uma falácia*
AAA	AAI
AEE	AEO
AII	
AOO	
EAE	EAO
IAI	
IEO	
OAO	

7-1. Combinações válidas de premissas

Figuras

A figura de um silogismo é determinada pela posição do termo médio nas premissas. Juntos, figura e modo constituem a forma de um silogismo, isto é, a necessidade lógica pela qual a conclusão deve ser deduzida das premissas.

Há quatro posições possíveis para o termo médio e, consequentemente, há quatro figuras.

Figura I	Figura II	Figura III	Figura IV
S ____ M	S ____ M	M ____ S	M ____ S
M ____ P	P ____ M	M ____ P	P ____ M
S ____ P	S ____ P	S ____ P	S ____ P

7-2. Quatro figuras: determinadas pela posição do termo médio

Não tem a menor importância se a premissa maior está posicionada em primeiro ou em segundo lugar; a figura e as regras da figura permanecem as mesmas. A primeira figura é aquela em que o termo médio é o predicado da premissa menor e o sujeito da maior; a segunda figura é aquela em que o termo médio é o predicado de ambas as premissas; a terceira, aquela em que o termo médio é o sujeito de ambas; a quarta, aquela em que o termo médio é o sujeito da premissa menor e o predicado da maior. Note, contudo, que o diagrama da Figura I e da Figura IV pareceria diferente se a premissa maior fosse a primeira, e a menor a segunda.

O exemplo de silogismo está na Figura II porque o termo médio é o predicado de ambas as premissas.

S M
Um morcego é um mamífero.

P M
Nenhum pássaro é um mamífero.

S P
Um morcego não é um pássaro.

Testando a validade de um silogismo

Para determinar a validade de um silogismo, basta testá-lo pelas regras gerais, particularmente as de distribuição. As regras de distribuição, explicadas primeiramente no Capítulo 5, são aqui repetidas para guiar o leitor, visto que a distribuição é um componente de especial importância na análise de um silogismo.

Distribuição nas formas A E I O

d nd S a P	Uma vez que uma proposição A é total (ou necessária), ela distribui o seu sujeito. E, porque uma proposição A é afirmativa, seu predicado é não distribuído. (Todos os leões são animais.)
d d S e P	Uma vez que uma proposição E é total (ou necessária), ela distribui o seu sujeito. E, porque uma proposição E é negativa, distribui o seu predicado. (Nenhum leão é cavalo.)
nd nd S i P	Uma vez que uma proposição I é parcial (ou contingente), ela tem o seu sujeito não distribuído. E, porque uma proposição I é afirmativa, o seu predicado é não distribuído. (Alguns leões são mansos.)
nd d S o P	Uma vez que uma proposição O é parcial (ou contingente), o seu sujeito é não distribuído. E, porque é negativa, distribui o seu predicado. (Alguns leões não são mansos.)

7-3. Distribuição nas formas A E I O

Para analisar um silogismo, siga o procedimento delineado nesta seção.

1. Encontre a conclusão e escreva S acima de seu sujeito e P acima de seu predicado.

S P
Um pássaro não é um morcego.

2. Escreva S e P acima dos mesmos termos onde esses aparecem nas premissas.

S
Um morcego é um mamífero.

P
Nenhum pássaro é um mamífero.

3. Escreva M acima do termo que aparece em ambas as premissas, mas não na conclusão.

M
Um morcego é um mamífero.

M
Nenhum pássaro é um mamífero.

4. Determine o modo e a figura do silogismo. Para determinar o modo, observe a forma A E I O de cada premissa. A combinação, tanto de tipo como de ordem, das proposições dentro do silogismo constitui o seu modo. Determine a figura do silogismo. Para determinar a figura do silogismo, observe a posição do termo médio. À direita da fórmula, nomeie a figura e o modo.

Um morcego é um mamífero.	A E E
Nenhum pássaro é um mamífero.	Figura II
Um morcego não é um pássaro.	

5. Marque a distribuição dos termos de acordo com a forma de cada proposição (mas se uma proposição for uma definição, quer por gênero e diferença, quer por propriedade, escreva *def.* acima do seu predicado, para indicar que é distribuída através de sua matéria). Note (1) se o termo médio está distribuído em pelo menos uma premissa, e (2) se P ou S está distribuído na conclusão, mas não distribuído na sua premissa. Desenhe uma linha entre o uso distribuído e o não distribuído do mesmo termo, tal como nos exemplos a seguir, para indicar qualquer erro na distribuição. Tal linha não é necessária neste exemplo, visto que não há erro na distribuição.

	d nd	
Um morcego é um mamífero.	S a M	
	d d	
Nenhum pássaro é um mamífero.	P e M	Nenhum erro na distribuição
	d d	
Um morcego não é um pássaro.	S e P	

6. Teste a fórmula um pouco mais para ver se há (1) duas premissas negativas, (2) duas premissas parciais (ou contingentes), (3) quatro termos, (4) quatro proposições.

7. Se nenhuma falácia for descoberta, escreva *Válida* à direita; se for descoberta alguma, escreva *Inválida* e nomeie a falácia; se houver duas ou mais falácias, nomeie cada uma.

	d nd	
Um morcego é um mamífero.	S a M	Figura II
	d d	
Nenhum pássaro é um mamífero.	P e M	Modo A E E
	d d	
Um morcego não é um pássaro.	S e P	Válida

ILUSTRAÇÃO: Testando a validade de silogismos

S M	nd d	
Alguns vendedores não são corteses.	S o M	Figura II
P M	d nd	
Todos os verdadeiros cavalheiros são corteses.	P a M	Modo O A O
S P	nd d	
∴ Alguns vendedores não são verdadeiros cavalheiros.	S o P	Válida

S M	d d	
Nenhum quadrado é oblongo.	S e M	Figura I
M P	d nd	
Todo oblongo é retângulo.	M a P	Modo E A E
S P	d d	Inválida: processo ilícito
∴ Nenhum quadrado é retângulo.	S e P	do termo maior

M S	d d	
Todos os homens são capazes de rir.	M a S	Figura III
M P	d nd	
Todos os homens são mortais.	M a P	Modo A A A
S P	d nd	
∴ Todos os seres capazes de rir são mortais.	S a P	Válida: processo ilícito do termo menor é evitado através da definição
M S	nd d	
Alguns times de futebol não são bons perdedores.	M o S	Figura IV
P M	d d	
Nenhum time de basquetebol é um time de futebol.	P e M	Modo O E O
S P	nd d	
∴ Alguns bons perdedores não são times de basquetebol.	S o P	Inválida: duas premissas negativas

Entimema

DEFINIÇÃO

Um entimema é um silogismo logicamente abreviado pela omissão de uma proposição, seja a premissa maior, a premissa menor ou a conclusão. Ele contém três termos que podem ser expandidos num silogismo completo.

Um entimema deve ser distinguido de um silogismo logicamente completo, mas gramaticalmente abreviado. Um exemplo seria: Escalar os Alpes é um empreendimento fascinante, mas perigoso. Portanto, alguns empreendimentos fascinantes são perigosos.

Neste silogismo logicamente completo, a premissa menor está apenas gramaticalmente abreviada e as regras da gramática são suficientes para a expansão que precisa ser feita antes que sua validade possa ser determinada. Apenas uma expansão pode ou necessita ser feita, pois, se a frase for analisada ou delineada através de diagrama, está perfeitamente claro que "Escalar os Alpes" é o sujeito da premissa menor (bem como da maior) e que um "empreendimento fascinante" é o seu predicado. A fórmula do silogismo é M a P, M a S, S i P; está na Figura III, Modo A A I e é válida.

Num entimema, a proposição omitida está logicamente abreviada porque não há regra da gramática ou da lógica para determinar a posição de seus termos na expansão que deve ser feita antes que a validade do entimema possa ser determinada. Exemplo: Um carvalho é uma planta porque é uma árvore.

Encontre a conclusão observando os seguintes indícios: (1) *desde que, porque, uma vez que* ou *visto que* iniciam uma premissa (uma causa, da qual a conclusão é o efeito) e, portanto, a outra proposição é a conclusão; (2) *portanto, consequentemente, assim* ou *logo* iniciam a conclusão; (3) *e* ou *mas* ligam as duas premissas e indicam que a proposição omitida é a conclusão.

Escreva S acima do sujeito da conclusão e P acima do seu predicado. Um desses termos aparecerá associado a M na outra proposição dada (se o entimema for do tipo usual, com a conclusão e uma premissa declarada). Assinale ambos os termos na premissa dada. Substitua os substantivos pelos pronomes correspondentes. Uma vez que não há regra lógica ou gramatical para determinar a posição dos termos na proposição faltante, essa proposição pode ser declarada em qualquer das duas maneiras. Logo, há duas expansões possíveis, em duas figuras diferentes.

Os princípios para a determinação da validade de um entimema são: (1) Se um entimema é válido em uma expansão, é um entimema válido, a despeito de ser ou não válido na outra expansão. (2) Se um entimema é considerado inválido na primeira expansão, é necessário expandi-lo na figura recíproca a fim de certificar se é um entimema válido ou não; mas se for considerado válido na primeira expansão, não é necessário expandi-lo de ambas as maneiras.

EXEMPLOS: Entimemas expandidos

Um carvalho é uma planta porque é uma árvore.

Expansão a

S M Um carvalho é uma árvore.	d nd S a M	Figura I
M P Uma árvore é uma planta.	d nd M a P	Modo A A A
S P ∴ Um carvalho é uma planta.	d nd S a P	Válida

Uma vez que este entimema, assim expandido num silogismo completo, é válido, não é necessário expandi-lo na figura recíproca. Mas se o for, será considerado inválido na Figura II. Porém, deve ficar bem entendido que um entimema é um raciocínio bom e sólido se for formalmente válido em *uma* de suas expansões possíveis. Só poderá ser declarado inválido se contiver erro em *ambas* as expansões.

Expansão b

S M	d nd	
Um carvalho é uma árvore.	S a M	Figura II
P M	d nd	
Todas as plantas são árvores.	P a M	Modo A A A
S P	d nd	
∴ Um carvalho é uma planta.	S a P	Inválida: termo médio não distribuído

Estes sapatos não machucarão seus pés porque não são pequenos demais. (A premissa maior foi omitida).

Expansão a

S M	d d	
Estes sapatos não são pequenos demais.	S e M	Figura I
M P	d nd	
Sapatos que são pequenos demais machucam os pés.	M a P	Modo E A E
S P	d d	
∴ Estes sapatos não machucarão seus pés.	S e P	Inválida: processo ilícito do termo maior

Expansão b

S M	d d	
Estes sapatos não são pequenos demais.	S e M	Figura II
P M	d nd	
Sapatos que machucam os pés são pequenos demais.	P a M	Modo E A E
S P	d d	
∴ Estes sapatos não machucarão seus pés.	S e P	Válida

Apesar de a expansão b ser formalmente válida, a premissa maior é falsa. É verdadeiro que sapatos pequenos demais machucam os pés, mas não é verdadeiro que todos os sapatos que machucam os pés são pequenos demais, pois eles podem machucar os pés porque são estreitos demais ou por outras razões. Uma proposição A não é validamente conversível em A, a menos que seja uma definição, e esta proposição A não é uma definição. Este entimema é um raciocínio errôneo porque há um erro em ambas as expansões.[3]

[3] Aqui, a Irmã Miriam Joseph está fazendo uma distinção entre os aspectos formais e materiais de um silogismo, ou de um entimema. Se um silogismo, ou um entimema, segue as regras da lógica, resulta em um silogismo, ou um entimema, válido. A validade é uma relação tal entre premissas e conclusões que, se as premissas forem verdadeiras, a conclusão não poderá ser falsa. Analisar um silogismo formalmente não envolve análise da veracidade ou falsidade das premissas. É possível ter um silogismo formalmente válido com as premissas falsas e uma conclusão verdadeira, ou com premissas falsas e uma conclusão falsa, mas nunca com premissas verdadeiras e uma conclusão falsa. (TM)

Bem-aventurados os limpos de coração, porque eles verão a Deus. (Mateus 5,8)

A conclusão está declarada numa ordem de palavras anormal, com o predicado (um particípio ou um adjetivo) em primeiro lugar, para efeito de ênfase. A expansão natural é como segue:

S M	d		nd	
Os limpos de coração verão a Deus.	S	a	M	Figura I
M P	d		nd	
Aqueles que verão a Deus são bem-aventurados.	M	a	P	Modo A A A
S P	d		nd	
∴ Os limpos de coração são bem-aventurados.	S	a	P	Válida

Uma vez que este entimema é válido nesta expansão, não é necessário expandi-lo na segunda figura.

Isso é bom demais para ser verdade.

Nesta frase há três termos e duas proposições. (Por economia de espaço, os termos e a distribuição não são assinalados em algumas das expansões que seguem).

Isso é bom demais.	S	a	M	Figura I
O que quer que seja bom demais não pode ser verdade.	M	a	P	Modo A A A
Isso não pode ser verdade.	S	a	P	Válida

Ainda que este silogismo seja válido, ambas as premissas são falsas. Nada pode ser literal e absolutamente bom demais; se, contudo, *bom demais* for usado para significar *muito bom*, a premissa menor pode ser aceita como verdadeira. Mas somente um cínico incorrigível poderia afirmar a premissa maior como verdadeira. Não obstante, este entimema é repetido correntemente por muitos que negariam a premissa maior implícita se dela fossem advertidos explicitamente.

Você é um ladrão e um ladrão deveria estar atrás das grades.

Neste entimema, a proposição omitida é a conclusão.

Você é um ladrão.	S	a	M	Figura I
Um ladrão deveria estar atrás das grades.	M	a	P	Modo A A A
Você deveria estar atrás das grades.	S	a	P	Válida

Um prêmio é um incentivo ao esforço, pois as pessoas desejam obtê-lo.

Este entimema ilustra o fato de que a expressão gramatical frequentemente obscurece relações lógicas. A reformulação é necessária para esclarecê-las. Seja especialmente cuidadoso onde houver um objeto direto. Este normalmente requer conversão à voz passiva. Por este meio, o objeto direto pode ser desembaraçado de outros termos com os quais está misturado, podendo então ser colocado como um termo não misturado em um dos lados da cópula. A não ser que alguém possa discernir relações lógicas tal como são de fato expressas no quotidiano, o estudo da lógica não é realmente prático. As pessoas raramente seguem formas de expressão estritamente lógicas.

Um prêmio é algo que as pessoas desejam obter.	S	a	M	Figura I
O que as pessoas desejam obter é um incentivo ao esforço.	M	a	P	Modo A A A
∴ Um prêmio é um incentivo ao esforço.	S	a	P	Válida

Uma baleia não é um peixe, pois não tem escamas nem guelras e alimenta seu filhote com leite.

Este é um entimema duplo; chega-se à mesma conclusão a partir de dois conjuntos diferentes de premissas.
Expansão:

Uma baleia não tem escamas nem guelras.	S	e	M	Figura II
Um peixe tem escamas e guelras.	P	a	M	Modo E A E
∴ Uma baleia não é um peixe.	S	e	P	Válida

Note que se esse silogismo fosse construído na Figura IV, declarando a premissa maior M a P, um processo ilícito do termo maior não se faria presente, pois ter escamas e guelras é uma propriedade de peixe. Portanto, ambos os termos estão distribuídos, um através da forma e o outro através da matéria.

Uma baleia alimenta o seu filhote com leite.	S	a	M	Figura II
Um peixe não alimenta seu filhote com leite.	P	e	M	Modo A E E
∴ Uma baleia não é um peixe.	S	e	P	Válida

O exemplo seguinte é um entimema quíntuplo, pois uma e a mesma conclusão é obtida a partir de cinco diferentes conjuntos de premissas. Enquanto o parágrafo ilustra claramente esta estrutura lógica, ilustra também o princípio retórico da variedade: na clareza de expressão, na estrutura e extensão das frases, na harmonia, na introdução de uma alusão bíblica e em alguma repetição enfática, na nomeação agrupada e antecipada daqueles que detêm a terceira e quarta premissas, para então apresentar essas premissas, e, finalmente, no uso do contrário, do abstrato e do negativo ao declará-las.

Há um coro de vozes [...] erguido em favor da doutrina [...] de que todos devem ser educados. Os políticos nos dizem: "Vocês devem educar as massas porque elas serão os senhores". O clero se junta ao clamor pela educação, pois afirma que as pessoas estão se desgarrando das igrejas e capelas, rumo à mais vasta infidelidade. Os fabricantes e os capitalistas aumentam o coro vigorosamente. Eles dizem que a ignorância produz maus trabalhadores; que a Inglaterra logo será incapaz de produzir tecidos de algodão e máquinas a vapor mais baratos do que outros povos; e então, Icabod![4] Icabod! A glória nos terá abandonado. E umas poucas vozes se levantam em favor da doutrina que diz que as massas deveriam ser educadas porque são compostas de homens e mulheres com capacidades ilimitadas de ser, fazer e sofrer, e que é tão verdadeiro agora quanto sempre foi que as pessoas perecem por falta de entendimento.

– Thomas H. Huxley, "A Liberal Education"[5]

A importância do entimema

Ao entimema foi dada cuidadosa consideração em função de sua grande importância prática.

No entimema, uma proposição – mais frequentemente a premissa maior – está apenas implícita, e não explícita; assim, é mais provável que seja descuidadamente tomada como verdadeira, sem um exame, tornando-se fonte de erro e de raciocínio falacioso.

[4] 1 Samuel 4,19-22

[5] Thomas H. Huxley, "A Liberal Education and Where to Find it". In: *Autobiography and Essays*. Nova York, Gregg Publishing Co., 1919, p. 181-210.

O entimema é a forma de raciocínio que empregamos constantemente quando pensamos, conversamos e escrevemos, e é aquela que deveríamos notar quando lemos e ouvimos. A lógica é realmente prática quando é usada habitualmente como uma ferramenta em nossa vida diária.

O entimema é usado extensivamente na exposição e no debate. Sempre que três, quatro ou mais razões são dadas para um evento na história, essas razões constituem um entimema múltiplo – triplo, quádruplo, etc. O sumário formal para um debate é uma série de entimemas interligados: cada ponto principal declara uma conclusão e os subtítulos, antecedidos pelo *pois (visto que)*, são as razões que a sustentam. Quando os pontos principais tiverem sido estabelecidos e sumarizados, o raciocínio segue adiante até a conclusão final, tal como no epiquerema, discutido mais adiante.

SORITES

Sorites é uma cadeia de entimemas ou silogismos abreviados em que a conclusão de um silogismo se torna a premissa do seguinte; é um polissilogismo em que está subentendida a conclusão de cada silogismo (i.e., a premissa do silogismo seguinte), exceto a última, que se torna explícita.

Há dois tipos de sorites: (1) aquele em que a conclusão de um silogismo se torna premissa maior do seguinte; (2) aquele em que a conclusão se torna a premissa menor do seguinte.

Ainda que seja possível construir sorites válidos em cada uma das quatro figuras e combinar silogismos de diferentes figuras em um sorites, consideraremos apenas os dois tipos tradicionais na Figura I, os sorites aristotélicos e os sorites goclenianos,[6] ambos de extensão formalmente ilimitada. Estas duas são as únicas formas que provavelmente usamos de fato em nossos raciocínios.

A unidade formal da cada um desses sorites é enfatizada se o consideramos como um silogismo na Figura I, com muitos termos médios.

[6] Também chamados sorites goclênicos ou progressivos, devidos a Rudolf Goclenius (1547-1628). (N. T.)

EXEMPLO: Sorites aristotélico			
Sócrates é um homem.	S	a	M^1
Um homem é um animal.	M^1	a	M^2
Um animal é um organismo.	M^2	a	M^3
Um organismo é um corpo.	M^3	a	M^4
Um corpo é uma substância	M^4	a	P
∴ Sócrates é uma substância.	S	a	P

Note que a numeração do expoente distingue um termo médio do outro. Por exemplo, M^1 é homem; M^2 é animal, etc.

EXEMPLO: Sorites gocleniano			
Um corpo é uma substância.	M^1	a	P
Um organismo é um corpo.	M^2	a	M^1
Um animal é um organismo.	M^3	a	M^2
Um homem é um animal.	M^4	a	M^3
Sócrates é um homem.	S	a	M^4
∴Sócrates é uma substância.	S	a	P

Um sorites de seis proposições é expandido para um de doze proposições (quatro silogismos) pela explicitação das premissas suprimidas e das conclusões de cada um dos silogismos.

ILUSTRAÇÃO: Sorites aristotélico expandido			
Sócrates é um homem.	S	a	M^1
Homem é um animal.	M^1	a	M^2
∴ Sócrates é um animal.	S	a	M^2
Sócrates é um animal.	S	a	M^2
Um animal é um organismo.	M^2	a	M^3
∴ Sócrates é um organismo.	S	a	M^3
Sócrates é um organismo.	S	a	M^3
Um organismo é um corpo.	M^3	a	M^4
∴ Sócrates é um corpo.	S	a	M^4
Sócrates é um corpo.	S	a	M^4
Um corpo é uma substância.	M^4	a	P
∴ Sócrates é uma substância.	S	a	P

ILUSTRAÇÃO: Sorites gocleniano expandido			
Um corpo é uma substância.	M^1	a	P
Um organismo é um corpo.	M^2	a	M^1
∴ Um organismo é uma substância.	M^2	a	P

Um organismo é uma substância. M^2 a P
Um animal é um organismo. M^3 a M^2
∴ Um animal é uma substância. M^3 a P

Um animal é uma substância. M^3 a P
Um homem é um animal. M^4 a M^3
∴ Um homem é uma substância. M^4 a P

Um homem é uma substância. M^4 a P
Sócrates é um homem. S a M^4
∴ Sócrates é uma substância. S a P

Sorites aristotélicos e goclenianos

No **sorites aristotélico**, a primeira proposição é a premissa menor do seu silogismo e todas as restantes são premissas maiores, exceto a última, que é uma conclusão; a conclusão omitida em cada silogismo se torna a premissa menor do silogismo seguinte.

Regra 1. Somente uma premissa, a última, pode ser negativa. (Caso contrário, haverá um processo ilícito do termo maior.)

Regra 2. Somente uma premissa, a primeira (a menor), poderá ser parcial, contingente ou singular. (A Figura I requer que a premissa menor seja afirmativa; ela poderá ser parcial ou contingente.)

No **sorites gocleniano** a primeira proposição é a premissa maior do seu silogismo e todas as restantes são premissas menores, exceto a última, que é uma conclusão; a conclusão omitida em cada silogismo se torna a premissa maior do silogismo seguinte.

Regra 1. Somente uma premissa, a primeira, pode ser negativa. (Caso contrário, haverá um processo ilícito do termo maior).

Regra 2. Somente uma premissa, a última (a menor), poderá ser parcial, contingente ou singular. (As outras proposições são premissas maiores e devem ser totais ou necessárias na Figura I.)

O sorites aristotélico é mais importante que o gocleniano, pois representa um movimento mais natural da mente e é mais frequentemente usado.

O EPIQUEREMA

O epiquerema, tal como o sorites, é um polissilogismo abreviado; mas, diferentemente de um sorites, é de extensão formalmente limitada. O movimento da mente é em parte para trás e em parte para frente.

Definição

Um epiquerema é um polissilogismo abreviado que combina figuras quaisquer, e de cujas premissas ao menos uma é um entimema. Se ambas as premissas forem entimemas, o epiquerema será duplo; se apenas uma premissa for um entimema, o epiquerema será simples.

EXEMPLO: Epiquerema simples

O bife (que é comido) não é armazenado no corpo porque é proteína.
Alimento não armazenado no corpo não engorda.
∴ Bife não engorda.

Ao lidar com negações, é muito importante lembrar que a negação pode ser posicionada tanto na cópula quanto no termo; mas nunca é permissível numa premissa posicionar a negação na cópula e, em outra premissa, posicionar a negação no termo médio, pois isto criaria quatro termos: M, M', S e P. Para deixar claro que um *termo* é negativo, frequentemente é necessário inserir uma palavra após a cópula. Se o entimema, que é a premissa menor neste epiquerema, fosse independente, a premissa maior implícita "Proteína não é armazenada no corpo" seria tratada normalmente como uma proposição E. Mas, uma vez que o termo médio na premissa maior do epiquerema é negativo, não é apenas permissível, mas necessário, tratá-lo como a uma proposição A, tal como na expansão a seguir.

ILUSTRAÇÃO: Um epiquerema expandido

Bife é proteína.	S a M	Figura IV
Proteína é alimento que não é armazenado no corpo.	M a P	Modo A A A
∴ Bife é alimento que não é armazenado no corpo.	S a P	Válida
Bife é alimento que não é armazenado no corpo.	S a M	Figura IV
Alimento que não é armazenado no corpo não engorda.	M e P	Modo A E E
∴ Bife não engorda.	S e P	Válida

EXEMPLO: Um epiquerema duplo

Estas pedras não são diamantes, pois não cortam vidro.
As pedras preciosas roubadas são indubitavelmente diamantes, pois assim foram declaradas pelos maiores peritos mundiais em diamantes.
∴ Estas pedras não são as pedras preciosas roubadas.

Ao expandirmos os dois entimemas, temos neste epiquerema três silogismos completos (o número máximo), sendo que as conclusões dos dois primeiros fornecem as premissas do terceiro.

ILUSTRAÇÃO: Um duplo epiquerema expandido

Estas pedras não cortam vidro.	S e M	Figura II
Diamantes cortam vidro.	P a M	Modo E A E
∴Estas pedras não são diamantes.	S e P	Válida
As pedras preciosas roubadas foram declaradas diamantes pelos maiores peritos mundiais em diamantes.	S a M	Figura I
As pedras declaradas diamantes pelos maiores peritos em diamantes são, indubitavelmente, diamantes.	M a P	Modo A A A
∴As pedras preciosas roubadas são indubitavelmente diamantes.	S a P	Válida
Estas pedras não são diamantes.	S e M	Figura II
As pedras preciosas roubadas são indubitavelmente diamantes.	P a M	Modo E A E
∴Estas pedras não são as pedras preciosas roubadas.	S e P	Válida

O epiquerema duplo é a forma de argumento em cinco partes, a qual era particularmente admirada e usada por Cícero em seus discursos. As cinco partes são (1) a premissa maior; (2) a prova da maior; (3) a premissa menor; (4) a prova da menor; (5) a conclusão. Em sua roupagem retórica, esta forma de argumento foi cuidadosamente exemplificada e, por isso, consideravelmente ampliada.

Um entimema múltiplo difere de um epiquerema por ter somente uma conclusão, embora declare muitas razões para apoiá-la. Um epiquerema simples tem duas conclusões; um epiquerema duplo tem três, pois as conclusões de seus dois entimemas se tornam premissas que levam a uma terceira conclusão.

De um sorites a um epiquerema

A transformação de um sorites em um epiquerema permite uma comparação de estrutura. Um sorites que não exceda cinco proposições pode ser transformado em um epiquerema duplo.

EXEMPLO: Sorites transformado em epiquerema duplo

S M^2 S M^1
Sócrates é um animal porque ele é um homem.
M^2 P M^2 M^3
Um animal é um corpo porque ele é um organismo.
S P
∴ Sócrates é um corpo.

A estrutura deste epiquerema, quando expandido, é a seguinte:

S a M^1	M^2 a M^3
M^1 a M^2	M^3 a P
S a M^2	M^2 a P

S a M^2
M^2 a P
S a P

A conclusão do primeiro silogismo se torna a premissa menor do último.
A conclusão do segundo silogismo se torna a premissa maior do último.

Do mesmo modo, um epiquerema pode ser transformado em um sorites.

INFERÊNCIA ANALÓGICA OU RACIOCÍNIO POR ANALOGIA

Esta é uma forma de inferência baseada na similitude. A conclusão de uma inferência analógica pode ser apenas provável. Se for provada como certa, o argumento deixa de ser analógico.

A analogia foi amplamente usada neste livro. É comum na poesia e também na prosa literária e científica. Exemplos de analogias usadas comumente: corpo político, corpo místico.

A analogia é um modo de inferência que já levou a muitas descobertas da ciência. Por exemplo, Benjamin Franklin notou a similaridade entre centelhas de uma máquina elétrica e os raios e então arriscou a conjetura de que um raio é eletricidade, numa conclusão tentativa a partir da analogia.

EXEMPLO: Analogia de Benjamin Franklin – por derivação ou extensão de sentido

Analogia	**Fórmula**
S^1 P Centelhas de uma máquina elétrica são descargas elétricas,	S^1 é P, pois

S^1 M
pois elas são caracterizadas por movimento rápido e condutividade. — S^1 é M.

S^2 S^1
O raio se assemelha a essas centelhas na rapidez
M
do movimento e na condutividade. — S^2 assemelha-se a S^1 em M.

S^2 P
∴ O raio é provavelmente uma descarga elétrica. — ∴ S^2 é provavelmente P.

Em 1749, Franklin empinou seu papagaio de papel e descobriu que o raio é condutível. O para-raios foi um resultado prático deste experimento: ele conduz a descarga elétrica para o solo, onde não causa dano.

O valor de uma inferência analógica depende mais da importância das semelhanças do que do número de semelhanças. A validade do raciocínio requer que o ponto de semelhança M seja provavelmente uma propriedade resultante da natureza de P e que não seja diferente de S^1. Como observou Aristóteles, o raciocínio por analogia é uma inferência não do todo lógico a suas partes (dedução), mas de parte a parte, e quando ambas se classificam sob o mesmo gênero (M) e uma das duas (S^1) é por nós mais bem conhecida do que a outra (S^2).

OPOSIÇÃO MEDIATA

Definição

Oposição mediata é a oposição entre duas proposições que juntas contêm três termos, sendo um termo comum a ambas.

EXEMPLO: Oposição mediata

A testemunha está mentindo.

A testemunha está dizendo a verdade.

Em discussões e debates, a oposição mediata provavelmente ocorre mais frequentemente do que a oposição imediata. A oposição imediata oporia a primeira proposição, no exemplo dado acima, à sua contraditória: A testemunha não está mentindo.

A oposição mediata combina as regras de oposição com as regras do silogismo. Uma vez que duas proposições mediatamente opostas têm três termos, estes podem tomar a forma de um silogismo, o qual, combinado com a oposição imediata, expressa claramente as relações de todas as proposições envolvidas.

Faça com que X simbolize a premissa menor, Y a premissa maior, e Z a conclusão de um silogismo. Faça com que X' simbolize a contraditória de X, e Z' a de Z.

ILUSTRAÇÃO: Oposição mediata

X	A testemunha está mentindo.	X'	A testemunha não está mentindo.
Y	Quem mente não diz a verdade.		
Z	A testemunha não está dizendo a verdade.	Z'	A testemunha está dizendo a verdade.

Regras determinantes da validade de uma oposição mediata

1. O silogismo envolvido na relação de proposições opostas mediatamente deve ser formalmente válido.

2. A terceira proposição (Y), a qual serve para estabelecer a oposição mediata entre duas outras, deve ser materialmente verdadeira.

As seguintes falácias resultam da violação dessas regras: ilícita, ilusória ou uma oposição mediata meramente aparente.

Relações de oposição mediata

Estas relações podem ser entendidas pela aplicação das regras de oposição mediata ao exemplo apresentado.

Contanto que Y seja materialmente verdadeira, X e Z' serão validamente opostas como contrárias mediatas genuínas, mas ambas não podem ser verdadeiras. Lembre que as contrárias são proposições que diferem em qualidade (afirmativa/negativa) e são totais em quantidade, ou necessárias em modalidade. Entre as contrárias, não podem ser ambas verdadeiras, mas ambas podem ser falsas.

Contanto que Y seja materialmente verdadeira, Z e X' serão validamente opostas como subcontrárias mediatas, mas ambas não podem ser falsas. Lembre que as subcontrárias são proposições que diferem em qualidade e são parciais em quantidade, ou contingentes em modalidade. Entre as subcontrárias, ambas não podem ser falsas e ambas podem ser verdadeiras.

A oposição mediata é fonte frequente de falácias porque os contestantes normalmente desconhecem as regras formais para a determinação de sua validade; tampouco atentam conscientemente para a terceira proposição (Y), à qual cada uma de suas alegações está relacionada e em virtude da qual estão opostas mediatamente (assim como em qualquer entimema, a premissa omitida a que não se fizer referência será fonte frequente de falácia). Os termos de Y devem ser repugnantes. Lembre que "repugnante" significa que os termos são incompatíveis. Cada termo simboliza uma realidade que exclui o outro termo.

O exemplo a seguir mostra quão fundamental para a oposição mediata genuína é a regra que diz que Y deve ser materialmente verdadeira.

EXEMPLO: Y deve, necessariamente, ser materialmente verdadeira

X João estava em Curitiba no último domingo. X' João não estava em Curitiba no último domingo.

Y Um homem que estava em Curitiba no último domingo não poderia ter estado em Salvador no último domingo.

Z João não estava em Salvador no último domingo. Z' João estava em Salvador no último domingo.

Se João fosse acusado de um crime cometido em Curitiba no último domingo, este raciocínio poderia estabelecer um álibi, desde que Z' pudesse ser provada? Temos aqui um silogismo válido; mas, para que X e Z' sejam validamente opostas como contrárias mediatas, é necessário também que Y seja materialmente verdadeira. Y seria materialmente verdadeira há cem anos, mas não atualmente; logo, X e Z' não são validamente opostas como contrárias mediatas genuínas, mas simplesmente assim aparentam ser, e ambas podem ser verdadeiras.

A fonte de muitas falácias no uso diário da oposição mediata é a suposição falsa e subentendida de que os termos não comuns às proposições opostas mediatamente são termos mutuamente excludentes. Por exemplo, uma pessoa diz, "Maria é formada em Direito". Outra retruca, "Isso não é verdade; ela é formada em Filosofia". Nenhum dos contestantes atenta para o raciocínio completo e explícito, o qual é explicado na ilustração a seguir.

ILUSTRAÇÃO: Y deve, necessariamente, ser materialmente verdadeira

X Maria é formada em Direito. X' Maria não é formada em Direito

Y Quem quer que seja formado em Direito não pode ser formado em Filosofia.

Z Maria não é formada em Filosofia. Z' Maria é formada em Filosofia.

De pronto vemos que, apesar de o silogismo ser válido, Y não é materialmente verdadeira. Portanto, X e Z' podem ser ambas verdadeiras, e X' e Z podem ser ambas falsas. Na verdade, Maria é formada em Direito e também em Filosofia. Ocorre que cada contestante só sabe de uma das formações de Maria e não da outra. Neste, como em muitos raciocínios quotidianos, não há uma oposição genuína, pois ambos os contestantes estão certos. Uma compreensão disto e um conhecimento das regras de oposição mediata evitariam muita discussão fútil e desnecessária. Isto se aplica a muitas das discussões acerca da ortografia e da pronúncia das palavras, pois o dicionário apresenta muitos exemplos em que duas ou mais formas são válidas.

UTILIDADE OU VALOR DO SILOGISMO

As várias formas e combinações do silogismo discutidas neste capítulo são úteis apenas se o próprio silogismo for um meio pelo qual a mente possa avançar no conhecimento. John Stuart Mill e outros empiristas ingleses especialistas em lógica criticaram o silogismo, argumentando que a conclusão já está contida na premissa maior e tem de ser conhecida antes que a premissa maior possa ser declarada; e que, portanto, se toma a questão como provada ao assumir a forma mesma da proposição por provar; e que, portanto, isso não representa um avanço no conhecimento.[7]

Uma refutação ao argumento dos empiristas é que, enquanto este pode ser verdadeiro a respeito de um silogismo cuja premissa maior é uma mera proposição empírica enumerativa cuja conclusão tem de ser conhecida antes que a premissa maior possa ser declarada, nunca é verdadeiro a respeito de um silogismo cuja premissa maior é uma proposição geral, pois a veracidade de uma proposição geral é conhecida não pela contagem, pela adição e pela reunião das instâncias, mas a partir de uma análise de cada um dos termos em relação a outro; sua veracidade não depende da investigação dos fatos individuais, pois é entendido em sua intensão e não em sua extensão. Em outras palavras, os termos são entendidos por seus significados em vez de por suas aplicações.

EXEMPLO: Silogismo em que a premissa maior é uma proposição empírica enumerativa

Todo carro novo produzido para o mercado americano tem *airbags*.
O carro novo da família Smith foi produzido para o mercado americano.
∴ O carro novo da família Smith tem *airbags*.

[7] John Stuart Mill (1806-1873) expôs seu argumento na obra *System of Logic*, publicada em 1843.

EXEMPLO: Silogismo em que a premissa maior é uma proposição geral

Um homem cego não poder apitar um jogo de futebol.
Tom Jones é um homem cego.
∴ Tom Jones não pode apitar um jogo de futebol.

O segundo silogismo não toma a questão como provada, pois a conclusão, isto é, a proposição por provar, não está implícita na premissa maior nem na premissa menor, mas na conjunção das duas premissas.

O silogismo é um avanço no conhecimento porque sua conclusão é uma verdade distinta da de cada uma das premissas, que é tornada aparente somente por sua conjunção.

É uma experiência comum que uma pessoa tenha conhecimento de apenas uma das premissas e que, ao tomar conhecimento da segunda, reconheça a veracidade da conclusão que emerge num ato espontâneo de raciocínio silogístico. Por exemplo, alguém pode já saber que "Um pássaro não é um mamífero". Mas esse alguém pode ainda não saber que "Um morcego é um mamífero". A conclusão "Um morcego não é um pássaro" lhe será, então, não apenas um elemento de conhecimento distintamente novo, mas o contraditório daquilo que essa pessoa até então acreditava, ou seja, que "Um morcego é um pássaro".

É possível ir ainda além na refutação do argumento de J. S. Mill se observarmos que até a conclusão a partir de duas premissas empíricas às vezes representa um avanço no conhecimento, que nasce a partir da conjunção das premissas. Este é o meio por excelência para criar suspense e despertar o interesse em muitas narrativas romanceadas ou em partes delas. Por exemplo, no livro de Nathaniel Hawthorne *A Casa das Sete Torres,*[8] o leitor sabe que a família Maule era hostil à família Pyncheon, pois Matthew Maule amaldiçoara o Coronel Pyncheon e seus descendentes depois que o Coronel Pyncheon o perseguira. O leitor sabe também que Holgrave está interessado em Phoebe Pyncheon. Mas vem como uma surpresa, como um avanço no conhecimento, a descoberta, ao fim da história, de que Holgrave é um Maule. A situação pode ser expressa assim:

Os Maule não têm amor pelos Pyncheon.
Holgrave é um Maule.
∴ Holgrave não amará uma Pyncheon.

---

[8] Título original: *The House of the Seven Gables*. Nathaniel Hawthorne (1804-1864) foi autor também de outros romances famosos, incluindo *A Letra Escarlate*. Publicou também contos, tais como "Young Goodman Brown" e "My Kinsman Major Molineux".

Todavia, os seres humanos vivos, ainda que racionais, não são completamente governados pela lógica fria, especialmente aquela de uma maldição proferida por um antepassado, mas também pela emoção e pelo discernimento independente. Assim, os enamorados desconsideram a premissa maior e põem um fim à rixa entre as famílias.

Outro exemplo está em *Um Conto de Duas Cidades*,[9] de Charles Dickens;[10] nele, a personagem Dr. Manette sabe que Charles Darnay, um jovem a quem ele admira e por quem tem afeição, deseja casar-se com Lucie Manette, sua filha. Ele sabe também que a família Evermonde o prejudicou gravemente. Mas, quando ele descobre o verdadeiro nome de família de Charles Darnay, essas proposições separadas e previamente conhecidas se unem no perturbador sorites formado por dois silogismos:

Minha filha ama Charles Darnay.
Charles Darnay é um Evermonde.
Os Evermonde me prejudicaram gravemente.
∴ Minha filha ama alguém que é de uma família que me prejudicou gravemente.

O Dr. Manette finalmente consente em que Charles Darnay se torne seu genro, mas é tão grande o choque emocional provocado por esse novo conhecimento nascido da conjunção de premissas, que o Dr. Manette temporariamente perde o uso da razão.

Outros exemplos poderiam ser apresentados indefinidamente, tanto da literatura quanto da vida real: casos de identidade trocada, de confirmação de um álibi perante um tribunal e assim por diante.

O SILOGISMO COMO FÓRMULA OU REGRA DE INFERÊNCIA

Um silogismo válido, assim como qualquer outra relação de formas proposicionais, é uma fórmula ou regra de inferência que requer que uma dada afirmação seja feita se determinadas outras afirmações forem feitas. Contanto que o silogismo seja válido, ele opera como uma regra de inferência.

---

[9] Título original: *A Tale of Two Cities*.

[10] Charles Dickens (1812-1870) foi autor de outras obras famosas: *David Copperfield, Hard Times, A Christmas Carol* e *Oliver Twist*.

Regra 1. Se ambas as premissas forem verdadeiras, a conclusão será, necessariamente, verdadeira.

Regra 2. Se a conclusão for falsa, pelo menos uma das premissas será, necessariamente, falsa. Juntas, as premissas constituem uma conjunção de proposições. Por isso, quando uma for falsa, a conjunção será falsa.

Regra 3. Se uma ou ambas as premissas forem falsas, o valor da conclusão é desconhecido.

EXEMPLOS: Silogismos com premissas falsas

	1		2
0	Todos os quadrados são círculos.	0	Todos os quadrados são círculos.
1	Nenhum círculo é um triângulo.	1	Nenhum círculo é um retângulo.
1	Nenhum quadrado é um triângulo.	0	Nenhum quadrado é um retângulo.

Uma vez que em ambos os exemplos uma das premissas é falsa, e considerando que em um deles a conclusão é verdadeira, enquanto que no outro é falsa, fica evidente que, se as premissas forem falsas, o valor da conclusão será desconhecido através da forma, ainda que possa ser conhecido a partir da matéria.

Regra 4. Se a conclusão for verdadeira, o valor das premissas é desconhecido.

Regra 5. Se uma ou ambas as premissas forem prováveis, a conclusão pode ser somente provável; não pode ser categoricamente verdadeira ou falsa.

Regra 6. Se a conclusão for provável, o valor das premissas é desconhecido, pois no primeiro exemplo que ilustra a *Regra 3* a conclusão é verdadeira e uma das premissas é falsa, enquanto em todo silogismo perfeito tanto a conclusão quanto as premissas são verdadeiras. Por isso, quando a conclusão for verdadeira, o valor das premissas não pode ser conhecido através da forma, mas aprendido a partir da matéria.

As duas primeiras regras são as mais importantes. As Regras 3 a 6 estão implícitas nas Regras 1 e 2.

REGRAS ESPECIAIS DAS QUATRO FIGURAS DO SILOGISMO

Como já foi declarado anteriormente neste mesmo capítulo, um entendimento das regras gerais do silogismo, particularmente aquelas da distribuição, é suficiente para determinar a validade de qualquer silogismo.

Todavia, é um bom exercício lógico aplicar as regras gerais a cada figura abstratamente, a fim de determinar as regras especiais para cada uma. É mais fácil entender as regras para a Figura II e, portanto, é por ela que começaremos.

Regras especiais para a figura II

S ____ M

P ____ M

S ____ P

Considerando que o termo médio, o qual deve ser distribuído ao menos uma vez, é predicado em ambas as premissas e desde que somente uma proposição negativa distribui formalmente o seu predicado, a primeira regra fica logo aparente:

Regra especial 1. Uma premissa precisa ser negativa a fim de distribuir M (em concordância com a *Regra* 3).

Desta, deriva uma segunda regra especial. Visto que a conclusão será negativa (*Regra* 6), o termo maior P será lá distribuído e deverá, em conformidade, ser também distribuído em sua própria premissa (*Regra* 4); mas lá está como sujeito, e considerando que somente uma proposição total ou necessária distribui o seu sujeito, a segunda regra especial é:

Regra especial 2. A premissa maior precisa ser total ou necessária a fim de evitar um processo ilícito do termo maior.

Aplicando essas regras especiais às nove combinações de premissas permitidas pelas regras gerais, descobrimos que os modos válidos na Figura II, com a premissa menor primeiro, são AEE, EAE, IEO e OAO.

Regras especiais para a figura I

S ____ M

M ____ P

S ____ P

Ao considerar a posição dos termos, não vemos de imediato, como o fizemos na Figura II, que regra especial é necessária, pois o raciocínio é indireto, ou seja, pela refutação do contraditório da regra especial.

Regra especial 1. A premissa menor precisa ser afirmativa.

A necessidade desta regra torna-se clara ao considerarmos o que resultaria se a premissa menor fosse negativa: a conclusão seria então também negativa (*Regra 6*) e, consequentemente, o termo maior P lá se distribuiria e teria então de ser também distribuído em sua própria premissa (*Regra 4*), onde ocupa a posição de predicado; a premissa maior teria então de ser negativa, já que somente uma proposição negativa distribui o predicado. Mas nós já tínhamos tomado como certo que a premissa menor é negativa, e de duas premissas negativas não se pode tirar nenhuma conclusão. Portanto, a fim de evitar, de um lado, um processo ilícito do termo maior e, de outro, a falácia formal de duas premissas negativas, é óbvio que a premissa menor precisa ser afirmativa. Disto decorre a segunda regra especial:

Regra especial 2. A premissa maior precisa ser total ou necessária a fim de evitar um termo médio não distribuído.

Visto que na Figura I a premissa menor precisa ser afirmativa, o termo médio M, como seu predicado, lá não poderá ser distribuído pela forma (ainda que, se for uma definição, o termo venha a ser distribuído pela matéria); nesta figura, portanto, M pode ser distribuído formalmente (*Regra 3*) apenas como sujeito da premissa maior, a qual, consequentemente, precisa ser total ou necessária porque somente estas distribuem o sujeito.

Aplicando estas regras especiais, descobrimos que os modos válidos desta figura são AAA, AEE, IAI e IEO.

Regras especiais para a figura III

M ____ S
M ____ P
S ____ P

Uma vez que nesta figura, assim como na Figura I, o termo maior é predicado na premissa maior, segue-se a mesma regra especial e pelas mesmas razões, as quais não precisam ser aqui repetidas.

Regra especial 1. A premissa menor precisa ser afirmativa.

Regra especial 2. Esta decorre da primeira regra. Uma vez que a premissa menor precisa ser afirmativa, o termo menor S, seu predicado, lá é formalmente não distribuído e deve, do mesmo modo, ser não distribuído na conclusão (*Regra 4*), onde está como sujeito. Mas apenas as proposições parciais e contingentes têm o sujeito não distribuído; portanto, a conclusão precisa ser parcial ou contingente.

Aplicando estas regras especiais, descobrimos que os modos válidos da Figura III são AAI, AII, IAI, AEO, AOO e IEO.

Regras especiais para a figura IV

Apesar de Aristóteles conhecer a Figura IV, tanto ele como os especialistas em lógica da Renascença discutiram apenas as primeiras três figuras. Todavia, a Figura IV foi tratada na lógica por um longo tempo. Não é uma figura muito satisfatória, sendo instável no sentido de que suas regras são uma série de "ses", duas das quais (sem o *se*) foram discutidas em relação a outras figuras.

M ____ S
P ____ M
S ____ P

Regra especial 1. Se a premissa maior for afirmativa, a menor precisa ser total ou necessária.

Se a premissa maior for afirmativa, o termo médio M, seu predicado, é formalmente não distribuído na premissa maior e precisa ser distribuído na menor (*Regra 3*); mas lá ocupa a posição de sujeito, e, já que apenas uma proposição total distribui o sujeito, a premissa menor precisa ser total ou necessária.

Regra especial 2. Se a menor for afirmativa, a conclusão precisa ser parcial ou contingente. Ver *Regra Especial 2* da Figura III.

Regra especial 3. Se a conclusão for negativa, a premissa maior precisa ser total ou necessária. Ver *Regra Especial 2* da Figura II.

Aplicando estas regras especiais, descobrimos que os modos válidos da Figura IV são AAI, EAE, AII, AEO e IEO.

COMPARAÇÃO DAS QUATRO FIGURAS DO SILOGISMO

A **Figura I** é chamada figura perfeita porque apenas ela é capaz de produzir uma proposição total ou necessária como conclusão. Tais conclusões são a meta da ciência, da filosofia e de todo conhecimento geral, pois proposições negativas, parciais ou contingentes normalmente expressam limitações do conhecimento em vez de aperfeiçoamentos deste. O modo perfeito da figura perfeita é, portanto, o Modo AAA na Figura I.

A Figura I é também chamada figura perfeita porque é só nela que o termo médio realmente está na posição média e natural; somente nela há a síntese natural dos termos dados nas premissas mesmas. Ela representa o movimento espontâneo e natural do pensamento no processo de raciocínio. Na Figura I o *dictum*, o princípio fundamental do raciocínio silogístico, tem aplicação imediata e óbvia, pois assim como o termo maior é afirmado (ou negado) do termo médio, o todo lógico, assim também é afirmado (ou negado) do termo menor, a parte lógica.

Note que neste livro a premissa menor vem sendo posicionada como a primeira, e isto porque (1) fica mais claramente evidente que o termo médio está no meio (S ___ M, M ___ P, logo, S ___ P); (2) corresponde mais de perto à nossa experiência, pois nós nos interessamos primeiro por um objeto em particular, depois o colocamos numa classe, talvez após um exame cuidadoso (Este é um cogumelo venenoso e não um cogumelo comestível), juntamos a ele o que sabemos dessa classe (Cogumelos venenosos são fungos venenosos) e disto tiramos uma conclusão (Isto é venenoso e eu não devo comê-lo) – a segunda conclusão compondo desta, pela premissa implícita (O que for venenoso eu não devo comer), dois silogismos; (3) este é o movimento natural do pensamento, como fica evidente a partir do fato de que consideramos os sorites aristotélicos, os quais situam a premissa menor em primeiro lugar, muito mais confortáveis do que os sorites goclenianos, que, por sua vez, colocam a premissa maior primeiro. Mas é verdade que certos argumentos parecem mais satisfatórios com a premissa maior em primeiro lugar, enquanto outros com a menor primeiro. No que tange à validade ou correção formal, não faz diferença que premissa é colocada primeiro.

A **Figura II**, exceto quando uma premissa for uma definição, pode produzir apenas conclusões negativas. É, portanto, particularmente apropriada à refutação.

A **Figura III** é a figura mais fraca porque, exceto quando uma premissa for uma definição, ela pode produzir apenas uma conclusão que será parcial, singular ou contingente. É apropriada para provar exceções.

A **Figura IV**, cujas premissas são opostas às da Figura I, é tão artificial quanto ao movimento do pensamento que dá à mente menos satisfação e menos sentido de convicção, enquanto a primeira figura dá o máximo no que tange a esses dois aspectos.

REDUÇÃO DE SILOGISMOS

Este é um exercício engenhoso, mas de pouca importância prática. A redução é um processo pelo qual um silogismo em uma das figuras imperfeitas (II, III ou IV) é expresso como um silogismo da primeira figura, que é chamada de figura perfeita.

O propósito da redução é demonstrar a validade de uma figura imperfeita como processo formal de raciocínio ao mostrar que um argumento levado adiante de acordo com as regras de uma figura imperfeita é válido na figura perfeita.

São duas as suposições da redução: que as premissas da figura imperfeita são verdadeiras tal como dadas e que a primeira figura (ou figura perfeita) é formalmente válida.

As séries mnemônicas a seguir são um engenhoso artifício medieval que enumera os dezenove[11] modos válidos das quatro figuras, indicando os métodos para reduzir os modos das figuras imperfeitas aos modos correspondentes da figura perfeita.

Barbara, Celarent, Darii, Ferio, *que prioris,*
Cesare, Camestres, Festino, Baroco, *secundae.*
Tertia Darapti, Disamis, Datisi, Felapton
Bocardo, Ferison *habet, Quarta insuper addit*
Bramantip, Camenes, Dimaris, Fesapo, Fresison.

A chave para as séries mnemônicas é que as vogais indicam o modo nesta ordem tradicional: premissa maior, premissa menor, conclusão. B, C, D, F indicam a que modo correspondente da primeira figura serão reduzidos os modos das outras figuras; s (*simpliciter*) significa que a proposição indicada pela vogal precedente será convertida simplesmente; p (*per accidens*) significa que a proposição indicada pela vogal precedente precisa ser convertida por limitação (A em I e, em um caso, I em A, ou seja, Bramantip em Bárbara); m (*muta*) significa que as premissas devem ser transpostas; c (*per contradictorian propositionem*) significa que a redução será indireta, por refutação de uma conclusão contraditória num silogismo da primeira figura; r, b, l, n, t, d não têm significação.

---

[11] Apesar de em outras partes deste livro o número de modos válidos ser apontado como onze, esta lista inclui duplicatas dos modos que são válidos em mais de uma figura.

ILUSTRAÇÃO: Redução (Camestres a Celarent): (a a b)

Camestres decodificada significa:

a	Todos os círculos são curvilíneos.	P a M	m – Transpor as premissas.
	Nenhum quadrado é curvilíneo.	S e M	s – Converter simplesmente.
	∴ Nenhum quadrado é um círculo.	S e P	s – Converter simplesmente.
b	Nenhuma figura curvilínea é um quadrado.	M e P	
	Todos os círculos são curvilíneos.	S a M	
	∴ Nenhum círculo é um quadrado.	S e P	

ILUSTRAÇÃO: Redução (Bocardo a Barbara): (a a b)

Bocardo decodificada significa: c – Mostra que a conclusão de um silogismo correspondente na Figura I contradiz uma premissa dada como verdadeira na Figura III. O método é: A partir de Barbara, usando como premissas a A de Bocardo e a contraditória de sua conclusão, extrai-se a conclusão implícita nestas premissas.

a	Alguns leões não são mansos.	M o P
	Todos os leões são animais.	M a S
	∴ Alguns animais não são mansos.	S o P
b	Todos os animais são mansos.	M a P
	Todos os leões são animais	S a M
	∴ Todos os leões são mansos.	S a P

Esta conclusão em Barbara, uma vez que é a contraditória da premissa O de Bocardo, a qual foi dada como verdadeira, precisa ser falsa. Mas Barbara é aceita como um processo válido de raciocínio. Portanto, o erro deve estar na matéria, já que não está na forma; pois, se a conclusão de um silogismo válido for falsa, ao menos uma das premissas precisa ser falsa. Mas a premissa menor de Barbara, emprestada de Bocardo, é dada como verdadeira; logo, a premissa maior de Barbara precisa ser falsa. Uma vez que esta premissa maior é a contraditória da conclusão de Bocardo, esta conclusão precisa ser verdadeira.

Thomas Fuller (1608-61), em "The General Artist",[12] observa os muitos usos da lógica:

> A lógica é a armadura da razão, guarnecida de armas ofensivas e também de defensivas. Há silogismos, espadas longas; entimemas, adagas curtas; dilemas, espadas de dois gumes, cortantes nos dois lados; sorites, palanquetas.[13] E para a defesa, distinções, feito escudos;

[12] Thomas Fuller, "The General Artist". In: *The Holy State and the Profane State*. Ed. Maximilian Walter. Nova York, A. M. S. Press, 1966, p. 73.

[13] Palanqueta: bala de canhão encadeada; projétil composto por duas esferas ou semiesferas de ferro unidas por uma corrente ou haste. (N. T.)

retorções,[14] que são como alvos com uma lança no meio deles, tanto para defender como para atacar.

EXERCÍCIOS

Examine os raciocínios a seguir. Expanda aqueles que estão abreviados. Para cada um, determine (1) o tipo, (2) a figura, (3) o modo, (4) a validade, (5) a falácia, se houver.

O coral é usado em joalheria. O coral é um animal com carcaça. Assim, alguns animais com carcaça são usados em joalheria.

Todos os seres humanos são inteligentes. Todos os seres humanos são finitos. Logo, todos os seres inteligentes são finitos.

Rita é uma tia porque ela tem uma sobrinha.

Um cavalo é um mamífero. Um mamífero é um vertebrado. Um vertebrado é um animal. Um animal tem percepção sensível. Logo, um cavalo tem percepção sensível.

Ele teve uma educação liberal, pois está, tão completamente quanto um homem o possa estar, em harmonia com a Natureza.

– T. H. Huxley, *A Liberal Education*

Os ovos escurecem a prata, pois eles contêm enxofre. Ovos escurecem estas colheres. Logo, há alguma quantidade de prata nestas colheres.

Alguns políticos recebem propinas. Todos os que recebem propinas são desonestos. Todos os desonestos são uma ameaça à sociedade. Pessoas que são uma ameaça à sociedade deveriam ser punidas pela lei. Portanto, alguns políticos deveriam ser punidos pela lei.

O presente é a única coisa de que o homem pode ser privado, pois essa é a única coisa que ele tem, e um homem não pode perder algo que não tem.

– Marco Aurélio, *Meditações*

[14] A retorção é um tipo de refutação, ou réplica, que faz com que os argumentos do adversário se voltem contra ele próprio. (N. T.)

Três vezes eu ofereci-lhe a coroa
A qual ele três vezes recusou.
Seria isso ambição?
– Shakespeare, *Júlio César*

Um balão cheio de hélio subirá, pois o hélio é mais leve que o ar. Este balão não sobe. Portanto, este balão não está cheio de hélio.

Os raios de luz são raios de energia, pois produzem uma imagem de um objeto obstruinte sobre um filme fotográfico. Os raios emitidos pelo urânio se assemelham a raios de luz no que tange à produção de uma imagem de um objeto obstruinte sobre um filme fotográfico. Assim, raios emitidos pelo urânio são, provavelmente, raios de energia.
– Henri Becquerel

Olivia. Y'are servant to the Count Orsino, youth.
Cesario. And he is yours, and his must needs be yours.
Your servant's servant is your servant, madam.
– *Twelfth Night*

O propósito específico para o qual existe uma instituição de ensino superior é o desenvolvimento das virtudes intelectuais. O desenvolvimento das virtudes intelectuais exige honestidade intelectual. Quaisquer que sejam as exigências, a honestidade intelectual é incompatível com a fraude. Portanto, o propósito específico para o qual existe uma instituição de ensino superior é incompatível com a fraude.

Flavius. Have you forgot me, sir?
Timon. Why dost thou ask that? I have forgot all men.
Then, if thou grant'st th'art a man, I have forgot thee.
– *Timon of Athens*

Uma mentira é intrinsecamente má, pois é a perversão de uma faculdade natural. O que quer que seja intrinsecamente mau jamais poderá ser justificado, pois não se pode transformar em bom por nenhuma circunstância extrínseca. Assim, uma mentira nunca poderá ser justificada.

Isso não podemos suportar. Melhor morrer, pois a morte é muito mais suave que a tirania.
– Ésquilo, *Agamenon*

A morte certamente, e a vida, a honra e a desonra, a dor e o prazer são todas coisas que acontecem igualmente a homens bons e maus, sendo, então, coisas que não nos tornam nem melhores, nem piores. Portanto, não são boas nem más.

– Marco Aurélio, *Meditações*

Seriedade é gravidade. Gravidade é uma lei da natureza. Logo, a seriedade é uma lei da natureza.

8. RELAÇÕES DE PROPOSIÇÕES HIPOTÉTICAS E DISJUNTIVAS

PROPOSIÇÕES HIPOTÉTICAS

Uma proposição hipotética é aquela que afirma a dependência de uma proposição a outra. Exemplo: Se um homem beber veneno, morrerá. Normalmente é uma proposição *se; a menos que*, significando *a não ser que, contanto que*, e, às vezes, *quando*, também poderá expressar esta relação. A proposição que depende da outra é chamada consequente; a proposição de que a outra depende é chamada de antecedente. A dependência mesma é o nexo, que é a conexão, o elo entre as proposições.

A proposição hipotética expressa uma relação de proposições, enquanto a proposição simples expressa uma relação de termos. Uma relação de proposições expressa uma relação condicional de dependência e, portanto, de limitação, enquanto a proposição categórica simples expressa, sem limitação, uma relação entre um sujeito e um predicado.

Uma vez que uma proposição hipotética expressa uma dependência que é primeiramente de ordem lógica, a antecedente será mais corretamente chamada razão, em vez de causa, da consequente. Razão é a relação na ordem lógica, enquanto causa é, estritamente falando, uma relação na ordem metafísica. Assim, a existência do mundo é uma razão para crer em Deus, mas não é uma causa da Sua existência; pelo contrário, o mundo é um efeito da Sua existência.

Tipos de proposições hipotéticas

Há dois tipos de proposições hipotéticas: o de três termos e o de quatro termos.

1. No tipo de três termos, sendo um termo comum à antecedente e à consequente, a fórmula é: Se S é M, então é P. Se você estudar, aprenderá.

2. No tipo de quatro termos, onde nenhum termo é comum à antecedente e à consequente, a fórmula é: Se B é C, então D é E. Se ele vier, irei.

Redução de proposições hipotéticas

A proposição hipotética pode ser reduzida a uma proposição categórica e vice-versa, mas normalmente isso envolve uma mudança de significação ou uma distorção de significado. A distorção ocorre especialmente na redução do segundo tipo. Caso não houvesse nenhuma outra diferença, a não ser na forma, não haveria justificativa real para considerar as proposições categóricas e hipotéticas como tipos distintos logicamente em vez de distintos apenas verbalmente. Uma proposição hipotética genuína é aquela em que a dependência entre a antecedente e a consequente não pode ser adequadamente expressa em forma categórica, ou aquela em que tal dependência persiste mesmo na forma categórica.

Fórmula para a redução de proposições hipotéticas

1. O primeiro tipo: *Se S é M, então é P* transforma-se em *SM é P.*
2. O segundo tipo: *Se B é C, então D é E* transforma-se em *BC é DE.*

8-1. *Redução de proposições hipotéticas*

EXEMPLOS: Redução de proposições hipotéticas

Proposições hipotéticas

1. Se um homem beber veneno, morrerá.
2. Se um homem for virtuoso, será recompensado.
3. Se ela esteve presente à reunião de calouros na semana passada, é uma cidadã americana.
4. Se você não devolver o livro à biblioteca em tempo, será multado.
5. Se uma criança for mal na escola, a mãe sofrerá.

Proposições categóricas

1. Quem quer que beba veneno, morrerá.
2. Um homem virtuoso será recompensado.
3. Todos os que estiveram presentes à reunião de calouros na semana passada são cidadãos americanos.
4. A sua falha em devolver o livro à biblioteca em tempo é a causa da multa que lhe foi imposta.
5. Uma criança ir mal na escola é causa de sofrimento para a mãe.

É de notar que todos esses exemplos, exceto o último, representam o primeiro tipo: SM é P. Os dois primeiros sofrem pequena distorção; já os dois últimos sofrem mais, e é especialmente neles que a dependência entre antecedente e consequente persiste e é sentida mesmo na forma categórica, pois a causalidade é a relação expressa em ambas as formas.

De maneira também bastante clara, a natureza categórica da terceira persiste e é sentida quando é expressa em forma hipotética, pois sua antecedente não é a razão da consequente, nem uma depende da outra. Esta é uma proposição empírica, a que a forma categórica é natural.

A natureza composta de todas essas proposições (especialmente o exemplo categórico 2, "Um homem virtuoso será recompensado") torna-se óbvia se relembramos que modificação gramatical é predicação lógica implícita; portanto, cada um desses exemplos é uma conjunção de proposições, e não uma proposição simples. Porém tampouco é uma conjunção simples, mas uma que expressa uma relação de dependência. Deste modo, apesar de a proposição hipotética ser composta e poder ser reduzida a suas proposições simples componentes ou a uma proposição simples com termos compostos, ela representa uma espécie de juízo, um tipo particular de relação entre proposições e não meramente entre termos, e assim merece ser tratada como uma forma lógica distinta.

Características especiais das proposições hipotéticas

VERACIDADE OU FALSIDADE

A proposição hipotética não declara nenhuma das proposições simples componentes como verdadeira ou falsa; apenas afirma que uma depende da outra, que há um nexo entre elas. Logo, uma proposição hipotética é verdadeira quando o nexo se sustenta na ordem real; e será falsa quando isso não ocorrer.

EXEMPLOS: Proposições hipotéticas e dependência da veracidade do nexo

Se um homem beber veneno, morrerá. (Verdadeira)
Se um homem beber água, morrerá. (Falsa)

QUALIDADE

A proposição hipotética é sempre afirmativa no sentido de que sempre afirma o nexo, isto é, a conexão de suas proposições componentes simples; estas, todavia, se tomadas separadamente, podem ser ambas afirmativas, ambas negativas, ou uma pode ser afirmativa e a outra, negativa.

EXEMPLOS: Proposições hipotéticas sempre afirmativas

Se você parar de comer, morrerá.
Se você não comer, morrerá.
Se você não comer, não viverá.
Se você parar de comer, não viverá.

Uma proposição que nega uma proposição hipotética nega o nexo, ainda que tal proposição não seja realmente uma proposição hipotética, pois ela não afirma a dependência entre uma proposição e outra, mas nega tal dependência.

EXEMPLO: Proposição hipotética e sua contraditória

Se um homem beber água, morrerá.
Se um homem beber água, não morrerá.

Tomada em relação à primeira proposição, que é falsa, a segunda, a sua negação (contraditória), é verdadeira; mas, tomada isoladamente, a segunda não é verdadeira, pois por beber água um homem não deixa de morrer. Não obstante, em relação a uma dada proposição, tais negações proveem a mudança de qualidade necessária à oposição e edução de proposições hipotéticas.

PROPOSIÇÕES DISJUNTIVAS

Uma proposição disjuntiva é aquela que afirma que de duas ou mais suposições uma é verdadeira. É uma proposição do tipo *um ou outro*.

Tipos de proposições disjuntivas

Há três tipos representados pelas fórmulas a seguir. A primeira é o tipo mais importante.

1. S é P ou Q ou R.

EXEMPLOS: Primeiro tipo de proposição disjuntiva

Um triângulo é equilátero, ou isósceles, ou escaleno.
Um retângulo é quadrado ou oblongo.

Este tipo de proposição disjuntiva é normalmente um sumário dos resultados de uma divisão lógica de um gênero em suas espécies constituintes e atende às mesmas regras; pois as alternativas são (1) coletivamente exaustivas, (2) mutuamente exclusivas, (3) espécies resultantes da divisão de acordo com uma única base.

2. S ou T ou U é P.

EXEMPLO: Segundo tipo de proposição disjuntiva

A bolsa de estudos será concedida ou a João, ou a Helena, ou a Henrique.

---

3. B é C ou D é E.

EXEMPLOS: Terceiro tipo de proposição disjuntiva

Ou o homem cometeu suicídio, ou alguém o assassinou.

Ou o capitão falhou em dar a ordem, ou o soldado falhou em obedecê-la.

Redução de proposições disjuntivas

Uma proposição disjuntiva que tenha duas alternativas pode ser expressa numa proposição hipotética que negue uma alternativa e afirme a outra.

EXEMPLOS: Redução de proposição disjuntiva a proposições hipotéticas

Se este homem não cometeu suicídio, alguém o assassinou.

Se um retângulo é quadrado, não é oblongo. (Se S é M, não é P).

A redução poderá ser levada ainda mais adiante, pela redução da proposição hipotética a uma proposição simples (SM ___ P).

EXEMPLOS: Redução de disjuntiva convertida a uma proposição simples

Um retângulo que seja um quadrado não é oblongo. (SMeP)

Um retângulo não quadrado é oblongo. (SM'aP)

Se uma proposição disjuntiva tiver mais que duas alternativas, poderá, é verdade, ser expressa numa proposição hipotética, mas, nesse caso, a consequente será disjuntiva. Exemplo: Se um triângulo não for equilátero, será isósceles ou escaleno.

Características especiais das proposições disjuntivas

VERACIDADE OU FALSIDADE

Uma proposição disjuntiva é estritamente verdadeira se enumerar todas as possibilidades, isto é, se as alternativas forem mutuamente exclusivas e coletivamente exaustivas. De outro modo, estritamente falando, será falsa.

Assim, o propósito estrito da proposição disjuntiva de qualquer tipo é limitar a escolha de alternativas, de modo que, se uma for verdadeira, qualquer outra será, necessariamente, falsa.[1] Somente sob esta condição é que ela serve como instrumento de raciocínio na direção do verdadeiro. É esta limitação de escolha o que torna a proposição disjuntiva distinta da hipotética e da categórica. Ela é em si mesma uma conjunção de proposições simples unidas pelo *ou*, mas não uma conjunção simples, pois a série de alternativas é fixa; acrescentar ou subtrair falsificaria a série.

No discurso comum ou habitual, a proposição disjuntiva é amiúde usada livremente, sem o propósito disjuntivo estrito, ainda que este propósito esteja muitas vezes presente no contexto, a despeito de estar ausente da proposição mesma. Por exemplo: O pacote está na sala de estar ou na sala de jantar.

Esta proposição não parece esgotar as possibilidades, mas assim o fará se o contexto na mente de quem fala for este: Uma vez que eu tinha o pacote quando entrei na casa e agora, tendo saído da casa, não o tenho comigo, e também considerando que estive somente nos cômodos mencionados, o pacote só pode estar em um cômodo ou no outro.

Para negar uma proposição disjuntiva, alguém poderá:

1. Negar as possibilidades, bem como a escolha.
Original: Um estudante é um trabalhador ou um cavalheiro.
Negação: Um estudante não é nenhum dos dois.

2. Negar que as alternativas sejam mutuamente exclusivas.
Negação: Um estudante é tanto um trabalhador quanto um cavalheiro.

3. Negar que as alternativas sejam coletivamente exaustivas.
Negação: Um estudante não é um trabalhador nem um cavalheiro.

O último é o método mais eficaz de negação deste exemplo, pois um estudante pode ser uma mulher; todavia, a proposição original é falsa nas três avaliações.

[1] Na lógica moderna, este tipo de proposição disjuntiva é chamada de disjuntiva exclusiva. A lógica moderna admite também a disjuntiva inclusiva, na qual a disjuntiva será verdadeira se pelo menos uma disjunta for verdadeira. Por exemplo: "Nessa loja você pode comprar lençóis ou toalhas" continuaria verdadeira se você pudesse comprar os dois produtos. Por outro lado, a disjuntiva exclusiva requer que as escolhas sejam mutuamente exclusivas. (*TM*)

QUALIDADE

A proposição disjuntiva é sempre afirmativa, no sentido de que afirma uma série de possibilidades. A proposição que nega uma proposição disjuntiva não é realmente uma proposição disjuntiva, como pode ver-se no primeiro e no terceiro exemplos acima, pois não afirma que de duas ou mais suposições uma é verdadeira; mais propriamente, é a negação de uma tal asserção. Em relação a dada proposição disjuntiva, porém, tais negações proveem a mudança de qualidade necessária à oposição e à edução da proposição disjuntiva.

A proposição hipotética e a disjuntiva são eficazes no teatro e nas narrativas. Shakespeare usou com frequência a proposição hipotética para enunciar uma questão importante.

ILUSTRAÇÃO: Uso da proposição hipotética por Shakespeare

Hamlet [sobre Cláudio]. Se seu crime não se manifestar ante um discurso, é que era alma penada o que nós vimos e mais negras as minhas fantasias que a forja de Vulcano.[2]

– *Hamlet* 3.2.73-77

Carlisle [sobre Bolingbroke]. Se o coroardes, faço a profecia que o sangue dos ingleses irá o solo da pátria fertilizar e que as futuras gerações gemerão por esse crime odioso.

– *Ricardo II* 4.1.136-138

Ford. Se as minhas suspeitas forem infundadas, podeis zombar de mim; tornar-me-ei assunto de galhofa para todos vós, o que será muito bem merecido.

– *As Alegres Senhoras de Windsor* 3.3.149-151

A proposição disjuntiva é particularmente apta para expressar escolhas das quais a personagem ou a ação dependa.

ILUSTRAÇÃO: Proposições disjuntivas, importantes na criação da personagem ou da ação

Antônio. Estes fortes grilhões egípcios devo romper, ou me perco em desvarios.

– *Antônio e Cleópatra* 1.2.116-17

Príncipe Hal. A terra queima; Percy está nos cimos; eles ou nós a sorte decidimos.[3]

– *Henrique IV*, Parte I, 3.3.203-04

O Bastardo. Procuremo-los, ou seremos procurados. Já em nossos calcanhares está o Delfim enraivecido.

– *Rei João* 5.7.79-80

---

[2] Cf. tradução de Carlos A. Nunes. (N. T.)

[3] No texto original de Shakespeare, essa importância fica ainda mais clara através do *pun* (jogo de palavras): *"The land is burning; Percy stands on high; And either we or they must lower lie"*. Em inglês, a expressão *the lie of the land* significa o estado de coisas, no caso, a sorte da batalha. (N. T.)

O parágrafo a seguir ilustra o uso da proposição disjuntiva contínua, ou subdivisão, em raciocínios intimamente entrelaçados. A frase final reúne as partes expostas pela divisão.

ILUSTRAÇÃO: Disjunção contínua

Todas as ações do homem derivam de causas exteriores ou de causas que lhe são peculiares. Entre as que provêm de causas exteriores ao homem, umas são efeito do acaso, outras da necessidade; as ações que se fazem por necessidade provêm quer da coação, quer da natureza. Por conseguinte, todas as ações dos homens provenientes de causas exteriores dependem umas do acaso, outras da natureza, outras, enfim, da coação. [...] As ações que derivam da coação ocorrem contrariamente ao desejo ou à razão do homem, ainda que se deem através dele mesmo. [...] Todas as provenientes de causas que nos são próprias, e de que somos diretamente os autores, são devidas em parte a um hábito, em parte a uma tendência que pode ser premeditada ou irrefletida. A vontade é uma tendência ao bem, pois que ninguém quer senão o que pensa ser o bem; as tendências irrefletidas são a ira e o desejo. Por isso, todas as ações humanas se reduzem necessariamente às sete causas seguintes: acaso, natureza, coação, hábito, reflexão, ira, desejo.

– Aristóteles, *A Arte Retórica*, Livro I, Cap. X, Item II. *As Ações Humanas e Suas Causas*[4]

RELAÇÕES DE PROPOSIÇÕES HIPOTÉTICAS E DISJUNTIVAS

As relações hipotéticas e disjuntivas têm todas as relações que as proposições simples têm, e as regras que governam essas relações são praticamente as mesmas.

ANALOGIA: Estrutura gramatical e relações de proposições

Quem entender a estrutura gramatical de uma frase simples só terá de aplicar os mesmos princípios aos padrões mais complicados, mas não de todo novos, da frase composto-complexa.

Conjunção

Apesar de as proposições hipotéticas e disjuntivas serem elas mesmas relações de proposições simples, são também capazes de ser associadas. A conjunção pode ser uma conjunção simples ou uma conjunção material.

Oposição

DAS PROPOSIÇÕES HIPOTÉTICAS

Tal como já foi dito, apesar de toda proposição hipotética, tomada em si mesma, ser, estritamente falando, uma proposição

[4] Aristóteles, op. cit., p. 67-68.

afirmativa, pela variação da consequente podemos construir formas A E I O a partir de hipotéticas que, em relação umas às outras, diferem em qualidade e também em quantidade ou em modalidade. O quadro de oposição de proposições hipotéticas pode ser construído tanto com formas A E I O quantitativas quanto com modais.

EXEMPLOS: Proposições hipotéticas nas formas A E I O

Formas quantitativas

A	Se um animal for listrado, será sempre uma zebra.
E	Se um animal for listrado, nunca será uma zebra.
I	Se um animal for listrado, às vezes será uma zebra.
O	Se um animal for listrado, às vezes não será uma zebra.

Formas modais

A	Se o coração de um homem parar de bater, ele necessariamente morrerá.
E	Se o coração de um homem parar de bater, ele não necessariamente morrerá.
I	Se o coração de um homem parar de bater, ele poderá morrer.
O	Se o coração de um homem parar de bater, ele poderá não morrer.

As formas modais são mais apropriadas às proposições hipotéticas. As formas quantitativas do exemplo acima não transmitem as relações tão bem quanto as formas modais.

DAS PROPOSIÇÕES DISJUNTIVAS

A oposição de proposições disjuntivas também pode ser expressa tanto em formas quantitativas quanto em formas modais.

EXEMPLOS: Proposições disjuntivas nas formas A E I O

Formas quantitativas

A	Todo número é par ou ímpar.
E	Nenhum número é par ou ímpar.
I	Alguns números são pares ou ímpares.
O	Alguns números não são pares nem ímpares.

Formas modais

A	Um triângulo precisa ser ou equilátero, ou isósceles, ou escaleno.
E	Um triângulo não pode ser ou equilátero, ou isósceles, ou escaleno.
I	Um triângulo poderá ser ou equilátero, ou isósceles, ou escaleno.
O	Um triângulo não poderá ser ou equilátero, ou isósceles, ou escaleno.

Edução

DAS PROPOSIÇÕES HIPOTÉTICAS

Todas as sete formas podem ser derivadas.

EXEMPLO: Edução de proposição hipotética

Original: Se uma árvore for um pinheiro, necessariamente terá folhagem perene.

Obversa: Se uma árvore for um pinheiro, necessariamente não terá folhagem não perene.

Contrapositiva parcial: Se uma árvore tiver folhagem não perene, necessariamente não será um pinheiro.

Contrapositiva total: Se uma árvore tiver folhagem não perene, necessariamente será um não pinheiro.

Inversa total: Se uma árvore for um não pinheiro, poderá ter folhagem não perene.

Inversa parcial: Se uma árvore for um não pinheiro, poderá não ter folhagem perene.

Convertida: Se uma árvore tiver folhagem perene, poderá ser um pinheiro.

Convertida obversa: Se uma árvore tiver folhagem perene, poderá não ser um não pinheiro.

Note que a proposição hipotética *sine qua non* é uma proposição cuja antecedente é aquela sem a qual a consequente não se seguirá. *Sine qua non* significa que o item assim designado é essencial. O sentido da locução latina é que, sem esse elemento, o sujeito em discussão não pode ser o que é. A sua antecedente é a única razão de sua consequente; e sua consequente não poderá partir de nenhuma outra antecedente. Portanto, uma proposição hipotética *sine qua non*, como uma definição, é conversível simplesmente. Exemplo: Se uma substância mudar a cor do papel de tornassol azul para vermelho, será um ácido. Se uma substância for um ácido, mudará a cor do papel de tornassol azul para vermelho.[5]

As sete eduções de uma proposição hipotética *sine qua non* podem, portanto, como aquelas de uma definição, ser derivadas em um processo contínuo de obversão e conversão alternada; a oitava operação retorna à original.

A suposição ignorante de que uma proposição hipotética é conversível quando não o é é ilustrada por um incidente narrado por São Thomas More:

[5] Na lógica moderna, uma proposição hipotética *sine qua non* pode também ser representada como uma proposição "se e somente se", que é chamada bicondicional. Assim, "se e somente se uma substância mudar a cor do papel de tornassol azul para vermelho, será um ácido". (*TM*)

ILUSTRAÇÃO: Conversão errônea de uma proposição hipotética

Testemunha: Este doutor disse-me que se Hunne não tivesse invocado a supremacia do rei,[6] jamais teria sido acusado de heresia.

Doutor: Na verdade eu disse que, se Hunne não tivesse sido acusado de heresia, jamais teria invocado a supremacia do rei.

Testemunha: Oh, meus lordes, estou contente de que me considereis homem sincero e fiel.

Lorde: Eu percebi, bom homem, é que desde que as palavras sejam as mesmas, não te importa como estejam postas; pois tudo te é igual: um moinho movido a cavalo ou um cavalo que move moinho, beber antes de ir ou ir antes de beber.

Testemunha: Não, meus lordes, não beberei.

E com isso, seguiu ele o seu caminho, deixando alguns lordes a rir do fato, pois, ainda que fossem contrárias as narrativas e mesmo depois de ouvi-las novamente, tomou-lhas a ambas como se uma só fossem, pela razão de que, afinal, as palavras eram as mesmas.

– *A Refutação das Respostas de Tyndale*[7]

DAS PROPOSIÇÕES DISJUNTIVAS

Uma proposição disjuntiva estrita que expresse o resultado de uma divisão lógica será, tal como uma proposição hipotética *sine qua non* e uma definição, conversível simplesmente. Portanto, suas sete eduções podem ser derivadas em um processo contínuo de obversão e conversão alternada; a oitava operação retorna à original.

---

[6] Originalmente, *premunire* ou *praemunire*. Trata-se de um estatuto estabelecido por Ricardo II (1377-99) que tornava ilegal e ofensivo ao rei levar questões inglesas para julgamento em tribunais fora da Inglaterra (isto é, sob jurisdição papal), o que implicava desrespeitar a autoridade eclesiástica do rei. Esse estatuto, adaptado ao longo do tempo, serviu como uma das bases legais para o Ato de Supremacia de Henrique VIII (1534) e para o de Elizabeth I (1559). É importante notar que, não obstante as disputas entre papas e reis da Inglaterra serem de longa data, o rompimento definitivo se deu somente com Henrique VIII, que se instituiu a si mesmo como chefe (*head*) supremo da Igreja da Inglaterra (anglicanismo), numa atitude de grande valor como símbolo da ressacralização do Estado; na verdade, é também considerado como o evento que marcou o surgimento do Estado moderno. (N. T.)

[7] *The Confutation Of Tyndale's Answers* é a mais extensa das várias obras de São [Sir] Thomas More (1478-1535), das quais a mais conhecida atualmente é *Utopia*. Sir Thomas More foi nomeado Lorde Chanceler da Inglaterra em 1529 (o mais alto posto do judiciário inglês, o que lhe dava também a presidência da Câmara dos Lordes e da Corte de Apelações) pelo Rei Henrique VIII, o mesmo que, depois, mandaria decapitá-lo por não reconhecer o Ato de Supremacia acima referido. Sir Thomas More foi canonizado pelo Papa Pio XI em 1935. *The Confutation* foi escrita durante os anos 1532-33 e trata de questões doutrinais da Igreja Católica em contraposição às asserções do protestante Tyndale (Tindal). Independentemente do mérito das questões, é notável que, segundo estudiosos, More tenha usado cerca de vinte palavras para cada uma das de Tyndale, o que indica ser a refutação algo mais trabalhosa que a afirmação de qualquer coisa. (N. T.)

EXEMPLO: Edução de proposição disjuntiva

Original: Uma substância material deve ser ou um gás, ou um líquido, ou um sólido.

Convertida: Uma substância que for ou um gás, ou um líquido, ou um sólido deverá ser uma substância material.

Convertida obversa: Uma substância que for ou um gás, ou um líquido, ou um sólido não poderá ser uma substância não material.

Inversa parcial: Uma substância não material não pode ser ou um gás, ou um líquido, ou um sólido.

Inversa total: Uma substância não material não pode ser nem um gás, nem um líquido, nem um sólido.

Contrapositiva total: Uma substância que não é nem um gás, nem um líquido, nem um sólido deve ser uma substância não material.

Contrapositiva parcial: Uma substância que não é nem um gás, nem um líquido, nem um sólido não pode ser uma substância material.

Obversa: Uma substância material não pode ser nem um gás, nem um líquido, nem um sólido.

Original: Uma substância material deve ser ou um gás, ou um líquido, ou um sólido.

Silogismo

O SILOGISMO HIPOTÉTICO

Há dois tipos de silogismos hipotéticos: o silogismo hipotético puro e o mesclado.

O hipotético puro

Todas as três proposições seguintes são hipotéticas.

EXEMPLOS: Silogismo hipotético puro

Se os bens se tornarem escassos, os preços aumentarão (mantidas iguais outras coisas).

Se os preços aumentarem, nossas economias já não poderão comprar tanto quanto comprariam hoje.

Se os bens se tornarem escassos, nossas economias já não poderão comprar tanto quanto comprariam hoje.

O hipotético misto

O silogismo hipotético misto é usado amplamente. A premissa maior é uma proposição hipotética e a premissa menor é uma proposição simples.

Regras para o silogismo hipotético misto

A premissa menor deve fazer uma das duas coisas:

1. afirmar a antecedente ou
2. negar a consequente da premissa maior.[8]

Falácias:
1. negar a antecedente;
2. afirmar a consequente.

8-2. *Regras para o silogismo hipotético misto*

Afirmar a antecedente é reafirmá-la como fato, mantendo a mesma qualidade: se for negativa na premissa maior, deverá ser negativa na menor; se for afirmativa na maior, deverá ser afirmativa na menor.

Negar a consequente é reafirmar como um fato seu contraditório. Isto requer uma mudança de qualidade: se for afirmativa na premissa maior, deverá ser negativa na menor; se for negativa na maior, deverá ser afirmativa na menor.

Note que a regra se refere apenas ao que a premissa menor faz à maior. Sempre que a premissa menor afirmar a antecedente, a conclusão afirmará a consequente. E sempre que a premissa menor negar a consequente, a conclusão negará a antecedente. Isto é correto e não conflita com a regra.

Há dois modos de silogismo hipotético misto: o construtivo, que afirma, e o destrutivo, que nega. Apenas duas formas são válidas.

O modo construtivo válido afirma a antecedente.

EXEMPLO: Afirmando a antecedente

Se um homem não é honesto, não é funcionário público apto.
Este homem não é honesto.
∴ Este homem não é um funcionário público apto.

O modo destrutivo válido nega a consequente.

EXEMPLO: Negando a consequente

Se todos os estudantes fossem igualmente competentes, todos adquiririam a mesma quantidade de conhecimento a partir de um mesmo curso.
Mas todos não adquirem a mesma quantidade de conhecimento a partir de um mesmo curso.
∴ Todos os estudantes não são igualmente competentes.

[8] A primeira regra é chamada de *modus ponens*, significando "modo que afirma". A segunda regra é chamada de *modus tollens*, "modo que nega". (TM)

Note que, quando a consequente é negada, a conclusão deveria ser a contraditória, e não a contrária, da antecedente. Termos contraditórios e contrários estão explicados no Capítulo 4. Não há meio-termo entre termos contraditórios; eles dividem tudo em uma ou em outra esfera (árvore e não árvore). Termos contrários podem ter um meio-termo. Eles expressam graus de diferença; por exemplo, bem e mal são termos contrários. As pessoas, ou os comportamentos, em sua maioria, não são bons nem maus, mas gradações de ambos.

Falácias equivalentes de silogismos hipotéticos mistos e silogismos simples

1. A falácia da negação da antecedente num silogismo hipotético misto é equivalente à falácia de um processo ilícito do termo maior num silogismo simples.

EXEMPLO: Negando a antecedente

Se um homem beber veneno, ele morrerá.		**Falácia**: Negação da antecedente.
Este homem não bebeu veneno.		
∴ Ele não morrerá.		

Silogismo simples equivalente:

Quem quer que beba veneno, morrerá.	M a P	**Falácia**: Processo ilícito do termo maior.
Este homem não bebeu veneno.	S e M	
∴ Ele não morrerá.	S e P	

---

2. A falácia da afirmação da consequente num silogismo hipotético misto é equivalente à falácia de um termo médio não distribuído num silogismo simples.

EXEMPLO: Afirmando a consequente

Se um homem beber veneno, ele morrerá.		**Falácia**: Afirmação da consequente.
Este homem morreu.		
∴ Ele deve ter bebido veneno.		

Silogismo simples equivalente:

Quem quer que beba veneno, morrerá.	P a M	**Falácia**: Termo médio não distribuído.
Este homem morreu.	S a M	
∴ Ele deve ter bebido veneno.	S a P	

Note que, se a proposição hipotética for uma proposição *sine qua non*, nenhuma falácia poderá resultar num silogismo hipotético misto, pois nessa circunstância a premissa menor poderá afirmar ou negar tanto a antecedente quanto a consequente. Similarmente, se uma das premissas de um silogismo simples for uma definição, não ocorrerá nem um processo ilícito, nem um termo médio não distribuído, ainda que as regras especiais das figuras sejam desconsideradas.

Base formal para as regras que regem o silogismo como uma fórmula de inferência

Pela aplicação da regra do silogismo hipotético misto, podemos demonstrar formalmente o fundamento para as regras que regem o silogismo como uma fórmula de inferência. Num silogismo hipotético misto formalmente correto, poderemos apresentar cada regra desta maneira:

1. Se as premissas de um silogismo válido forem verdadeiras, a conclusão deverá ser verdadeira.

Neste silogismo válido as premissas são verdadeiras.

∴ A conclusão é verdadeira.

Este silogismo hipotético misto está correto, pois a premissa menor afirma a antecedente. Seria incorreto negar a antecedente. Portanto, se as premissas não forem verdadeiras, o valor da conclusão será formalmente desconhecido.

2. Se as premissas de um silogismo válido forem verdadeiras, a conclusão deverá ser verdadeira.

A conclusão deste silogismo não é verdadeira.

∴ As premissas não são verdadeiras.

Este silogismo hipotético misto é válido, pois a premissa menor nega a consequente. Seria incorreto afirmar a consequente. Portanto, se a conclusão for verdadeira, o valor das premissas será formalmente desconhecido.

O ponto poderá ser demonstrado em mais detalhe pela construção de mais dois silogismos hipotéticos mistos corretos, com a premissa menor de um afirmando a antecedente, e a de outro negando a consequente da premissa maior seguinte, a qual estabelece a segunda regra importante: Se a conclusão de um silogismo correto for falsa, ao menos uma das premissas deverá ser falsa. Da mesma maneira, alguém poderia provar as regras de oposição que operam em apenas uma direção, por exemplo: Se A for verdadeira, E será falsa.

O SILOGISMO DISJUNTIVO

Este é um silogismo em que a premissa maior é uma proposição disjuntiva e a premissa menor é uma proposição categórica simples que afirma ou nega uma das alternativas.

Modos do silogismo disjuntivo

Há dois modos do silogismo disjuntivo: *ponendo tollens* e *tollendo ponens*.[9]

1. *Ponendo tollens*, na qual a premissa menor afirma uma alternativa e a conclusão nega a outra.

EXEMPLO: Silogismo disjuntivo *ponendo tollens*

S é ou P ou Q.	O marido desta mulher, de quem há muito não se tem notícia, está vivo ou está morto. (Declarado antes de fazer-se uma investigação.)
S é P.	Ele está vivo. (Declarado depois de longa investigação.)
∴ S não é Q.	Ele não está morto.

2. *Tollendo ponens*, na qual a premissa menor nega uma alternativa e a conclusão afirma a outra.

EXEMPLO: Silogismo disjuntivo *tollendo ponens*

S é ou P ou Q.	A alma é ou espiritual ou material.
S não é Q.	A alma não é material.
∴ S é P.	A alma é espiritual.

Note que este modo é válido apenas quando a proposição disjuntiva for do tipo estrito, sendo as suas alternativas coletivamente exaustivas e mutuamente exclusivas.

Falácias do silogismo disjuntivo

Há apenas uma falácia puramente formal, a qual raramente ocorrerá. Ela está presente quando tanto a premissa menor quanto a conclusão afirmam e negam cada alternativa.

EXEMPLO: Falácia de silogismo disjuntivo

João é um coelho ou não é um coelho.	(Apenas duas alternativas.)
João não é um coelho.	(Você diz removendo uma alternativa.)
∴ João é um coelho.	(A única alternativa restante.)

À primeira vista, isto parece exemplificar a segunda fórmula acima. Mas note que a premissa menor nega a primeira alternativa e afirma a segunda, e que faz ambas essas coisas simultaneamente.

[9] *Ponendo tollens. Ponendo*, de *ponere*, afirmar, e *tollens*, de *tollere*, remover. O sentido é "afirmar a negativa". *Tollendo ponens* significa "negar a positiva".

A conclusão simultaneamente afirma a primeira alternativa e nega a segunda.

A raiz do erro reside na ambiguidade do *não* na premissa maior; conforme a ordem, pode ser entendido junto com *é* ou junto com *coelho*, seja com a cópula, seja com o termo. A ambiguidade pode ser resolvida por um enunciado mais claro, no qual a negativa esteja claramente ligada a *coelho* e as alternativas sejam dicotômicas.

EXEMPLO: Silogismo com ambiguidade resolvida

João é um coelho ou é um não coelho.
João não é um coelho.
∴ João é um não coelho.

ANALOGIA: Bilhar e o silogismo disjuntivo

No jogo de bilhar, ou no de croqué, é permissível mover duas bolas com uma só tacada. Mas mover ambas as alternativas através de uma só afirmação não é permissível no silogismo disjuntivo. Cada tacada, cada proposição, deve afetar apenas uma alternativa de cada vez.

A falácia material da disjunção imperfeita, a qual tem também um aspecto formal, ocorre quando as alternativas são ou não mutuamente exclusivas, ou não coletivamente exaustivas.

EXEMPLO: Alternativas não coletivamente exaustivas

Rosas são ou vermelhas ou brancas.
As rosas que ele mandou não são vermelhas.
∴ As rosas que ele mandou são brancas.

O DILEMA

O dilema é um silogismo que tem por sua premissa menor uma proposição disjuntiva, por sua premissa maior uma proposição hipotética composta e, por sua conclusão, uma proposição simples ou uma proposição disjuntiva.

O dilema, construído corretamente, é uma forma de raciocínio válida e útil, como o são todos os quatro exemplos a seguir, exceto o primeiro, e também alguns dos exemplos que ilustram os exercícios ao final deste capítulo. No uso efetivo, uma parte do raciocínio está normalmente apenas implícita.

Se a disjuntiva oferecer três alternativas, o raciocínio será mais corretamente chamado de trilema; se forem muitas as alternativas, de polilema.

O dilema será construtivo se a premissa menor afirmar as duas antecedentes da maior e destrutivo se negar as duas consequentes.

O dilema tem quatro modos: construtivo simples, construtivo complexo, destrutivo simples, destrutivo complexo.

EXEMPLOS: Os quatro modos do dilema

Construtivo simples

O acusado vive ou frugalmente ou prodigamente.
Se ele vive frugalmente, suas economias o tornam rico; se ele vive prodigamente, seus gastos provam que é rico.
∴ O acusado é rico.

Empson, um coletor de impostos de Henrique VII da Inglaterra, usava este argumento para provar que quem quer que ele intimasse poderia e deveria pagar mais impostos ao rei.

Construtivo complexo

Os cristãos ou cometeram crimes ou não.
Se os cometeram, vossa recusa em permitir uma inquirição pública é irracional; se não os cometeram, vossa punição sobre eles é injusta.
∴ Vós sois irracionais ou injustos.

Tertuliano, o apologista cristão, usou este argumento num apelo ao Imperador Romano Marco Aurélio, que era considerado tanto um filósofo quanto um homem justo, para que este parasse a perseguição aos cristãos.

Destrutivo simples

Se um estudante se forma com honras e distinção, deve ter demonstrado tanto talento como diligência.
Mas (suas notas indicam que) este estudante não demonstrou talento ou não demonstrou diligência.
∴ Este estudante não se formou com honras e distinção.

No dilema destrutivo simples, as duas consequentes da premissa maior estão associadas pelo *tanto* e pelo *como*, em vez de estarem dissociadas pelo *ou*. Portanto, elas não são alternativas; se o fossem, negar uma ou outra na premissa menor não envolveria, necessariamente, a negação da antecedente na conclusão, tal como é exigido em um dilema destrutivo.

Destrutivo complexo

Se este homem tivesse sido instruído adequadamente, saberia que está agindo mal; e se ele fosse consciencioso, teria escrúpulos.
Mas ou ele não sabe que está agindo mal, ou aparentemente não tem escrúpulos.
∴ Ele não foi adequadamente instruído ou não é consciencioso.

O TRILEMA

O trilema, que é um dilema no qual a proposição disjuntiva oferece três alternativas, segue as regras do dilema.

EXEMPLO: Trilema

O padre pode evitar ser capturado apenas pela fuga, pelo combate ou pelo suicídio.
Se não há outra saída além daquela que guardamos, ele não pode escapar pela fuga; se não tem armas, não pode combater nossas forças armadas; se ele dá valor à sua salvação eterna, não cometerá suicídio.
∴ Ele não pode evitar ser capturado.

Note que tal argumentação pode ter sido usada por caçadores de padres na Inglaterra do século XVI.

FALÁCIAS DO DILEMA

Há três falácias do dilema: (1) premissa maior falsa; (2) disjunção imperfeita na premissa menor; (3) falácia dilemática, ocasionada por uma mudança do ponto de vista.

Há três métodos de ataque para desmascarar essas três fontes de erro.

1. *Pegando o dilema pelos chifres:*[10] este método de ataque é usado quando a premissa maior for falsa, isto é, quando o nexo entre antecedente e consequente, afirmado na premissa maior, não se mantiver de fato.

EXEMPLO: Pegando o dilema pelos chifres

Se esse homem fosse inteligente, veria a invalidade de seus argumentos; se fosse honesto, admitiria que está errado.
Mas ou ele não vê a invalidade de seus argumentos, ou, vendo-a, não admite que está errado.
∴ Este homem não é inteligente ou não é honesto.

Ao atacar o dilema, o controversista negaria o nexo da primeira parte da premissa maior ao afirmar que ele é inteligente e, portanto, reconhece seus argumentos como válidos e não como inválidos.

---

2. *Escapando por entre os chifres:* Este método de ataque é usado quando a premissa menor apresenta uma disjunção imperfeita, visto que as alternativas declaradas não são coletivamente exaustivas. A revelação de uma alternativa não mencionada oferece uma saída escapatória da conclusão, por entre os chifres.

EXEMPLO: Escapando por entre os chifres

Se eu disser a minha amiga que seu vestido novo não lhe fica bem, ela se magoará; se eu disser que lhe fica bem, estarei mentindo.
Mas eu devo dizer a ela que lhe fica bem ou que não lhe fica bem.
∴ Eu devo magoar minha amiga ou mentir.

[10] O dilema é o nome que recebe um antigo argumento apresentado em forma de silogismo com "dois fios" ou "dois chifres" e por isso também denominado *syllogismus cornutus*. Cf. J. Ferrater Mora (*op. cit.*, p. 738). (N. T.)

Aqui, escapar por entre os chifres, isto é, entre as alternativas apresentadas na premissa menor, é fácil. Posso abster-me de fazer qualquer comentário sobre o vestido; ou, melhor ainda, posso comentar acerca de algum outro aspecto sobre o qual eu realmente possa elogiar, tal como a cor, o tecido, etc., evitando ser mentiroso ou ofensivo.

---

3. *Refutando o dilema*: Este método de ataque é usado quando tanto o dilema aberto à refutação quanto o dilema refutatório contêm a falácia dilemática, que é uma falácia tanto formal quanto material; às vezes, uma condição tem duas consequentes e cada dilema afirma apenas uma (meia verdade, otimista ou pessimista), tal como no exemplo de Empson usado anteriormente; às vezes, cada um adota um ponto de vista cambiante, tal como no exemplo de Protágoras mais adiante.

O método de refutação é aceitar as alternativas apresentadas pela premissa menor do dilema original, mas transpondo as consequentes da premissa maior em suas contrárias. Disso deriva uma conclusão exatamente oposta à da conclusão do dilema original.

A refutação formal é um artifício retórico, uma mera manipulação do material a fim de revelar a fraqueza da posição de um oponente. O fato mesmo de que uma refutação a dado dilema possa ser construída mostra que a falácia dilemática de um ponto de vista cambiante está presente em ambos os dilemas e que nenhum deles é válido.

Um exemplo antigo e famoso é a argumentação entre Protágoras e Euatlo, seu aluno de retórica. De acordo com o contrato entre eles, Euatlo pagaria metade do valor das aulas quando completasse seus estudos e a outra metade quando vencesse sua primeira causa judicial. Vendo que seu pupilo deliberadamente atrasava o início da prática advocatícia, Protágoras moveu ação judicial para receber o saldo a que tinha direito. Euatlo foi obrigado a advogar em causa própria.

ILUSTRAÇÃO: Refutando o dilema

A argumentação de Protágoras

Se Euatlo perder esta causa, ele deverá pagar-me por ordem do tribunal; se ele vencer a causa, deverá pagar-me de acordo com os termos do contrato.
Ele só pode vencer ou perder.
∴ De qualquer modo, ele precisará pagar-me.

A refutação de Euatlo

Se eu vencer a causa, por ordem do tribunal eu não deverei pagar; se eu perder a causa, pelos termos do contrato não deverei pagar.
Eu só posso vencer ou perder.
∴ De qualquer modo, não precisarei pagar.

Um dilema está aberto à refutação apenas quando houver espaço para uma mudança de ponto de vista real e não meramente uma mudança na posição dos termos. Por exemplo, uma criança pode ver-se em face do dilema apresentado a seguir.

ILUSTRAÇÃO: Dilema não aberto à refutação

Eu devo tomar óleo de rícino ou cáscara-sagrada.
Se eu tomar óleo de rícino, sentirei um gosto ruim, e seu eu tomar cáscara sagrada, sentirei um gosto ruim.
∴ Em qualquer caso, sentirei um gosto ruim.

Este dilema não está aberto à refutação. Não há espaço para uma mudança real do pessimismo ao otimismo.

O que é apresentado a seguir não é uma refutação, mas apenas uma mudança sem sentido de termos.

ILUSTRAÇÃO: Falsa refutação

Se eu tomar cáscara-sagrada, escapo do gosto ruim do óleo de rícino; se eu tomar óleo de rícino, escapo do gosto ruim da cáscara-sagrada.
Mas eu preciso tomar cáscara-sagrada ou óleo de rícino.
∴ De qualquer jeito, escapo de um gosto ruim.

Se este dilema realmente constituísse uma refutação ao primeiro, qualquer dilema poderia ser refutado. Mas esse não é o caso. Apesar de um dilema aberto à refutação e sua refutação serem ambos falaciosos, nenhum deles é tão patentemente vazio como argumento quanto este segundo dilema sobre remédios.

EXERCÍCIOS

Declare o tipo e o modo de cada um dos raciocínios a seguir, expanda os abreviados e determine-lhes a validade; se inválidos, nomeie a falácia. Considere também se as proposições são verdadeiras. Reafirme os silogismos hipotéticos mistos em suas formas simples equivalentes. Quando for verificada uma disjunção imperfeita, declare a alternativa faltante. Alguns destes exercícios, por serem concretos, poderão ser entendidos diferentemente por pessoas diferentes.

O paciente morrerá ou ficará bom. O paciente não morreu. Portanto, ficará bom.

O vento está soprando do oeste ou do sul. Não está soprando do sul. Portanto, está soprando do oeste.

Ao ser informado que dada pessoa afirmava que não há distinção entre virtude e vício, Samuel Johnson replicou: Se o sujeito não pensa conforme fala, está mentindo; eu não vejo que honra poderia ele atribuir-se a si mesmo por ter o caráter de um mentiroso. Mas se ele realmente pensa que não há distinção entre virtude e vício, ora, senhor, quando ele sair de nossas casas, contemos rápido nossos talheres.

– James Boswell, *The Life of Samuel Johnson L.L.D.*

Uma ateniense buscava dissuadir o seu filho de entrar na política por meio da seguinte argumentação: Se agires justamente, teus companheiros políticos te odiarão; se agires injustamente, os deuses te odiarão. Mas deves agir justa ou injustamente. Assim, em qualquer dos casos, serás odiado.

Três homens tinham cinco chapéus, três brancos e dois pretos. Num quarto escuro, cada um colocou um dos chapéus para logo depois entrar num quarto iluminado, primeiro A, depois B e em seguida C, o qual, podendo ver os chapéus de A e de B, disse: "Eu não sei qual é a cor do meu chapéu". B, que podia ver o chapéu de A e tendo ouvido C falar, disse: "Eu não sei qual é a cor do meu chapéu". A, que apenas ouviu C e B falar, disse, "Eu sei qual é a cor do meu chapéu". Qual é a cor do chapéu de A? Expresse silogisticamente o raciocínio que o levou a sabê-lo.

Você recebe doze bolas que parecem ser exatamente iguais, mas uma é ou mais leve ou mais pesada do que as outras. Em três pesagens em balanças que apontam apenas peso comparativo, descubra a bola diferente. Expresse silogisticamente o raciocínio envolvido na eliminação de todas as possibilidades.

Ou o entendimento de nós mesmos é uma constante, vigorosa e sempre renovada obrigação de homens razoáveis, ou não o é. Se for nossa obrigação, o humanista é algo muito diferente de um transmissor do passado, e a matéria de seus estudos é algo muito mais sutil e mais profundo que as sociedades; é nada menos do que o ser humano.

– G. K. Chalmers, *Poetry and General Education*

9. FALÁCIAS

A postura adequada numa discussão é expressa por Sócrates:

> Que espécie de homem sou eu? Estou entre aqueles que têm prazer em ser refutados, no caso de afirmarem alguma inverdade, e prazer também em refutar a outro, se esse disser algo que seja inexato; não menos alegre em ser refutado que em refutar. Pessoalmente, considero preferível ser refutado, por ser mais vantajoso ver-se alguém livre do maior dos males do que livrar dele a outro.
>
> – Platão, *Górgias*

Na medida em que um argumento é falacioso, não é lógico. Mas se a lógica se preocupa com a exatidão e a veracidade, consequentemente se preocupa com a negação da veracidade, isto é, com os erros: falsidade e falácias.

Uma falácia é uma violação de princípio lógico disfarçada sob uma aparência de validade; é um erro em andamento. A falsidade é um erro de fato. A falácia surge de uma relação de proposições errônea; a falsidade, de uma relação de termos errônea. Uma premissa pode ser falsa; um raciocínio pode ser falacioso.

Revelar uma falácia é revelar a razão pela qual a mente foi enganada ao tomar o erro por verdade. Classificar falácias é tentar achar as causas comuns para tal engano. Mas dado argumento pode ser falacioso por mais de uma razão e, portanto, pode exemplificar mais de uma falácia. Consequentemente, a classificação de falácias não é exaustiva, nem mutuamente exclusiva.

Uma falácia pode ser formal, material ou ambas simultaneamente.

As *falácias formais* surgem da violação das regras que regem as relações formais de proposições e foram tratadas onde essas relações foram examinadas. As falácias de oposição são violações das regras de oposição; a mais comum é, quanto às contrárias, supor que, quando uma é falsa, a outra será verdadeira, em vez de desconhecida. As falácias de edução são duas: obversão ilícita e conversão ilícita. As falácias da relação silogística são: termo médio não distribuído; processo ilícito do termo maior ou do termo menor; quatro termos; quatro proposições; duas premissas negativas; duas premissas parciais; oposição mediata meramente aparente; negação da antecedente ou afirmação da consequente na premissa menor de um silogismo hipotético misto; afirmação e negação simultâneas de ambas as alternativas de uma disjunção; disjunção imperfeita; a falácia dilemática.

Falácias materiais têm sua raiz na matéria – nos termos, nas ideias e nos símbolos pelos quais as ideias são comunicadas. Elas corrompem um argumento que pode estar formalmente correto.

Aristóteles agrupou-as em duas classes: 1) seis falácias linguísticas ou *in dictione*, ocasionadas por uma suposição oculta não transmitida pela linguagem; 2) sete falácias extralinguísticas ou *extra dictionem*, caracterizadas por uma suposição oculta e falsa, que não está justificada pela linguagem em que as ideias são expressas.

Essas falácias eram artifícios usados pelos sofistas em Atenas, em disputas orais. Os sofistas não buscavam verdade alguma, mas apenas a vitória sobre seus oponentes através dessas refutações meramente aparentes. Tais falácias continuam em uso, mas com a intenção de enganar e iludir os outros e, às vezes, para enganar e iludir aquele mesmo que as usa.

FALÁCIAS *IN DICTIONE*

Falácias *in dictione* surgem de ambiguidades de linguagem, seja de palavras, seja de construção. Elas têm sua raiz na gramática (a linguagem), que busca simbolizar a lógica (o pensamento), e podem todas ser consideradas como casos especiais da falácia dos quatro termos. Esta falácia é, simultaneamente, uma falácia formal e material, porque viola uma regra da forma e reside na matéria. Podem distinguir-se seis tipos de falácias *in dictione*: equívoco (homonímia ou ambiguidade de um termo), anfibologia, composição (falsa conjunção), divisão (falsa disjunção), acentuação (ênfase ou falsa acentuação) e forma verbal (falsa forma de expressão).

Equívoco/equivocação (homonímia ou ambiguidade de um termo)

O equívoco é uma falácia ocasionada pela ambiguidade de uma palavra que simboliza dois ou mais termos diferentes.

EXEMPLO: Equívoco

Feathers are light.
Light is the opposite of darkness.
∴ Feathers are the opposite of darkness.

Light na premissa menor significa "não pesado"; na premissa maior significa "não escuro".

Anfibologia

Anfibologia é uma falácia produzida por ambiguidade de sintaxe ou de estrutura gramatical, tais como um modificador deslocado ou incerto (sem conexão gramatical adequada), referência de pronomes ambígua, ou ambiguidade na ordem das palavras. É especialmente provável que tal ambiguidade de sintaxe ocorra numa língua não flexionada como o inglês. Em termos gramaticais, é sempre um erro, mas, estritamente falando, em lógica ocasiona a falácia dos quatro termos somente quando a frase ambígua se torna uma premissa num silogismo.

EXEMPLOS: Anfibologia

The duke yet lives that Henry shall depose.
– 2 *Henry* VI 1.4.30

Traduzida para uma língua flexionada, como o latim ou o português, esta passagem de Shakespeare perde a sua ambiguidade. O raciocínio se tornaria silogístico se o duque o interpretasse com a adição da premissa menor, "Eu sou este duque" e concluísse, "portanto, eu deporei Henry"; ou, então, se ele desse o sentido inverso à premissa maior e concluísse, "Portanto, Henry me deporá".

Ele disse a seu irmão que ele tinha ganhado o prêmio. (Quem ganhou?)

Feed a cold and starve a fever.

Aqui, *feed* está no subjuntivo. A frase é um aviso, uma advertência: Se você alimentar um resfriado, terá uma febre para subjugar (pela fome). Na forma como a frase é comumente interpretada, *feed* é tomado como se estivesse no imperativo, o que lhe dá um sentido exatamente oposto ao pretendido.

Bobo da corte. Eu já era um gentil-homem nascido antes de meu pai, pois o filho do rei me tomou pela mão e me chamou de irmão; só depois os dois reis chamaram meu pai de irmão.
– *Conto de Inverno* 5.2.139-143

O bobo da corte vinha usando as palavras *gentil-homem nascido* (*gentleman born*) para significar "nascido um gentil-homem" (*born a gentleman*). Literalmente, o bobo está usando a palavra gentil-homem para referir-se ao *status* social da classe dos gentis-homens, mas a referência a seu pai deixa em aberto a possibilidade de que gentil-homem seja um sinônimo de homem, criando assim um paradoxo. Esta citação de Shakespeare ilustra tanto uma anfibologia quanto um equívoco (ambiguidade do termo).

Composição

A falácia da composição (falsa conjunção) ocorre quando as propriedades das partes predicam ilicitamente o todo.

EXEMPLO: Composição

Sódio e cloro são elementos tóxicos.
Elementos tóxicos são nocivos.
∴ Cloreto de sódio é nocivo.

Aqui, estão simultaneamente presentes quatro falácias, uma material e três formais:

1. Composição. Sódio e cloro são referidos como entes discretos nas premissas e como combinados na conclusão.

2. A falácia formal de quatro termos, pois composição é uma falácia *in dictione*.

3. A falácia formal de quatro proposições, pois a premissa maior é uma conjunção de duas proposições. Sódio é um elemento tóxico. Cloro é um elemento tóxico.

4. A falácia formal de um processo ilícito do termo maior.

Divisão

Divisão (falsa disjunção) é o exato oposto de composição e ocorre quando as propriedades do todo predicam ilicitamente as partes.

EXEMPLO: Divisão

Nove mais sete são dezesseis.
Dezesseis é um número par.
∴ Nove e sete são números pares.

Além da falácia material da divisão, aqui estão presentes também as falácias formais de quatro termos e de quatro proposições.

É esta falácia da divisão que produz conclusões errôneas do tipo: Uma única palha arriou o camelo; Um único juiz da Suprema Corte determinou a constitucionalidade de uma lei numa votação decidida por cinco a quatro.

Acentuação

A falácia da acentuação (ênfase ou falsa acentuação) ocorre quando um significado diferente do pretendido é transmitido através de ênfase especial em certas letras, sílabas, palavras ou ideias. A ênfase em palavras pode ser produzida oralmente pelo tom utilizado ou indicada graficamente por tipo itálico ou por outro recurso visível. Tal ênfase enganosa pode ocorrer em sílabas de uma mesma palavra ou em palavras diferentes de uma mesma frase.

EXEMPLOS: Acentuação

Ela pode. Ela pôde.

Ele é meu amigo.

Aqui o significado não apenas muda conforme a ênfase é dada a cada uma das palavras sucessivamente, mas uma ênfase irônica transmitirá um significado que verdadeiramente contradirá a afirmação feita de maneira usual.

Ele é meu amigo. (E não outro). Ele *é* meu amigo. (Confirmando). Ele é *meu* amigo. (E não de outro). Ele é meu *amigo*. (E não outra coisa). *Ele é meu amigo*...(Tom de voz irônico).

Note que esta forma de falácia de acentuação não deve ser confundida com a anfibologia. Na frase do exemplo não há dúvida quanto à sintaxe, enquanto, na anfibologia, sempre há.

Citações tomadas fora do contexto por vezes são exemplos gritantes de falácia da acentuação. Por exemplo, a Bíblia diz: Não há Deus; Todo homem é mentiroso.

É verdade que essas proposições estão na Bíblia, mas em seu devido contexto o significado é completamente diferente: "Diz o insensato eu seu coração: Não há Deus" (Salmo 14,1-2); "Eu disse na minha perturbação: todo homem é mentiroso". (Salmo 116,11).

Quando alguém introduz itálicos em citação sem declarar que assim o fez, esse pode ser um exemplo da falácia da acentuação. Manchetes ou cabeçalhos, organização (editoração) de artigos e o uso de tipos de tamanhos diferentes, de maneira a dar uma impressão falsa, são também exemplos da falácia da acentuação.

Num discurso estendido, pela ênfase exagerada em determinados aspectos de um assunto em detrimento de outros aspectos correlacionados, quer levemente quer por omissão completa, alguém poderá, mesmo sem afirmar nenhuma falsidade, transmitir uma ideia bastante falsa do assunto em sua totalidade. Isto é chamado de alegação especial ou propaganda e é uma fonte muito frequente de distorção e descrição enganosa.

EXEMPLO: Alegação especial ou propaganda

Propaganda é colorir a notícia através da ênfase exagerada de alguns fatos e da minimização da importância ou até da omissão de outros, como, por exemplo, durante uma campanha política.
Em determinado livro didático de história, depois de louvar as realizações de Roger Bacon, o autor ressaltou que este fora abandonado para morrer na pobreza. Ele criou uma impressão bastante falsa por ignorar o fato de que, ao tornar-se um monge franciscano, Roger Bacon escolheu livremente viver e morrer na pobreza.

Forma verbal (falsa forma de expressão)

A forma verbal é uma falácia que resulta da suposição errônea de que a similaridade na forma da linguagem significa uma similaridade correspondente no significado.

Esta falácia ocorre, por exemplo, quando a identidade do prefixo ou do sufixo de palavras leva alguém à conclusão errônea de que são, portanto, análogas. Por exemplo: *inspiração* e *inexplicável* são ambos termos negativos, pois se *in* significa "não" em um, deve significar "não" também no outro.

EXEMPLOS: Forma verbal

Em inglês, ambas as palavras *flammable* e *inflammable* significam "facilmente acendível", e ainda assim o prefixo *in* aposto à palavra *flammable* induz as pessoas a pensar erroneamente que *inflammable* significa *não acendível*, pois, frequentemente, *in* significa "não".

John Stuart Mill comete esta falácia quando argumenta:

A única prova que se pode oferecer de que uma coisa é visível é que as pessoas de fato a vejam. [...] A única prova de que um som é audível é o fato de que as pessoas o ouçam. [...] Igualmente, a única prova possível que se pode dar quanto a qualquer coisa ser desejável é que as pessoas de fato a desejem.

Uma vez que toda a força do raciocínio acima reside na suposição de uma analogia estrita entre *visível*, *audível* e *desejável*, o raciocínio falha quando se entende que, de acordo com o dicionário, *visível* e *audível* significam "capaz de ser visto" ou "capaz de ser ouvido", ou "verdadeiramente visto" ou "verdadeiramente ouvido", respectivamente, enquanto *desejável* significa apenas algo que é "possível de ser desejado" ou "capaz de suscitar desejo".

Uma falácia de forma verbal pode também surgir da similaridade entre sintagmas, particularmente em sintagmas verbais.

EXEMPLO: Falácia do sintagma verbal verbal

Aquele que dorme menos está mais sonolento.
Aquele que está mais sonolento dorme mais.
∴ Aquele que dorme menos dorme mais.

Aqui, os sintagmas verbais *dorme menos* e *dorme mais* parecem ser contrários; mas se os tempos verbais forem mais cuidadosamente discriminados, teremos o seguinte silogismo válido (verdadeiro para pessoas normais e saudáveis):

Aquele que dormiu menos está mais sonolento.
Aquele que está mais sonolento dormirá mais.
∴ Aquele que dormiu menos dormirá mais.

Uma falácia de forma verbal também inclui uma transição ilícita de uma das dez categorias do ser para outra; no exemplo abaixo, de substância para relação.

EXEMPLO: Falácia de forma verbal

Um menino que tem seis bolas de gude e perde uma já não tem aquilo que uma vez teve.
Aquele que já não tem as seis bolas de gude que uma vez teve não necessariamente perdeu as seis bolas de gude.
∴ Aquele que já não tem aquilo que uma vez teve não necessariamente o perdeu.

Objetos considerados coletivamente estão relacionados como membros de determinado grupo. Se um é perdido, todo o restante perdeu aquela relação, a de membro de um grupo de seis, ainda que na categoria de substâncias independentes não tenham sido perdidos.

FALÁCIAS *EXTRA DICTIONEM*

Comum às sete falácias *extra dictionem* (extralinguísticas) é uma falsa suposição oculta, não garantida pela linguagem em que as ideias estão expressas. As falácias *extra dictionem* são: falácia da falsa equação do sujeito e do acidente; confusão do relativo com o absoluto; ignorância da consequente; ignorância do argumento; confusão da causa com o que não é causa; petição de princípio e reunião de várias questões em uma.[1]

Falácia da falsa equação do sujeito e do acidente ou falácia do acidente

Esta falácia surge da falsa suposição de que tudo o que for predicado de um sujeito (normalmente o termo médio) será predicado de seu acidente (o termo menor) e no mesmo sentido; ou de que tudo que for predicado de um termo entendido em um aspecto (por exemplo, especificamente ou concretamente) será predicado do mesmo termo em outro aspecto (por exemplo, genericamente ou abstratamente), ou vice-versa.

Todo predicado, exceto aquele numa definição ou numa proposição idêntica, é acidental com relação ao seu sujeito, no sentido de que é por acidente que o sujeito e o predicado dados estão relacionados em dada proposição. Um leão é um animal. Um quadrado é um equilátero. É um acidente que um animal seja um leão, e não um camundongo ou um cavalo, ou que uma figura equilátera seja um quadrado, e não um triângulo ou um octógono. Esta situação existe sempre que a extensão de um predicado afirmado for maior do que a extensão do sujeito; em outras palavras, quando a proposição for conversível apenas *per accidens*, isto é, por limitação, donde o nome.

[1] Cf. terminologia de J. Ferrater Mora, *op. cit.*, p. 2727-28. (N. T.)

Qualquer um dos três termos de um silogismo pode ser a fonte da falácia do acidente, mas o termo médio é o mais frequente.

EXEMPLO: Falácia do acidente

Comunicar conhecimento é louvável.
Mexericar é comunicar conhecimento.
∴ Mexericar é louvável.

Aqui, conhecimento é entendido em seu sentido genérico na premissa maior e em sentido específico e até trivial, dificilmente merecedor do nome geral, na premissa menor. Portanto, enquanto é louvável comunicar conhecimento em seu sentido essencial, abstrato e geral, não é louvável comunicar informação trivial ou até mesmo maliciosa.

Aristóteles observa que a falácia do acidente resulta de nossa falha em distinguir a similaridade e a diversidade de termos, ou quando substituímos um atributo essencial por um acidente.

De acordo com os especialistas em lógica da Renascença, a falácia de acidente ocorre quando qualquer coisa pertencente à substância de algo é também atribuída a algum acidente desta substância. Thomas Wilson[2] fornece os exemplos e explicações a seguir.

EXEMPLO: Atribuir qualidades da substância aos acidentes

Peixe não é a mesma coisa que carne.
Carne é alimento.
∴ Peixe não é alimento.

Na primeira proposição entendemos que a referência é à substância de carne; na segunda proposição o emissor faz referência ao acidente que há na carne, mas também no peixe. Portanto, o raciocínio não é lícito porque o emissor atribuiu a substância e também o acidente a apenas um e mesmo sujeito.

Este homem é um sujeito ajuizado.
Este homem é fraco.
∴ Este homem é fraco de juízo.

Este raciocínio é evidentemente falso porque o acidente do corpo está referido à substância da mente.

Aristóteles fornece um exemplo similar a este segundo de Wilson.

Este cão é um pai.
Este cão é seu.
∴ Este cão é seu pai.

A falácia do acidente pode parecer-se muito com a da equivocidade; mas, enquanto a falácia da equivocidade envolve uma

[2] Thomas Wilson (1528?-1582), autor de *The Rule of Reason*.

mudança de termos, a falácia do acidente envolve uma mudança no uso de um mesmo termo. Mudar de uma primeira imposição para uma outra primeira imposição na mesma palavra é mudar de um termo para um outro, e esta é a falácia da equivocidade. Mas mudar de um uso genérico para um uso específico de um mesmo termo ou da primeira imposição de um termo para a segunda imposição ou para a imposição zero, ou da primeira para a segunda intenção, é uma mudança no uso, e esta é a falácia do acidente.

EXEMPLO: Palavra em duas imposições

Penas são leves.
Leve é um adjetivo.
∴ Penas são adjetivos.

Aqui temos a falácia do acidente porque o mesmo termo é entendido como um adjetivo e como um substantivo. Em ambas as proposições, *leve* tem o mesmo sentido, mas não o mesmo uso. É somente na primeira proposição que *leve* é um adjetivo.

Todo termo pode ser usado em qualquer das duas intenções e cada palavra pode ser usada em cada uma das três imposições. As intenções e imposições são recapituladas no quadro a seguir.

Intenção e imposição

Segunda intenção: lógica

Segunda imposição: gramática

Primeira imposição e primeira intenção: referência à realidade

Imposição zero: fonética e ortografia

9-1. *Possíveis intenções e imposições de uma palavra*

EXEMPLO: Acidente e equívoco

Feathers are light.
Light is a noun.
∴ Feathers are nouns.

Aqui temos, simultaneamente, as falácias do acidente e do equívoco, pois na premissa maior *light* (luz) é gramaticalmente classificada como o "oposto de escuridão"; este não é o mesmo termo simbolizado por *light*, significando "não pesado" na premissa menor.

Todo termo pode ser usado em qualquer das duas intenções e cada palavra pode ser usada em cada uma das três imposições. Espécies de falácias do acidente particularmente esclarecedoras são aquelas que envolvem uma mudança de um plano ou patamar do discurso para um outro pela mudança de intenção ou de imposição. O plano habitual de discurso é o da primeira imposição e da primeira intenção. Há três outros: da segunda intenção, da segunda imposição e da imposição zero. Um argumento pode ser sustentado se cada termo for usado consistentemente em qualquer desses planos de discurso, mas se o mesmo termo for mudado de um plano para outro, o argumento é inválido.

MUDANÇA DE IMPOSIÇÃO

A falácia da mudança de imposição envolve a falsa suposição de que aquilo que é verdadeiro acerca de uma palavra entendida em uma imposição é verdadeiro quanto à mesma palavra em outras imposições. Considere o seguinte silogismo: Uma banana é amarela. *Amarela* é um adjetivo. Portanto, *banana* é um adjetivo. Aqui, *amarela* é palavra entendida na primeira imposição na premissa menor e na segunda imposição na maior.

A classificação morfológica e outros conceitos gramaticais são termos de segunda imposição, no sentido de que, ao serem usados como predicados de sujeitos, isto é, como modos de conceber seus sujeitos, fazem com que estes sejam entendidos na segunda imposição, ou seja, como entidades gramaticais. Mas os termos da gramática podem eles mesmos ser entendidos em todas as imposições, tal como é ilustrado pelos exemplos mais adiante.

Silogismos falaciosos ocorrem quando a própria classificação morfológica é mudada de uma imposição para outra nas premissas.

EXEMPLOS: Termos gramaticais usados em duas imposições

Carregar é um verbo.
Verbo é um substantivo.
∴ *Carregar* é um substantivo.

Verbo muda da primeira para a segunda imposição nas premissas.

Hipopótamo é um substantivo.
Substantivo é paroxítona.
∴ *Hipopótamo* é paroxítona.

Substantivo muda da primeira imposição para a imposição zero nas premissas.

Silogismos válidos ocorrem quando o termo gramatical é entendido numa só imposição – primeira, zero ou segunda – do começo ao fim, e quando o argumento não é erroneamente mudado de um plano de discurso para outro.

EXEMPLOS: Silogismos válidos com termos na segunda imposição e na imposição zero

Cantar é um verbo.
Um verbo tem tempo verbal.
∴ *Cantar* tem tempo verbal.

Aqui, *verbo* é palavra entendida na primeira imposição em ambas as premissas, e *cantar* é entendida na segunda imposição na premissa menor e na conclusão.

Adjetivo é frequentemente mal pronunciado.
Uma palavra frequentemente mal pronunciada é frequentemente mal escrita.
∴ *Adjetivo* é frequentemente mal escrito.

Aqui, *adjetivo* é palavra entendida na imposição zero tanto na premissa menor quanto na conclusão.

Os termos da fonética e da ortografia são termos de imposição zero, no sentido de que, ao serem usados como predicados, isto é, como modos de conceber seus sujeitos, fazem com que estes sejam entendidos na imposição zero, ou seja, como meros sons ou notações. Porém, observe-se que os termos da fonética e da ortografia podem eles mesmos ser entendidos em todas as imposições, tal como está ilustrado pelos exemplos a seguir.

EXEMPLOS: Termos da fonética e da ortografia usados em todas as imposições

O exemplo seguinte é um silogismo falacioso em que os termos da fonética ou da ortografia têm, eles mesmos, a sua imposição mudada nas premissas.

Gato é uma notação.
Notação tem três sílabas.
∴ *Gato* tem três sílabas.

Aqui, *notação* é entendida na primeira imposição na premissa menor e na imposição zero na premissa maior.

Os exemplos seguintes são silogismos válidos em que os termos da fonética ou da ortografia são entendidos na primeira ou na segunda imposição, do começo ao fim, e nos quais, consequentemente, o argumento não é mudado de um plano do discurso a outro.

Indivisibilidade é um polissílabo.
Um polissílabo pode ser dividido ao final de uma linha.
∴ *Indivisibilidade* pode ser dividida ao final de uma linha.

Invisibilidade é uma notação.
Uma notação é visível.
∴ *Invisibilidade* é visível.

Nestes silogismos, *polissílabo* e *notação* são entendidos na primeira imposição em ambas as premissas; *indivisibilidade* e *invisibilidade* são entendidas na imposição zero na premissa menor e na conclusão.

Notação é um substantivo.
Um substantivo pode ser o objeto de uma preposição.
∴ *Notação* pode ser objeto de uma preposição.

Aqui, *notação* é entendida na segunda imposição na premissa menor e na conclusão.

MUDANÇA DE INTENÇÃO

Mudança de intenção envolve a falsa suposição de que aquilo que é verdadeiro acerca de um termo entendido na primeira intenção é também verdadeiro acerca do mesmo termo quando entendido na segunda intenção e vice-versa.

EXEMPLOS: Mudança de intenção

Um leão é um animal.
Animal é um gênero.
∴ Um leão é um gênero.

Um quadrado é equilateral.
Equilateral é uma diferença.
∴ Um quadrado é uma diferença.

Nestes silogismos, *animal* e *equilateral* são entendidos na primeira intenção na premissa menor e na segunda intenção na premissa maior.

Os predicáveis são termos de segunda intenção no sentido de que, ao serem usados como predicados, isto é, como modos de conceber seus sujeitos, fazem com que esses sujeitos sejam entendidos na segunda intenção, ou seja, como conceitos, como entidades mentais. Os predicáveis mesmos podem ser entendidos em ambas as intenções.

Nos silogismos falaciosos a seguir, o próprio predicável é mudado da primeira para a segunda intenção nas premissas.

EXEMPLOS: Mudança de intenção

Animal é um gênero.
Gênero é um predicável.
∴ Animal é um predicável.
Jovial é uma propriedade.
Propriedade é um predicável.
∴ Jovial é um predicável.

Nestes silogismos, *gênero* e *propriedade* são entendidos na primeira intenção na premissa menor e na segunda intenção na premissa maior.

Nos silogismos válidos, o predicável é entendido na mesma intenção em ambas as premissas e o argumento não é mudado de um plano de discurso para outro.

EXEMPLOS: Silogismos válidos com termos na segunda intenção

Animal é um gênero.
Um gênero é divisível em espécies.
∴ Animal é divisível em espécies.

Jovial é uma propriedade.
Uma propriedade é um termo conversível em relação ao seu sujeito.
∴ Jovial é um termo conversível em relação ao seu sujeito.

Nestes silogismos, *gênero* e *propriedade* são entendidos na primeira intenção (isto é, predicativamente) em ambas as premissas; *animal* e *jovial* são entendidos na segunda intenção (isto é, reflexivamente) na premissa menor e na conclusão.

MUDANÇA DE IMPOSIÇÃO E INTENÇÃO

Um mesmo argumento pode mudar tanto de posição quanto de intenção. Isto é mais bem ilustrado por um sorites: O homem é racional. Racional é uma diferença. Diferença é um polissílabo. Polissílabo é um substantivo. Logo, *homem* é um substantivo.

Aqui, a conclusão é verdadeira, e cada premissa, considerada separadamente, é verdadeira; mas cada uma das conclusões implícitas é falsa e o raciocínio é completamente falacioso, pois o argumento passa pelos quatro planos de discurso.[3]

Confusão do relativo com o absoluto ou *A dictum secundum quid ad dictum simpliciter*

Esta falácia surge da suposição de que uma proposição verdadeira em determinados aspectos, ou com determinadas qualificações, seja verdadeira absolutamente ou verdadeira sem essas qualificações. A expressão *secundum quid* significa "segundo algo". Em outras palavras, o que é verdadeiro em um caso é presumido como verdadeiro em outro.

Esta falácia, que normalmente é usada para enganar, pode também causar autoengano. Ela resulta da aparente insignificância da

---

[3] Em "O homem é racional", todos os termos são usados na primeira imposição e na primeira intenção. Em "Racional é uma diferença", *racional* é usado na segunda intenção. Em "*Diferença* é um polissílabo", *diferença* é usado na imposição zero. Em "*Polissílabo* é um substantivo", *polissílabo* é usado na segunda imposição. Em "Logo, *homem* é um substantivo", *homem* é usado na segunda imposição.

diferença envolvida na qualificação. Como uma ferramenta de ludíbrio ela consiste (1) em obter assentimento para uma declaração qualificada e prosseguir como se a declaração tivesse sido admitida absolutamente, ou (2) vice-versa, ou (3) consiste em prosseguir a partir de uma declaração qualificada em um sentido como se a mesma declaração tivesse sido qualificada em outro sentido.

Uma declaração qualificada pode ser verdadeira quanto a uma coisa ou pessoa em particular, ou no que diz respeito a um determinado lugar, tempo, ou a determinada maneira, relação (como parte de um todo), comparação, etc. O que for verdadeiro num aspecto pode não ser verdadeiro em outro aspecto.

EXEMPLOS: Confusão entre declaração absoluta e qualificada

Deus diz: "Não matarás". Logo, matar animais para obter alimento é mau.

Sofrer a morte injustamente é preferível a sofrer a morte justamente. Portanto, aquilo que acontece injustamente é preferível ao que acontece justamente.

Quem bebe dorme bem; quem dorme bem não peca; quem não peca será abençoado. Portanto, quem bebe será abençoado.
– Thomas Blunderville, *The Art of Logic* (1599)

A segunda proposição é verdadeira quanto ao tempo em que um homem dorme; ele pode pecar quando estiver acordado.

Pandarus. She [Helen] prais'd his complexion above Paris.
Cressida. Why, Paris hath colour enough.
Pandarus. So he has.
Cressida. Then Troilus should have too much: if she praised him above, his complexion is higher than his: he having colour enough, and the other higher, is too flaming a praise for a good complexion. I had as lief Helen's golden tongue had commended Troilus for a copper nose.
– William Shakespeare, *Troilus and Cressida* 1.2. 91-98

Cressida faz com que *above*, que foi qualificada com respeito à beleza da cor, qualifique com respeito à intensidade da cor.

Falácia da ignorância da consequente

Esta falácia surge da suposição falsa de que uma proposição A é conversível simplesmente, quando não o é. A falácia material da consequente estará presente sempre que uma das seguintes falácias formais estiver presente: um processo ilícito do termo maior ou do termo menor, um termo médio não distribuído, negação da antecedente ou afirmação da consequente. Como já havia sido assinalado, quando uma premissa é uma proposição A que é uma definição, seu predicado é distribuído através da matéria, e, assim, uma falácia da não distribuição é evitada; do mesmo modo, quando uma premissa for uma proposição hipotética *sine qua non*, não há falácia que possa resultar disso. Mas, considerando que uma premissa é raramente uma definição ou uma proposição hipotética *sine qua non*, a falácia material da ignorância da consequente é uma das mais frequentes causas de erro em raciocínios. É muito provável que ocorra num entimema no qual a premissa maior esteja apenas implícita.

Uma vez que podemos reduzir uma proposição hipotética a uma proposição categórica simples, podemos aplicar a uma proposição simples a terminologia da hipotética e chamar o sujeito de uma proposição simples de antecedente e o seu predicado de consequente. Assim, tanto no silogismo simples quanto no hipotético misto, distinguimos dois tipos de falácia material da consequente, ambas resultantes da não conversibilidade de uma premissa: uma presume falsamente que, desde que uma consequente segue e reforça a sua antecedente, a antecedente deve, do mesmo modo, reforçar a sua consequente (afirmando a consequente); a outra presume falsamente que da contrária da antecedente deve seguir a contrária da consequente (negando a antecedente).

ILUSTRAÇÃO: Falácia da ignorância da consequente

Um homem é um animal. Bucéfalo é um animal. ∴ Bucéfalo é um homem.	**Falácia**: Termo médio não distribuído
Um homem é um animal. Bucéfalo não é um homem. ∴ Bucéfalo não é um animal.	**Falácia**: Processo ilícito do termo maior
Se chove, o solo fica molhado. O solo está molhado. ∴ Choveu.	**Falácia**: Afirmação da consequente
Se chove, o solo fica molhado. Não choveu. ∴ O solo não está molhado.	**Falácia**: Negação da antecedente

Numa discussão, a falácia da ignorância da consequente leva um contestante a pensar que refutou seu oponente quando demonstrou a falta de solidez das razões apresentadas em favor da questão defendida. Isto equivale à falácia de negar a antecedente, pois, como já assinalamos, ainda que a conclusão derive de premissas verdadeiras, não é possível desmentir uma conclusão simplesmente mostrando que suas premissas são falsas; essa conclusão pode ser justificada por outras premissas, verdadeiras. Tampouco podemos dizer que um disputante necessariamente obtém aprovação para as suas premissas ao conseguir que seu oponente reconheça a veracidade de sua conclusão, pois supor que a veracidade das premissas deriva da veracidade da conclusão é exemplo de falácia da afirmação da consequente na premissa menor.

Falácia da ignorância do argumento, ou ignorância da questão, ou *ignoratio elenchi*

Esta falácia surge da suposição falsa de que um ponto em questão foi refutado ou desmentido, quando, na verdade, um outro ponto meramente semelhante é que foi refutado; consequentemente, o ponto realmente em questão permanece ignorado.

Ignoratio elenchi significa ignorância da natureza da refutação. Para refutar um oponente é necessário provar o contraditório de sua declaração; e isto é feito apenas quando o mesmo predicado – não meramente o nome, mas a realidade – for negado acerca do mesmo sujeito e no mesmo aspecto, relação, maneira e tempo em que for afirmado. Estabelecer alguma outra conclusão é esquivar-se da questão e ignorar o argumento.

Alguém poderia pensar ter refutado a proposição: "O presidente dos Estados Unidos governa o país inteiro" quando, ao citar os resultados de uma eleição, estabeleceu a proposição: "O presidente dos Estados Unidos não foi eleito pela maioria dos americanos". Todavia, ele não negou o mesmo predicado tal como afirmado na proposição que intentou refutar. A autoridade para governar vem da votação do colégio eleitoral[4] e não da votação da maioria dos eleitores.

Alguém também ignora a questão e argumenta esquivando-se do ponto em discussão, quando, ao ser acusado de desonestidade, replica que muitos outros estão fazendo a mesma coisa, presumindo falsamente que quando o número de pessoas desonestas é muito grande, *ipso facto*, cada uma delas deixa de ser desonesta.

Um argumento que lida com o ponto em questão é *argumentum ad rem* (um argumento ligado à coisa, argumento que vai ao âmago da questão). Os argumentos que se esquivam da questão recebem nomes especiais para significar sobre que fundamentos irrelevantes

[4] No Colégio Eleitoral americano o número de votos eleitorais é proporcional à população de cada Estado, os quais, normalmente, são levados todos pelo candidato que obtiver maioria simples de votos nesses Estados. (N. T.)

se baseiam: *argumentum ad hominem, argumentum ad populum, argumentum ad misericordiam, argumentum ad baculum, argumentum ad ignorantiam* e *argumentum ad verecundiam.*

Argumentum ad hominem

A falácia do *argumentum ad hominem* (literalmente, um "argumento para o homem") confunde o ponto em questão com as pessoas interessadas. Ataques ao caráter e à conduta das pessoas e insultos ou elogios pessoais substituem o raciocínio sobre o ponto em questão.[5] O *argumentum ad hominem* busca persuadir através de um *éthos* que não é sólido nem de confiança. Na retórica, *éthos* significa estabelecer quem fala ou escreve como alguém digno de participar de uma discussão; em sentido mais amplo, é o caráter de um indivíduo ou grupo representado por seus valores e crenças.

EXEMPLO: *Argumentum ad hominem*

Sustentar que os argumentos de um advogado, que alegam que um determinado funcionário de banco é um desfalcador, são sem valor, porque esse advogado defraudou seus parentes ao obter uma parcela maior do que aquela herança realmente pretendida pelo testante, é uma falácia do *argumentum ad hominem.*

Porém é legítimo argumentar que, uma vez que se sabe que uma testemunha mentiu em juízo, seu testemunho atual não deveria ser aceito sem reservas.

Argumentum ad populum

A falácia do *argumentum ad populum* surge da substituição do raciocínio lógico sobre o assunto em questão por um apelo às paixões e preconceitos das pessoas, como, por exemplo, o apelo ao ódio racial por parte dos perseguidores dos judeus.

Argumentum ad misericordiam

A falácia do *argumentum ad misericordiam* (literalmente, apelo à misericórdia) substitui a razão por um apelo por compreensão e compaixão. É usado por muitos advogados criminalistas para desviar a atenção dos jurados da questão real – culpado ou inocente – objetivando a piedade e um veredicto favorável porque o acusado é,

[5] Alguns especialistas em lógica fazem distinção entre *ad hominem* abusiva, que trata de ataques ao caráter e à conduta das pessoas, e *ad hominem* circunstancial, que tenta refutar um argumento ao evidenciar a identidade ou os interesses das pessoas que o sustentam. Por exemplo: "Este estudo não tem valor porque foi financiado por um grupo com interesses especiais". (*TM*)

por exemplo, uma mulher bonita ou um pai solteiro. Um transgressor da lei poderia argumentar que não deveria pagar uma multa de trânsito porque estava doando sangue enquanto seu carro estava estacionado em local não permitido. Um exemplo clássico de *argumentum ad misericordiam* é aquele em que o réu que assassinou seu pai e sua mãe alega ser merecedor de piedade porque, afinal, é um órfão.

Argumentum ad baculum

O *argumentum ad baculum* é o apelo à força ou à ameaça. A questão é ignorada, numa tentativa de inspirar medo das consequências caso uma opinião ou um programa proposto [contrários aos daquele que apela à força] sejam adotados, ou, ainda, numa tentativa de impedir que um movimento considerado perigoso ganhe força. A ameaça de ostracismo social ou de perda de uma posição pode ser usada para impedir que uma pessoa denuncie uma fraude no seu local de trabalho. Algum valentão pode persuadir pela ameaça do uso de violência.

Argumentum ad ignorantiam

O *argumentum ad ignorantiam* é o uso de um argumento que soa convincente aos outros porque estes ignoram a fraqueza do argumento e dos fatos que se contrapõem a ele.[6]

Exemplos: *Argumentum ad ignorantiam*

Uma teoria, tal como a da evolução, é inválida porque não foi provada.

Ninguém jamais provou a existência de extraterrestres; logo, eles não existem.

Ninguém jamais provou que extraterrestres não existem; logo, eles existem.

O *argumentum ad populum*, o *ad misericordiam*, o *ad baculum* e o *ad ignorantiam* também demonstram o uso de *páthos* frágil e não confiável. *Páthos* é o termo usado em retórica para significar que um orador ou um escritor tenta estabelecer empatia com o público. O *páthos* será explicado em detalhes no Capítulo 11.

Argumentum ad verecundiam

O *argumentum ad verecundiam* (ou *argumentum magister dixit*) é um apelo ao prestígio – ou autoridade – atribuído ao proponente de

[6] A forma desta falácia é: Não há prova de *p*, portanto, *não p*. Por exemplo, dinheiro não traz felicidade, portanto, a pobreza traz. (*TM*)

um argumento; prestígio em que se baseia toda a garantia da veracidade do argumento. Esse prestígio é insuficiente quando se requer consideração racional sobre um ponto de controvérsia e só se dá consideração à autoridade de quem o sustenta ou a ele se opõe. É perfeitamente legítimo acrescentar autoridade a um raciocínio, mas é falacioso substituir o raciocínio pela autoridade em assuntos capazes de ser entendidos pela razão. Esta falácia é particularmente perniciosa quando a autoridade citada não é uma autoridade no assunto em discussão. Por exemplo, o endosso que celebridades dão a produtos de consumo, ou a causas políticas, constitui um *argumentum ad verecundiam*.

Causa falsa

A falácia da causa falsa está presente também quando algo acidental a uma coisa é empregado para determinar sua natureza, caráter ou valor, de modo que aquilo que não é uma causa é então considerado como tal.

EXEMPLO: Causa falsa

Corridas de cavalo são nocivas porque algumas pessoas apostam dinheiro demais nos resultados.

Uma coisa não é má apenas porque algumas pessoas dela abusam. Em tais casos, a causa do mal não está na coisa em si mesma, mas naqueles que fazem dela uma ocasião para satisfazer suas próprias propensões maléficas.

Note que *post hoc ergo propter hoc* é uma falácia indutiva que por vezes é, com alguma liberdade, identificada com a falácia dedutiva da causa falsa. A causa falsa faz uma suposição falsa acerca de uma razão, a qual é uma causa do saber; *post hoc ergo propter hoc* faz uma suposição falsa acerca de uma causa do ser. A falácia indutiva *post hoc ergo propter hoc* resulta da suposição falsa de que o que quer que aconteça antes de um determinado evento é a causa daquele evento. O erro aumenta pela observação imperfeita; eventos que ocorram sem a alegada causa antecedente frequentemente passam despercebidos. Um gato preto cruza o caminho de uma pessoa. No dia seguinte, cai o valor das ações na bolsa. A pessoa conclui que o gato causou má sorte, mas deixa de notar quantas vezes um gato preto cruzou o seu caminho sem que nenhuma má sorte se manifestasse. Mas, ainda que a má sorte sempre se manifestasse, o gato preto não seria por isso uma causa do infortúnio.

Petição de princípio

Petição de princípio é a falácia de presumir que já está nas premissas a proposição por provar, isto é, a conclusão – ou uma proposição ampla o suficiente para incluir aquela por provar. Em outras palavras, o argumento é falacioso porque uma tese não pode servir de fundamento à veracidade dessa mesma tese. A conclusão presumida nas premissas usualmente está oculta sob sinônimos, de modo que as identidades das proposições são menos óbvias.

EXEMPLOS: Petição de princípio

O argumento tautológico (repetição do mesmo sentido em palavras diferentes)
William Shakespeare é famoso porque suas peças são conhecidas em todo o mundo.

O argumento pendular (oscilante)
"O rapaz é demente." "Por que você pensa assim?" "Porque ele assassinou a própria mãe." "Por que ele a assassinou?" "Porque ele é demente."

Pode ser um fato que o rapaz seja demente e essa pode ser a razão que explica por que assassinou sua mãe, mas para raciocinar sem recurso à falácia da petição de princípio deveriam apresentar-se outros indícios de sua insanidade.

Argumentando em círculo
Esta argumentação difere do argumento pendular pela adição de uma ou mais proposições, as quais fazem com que o argumento gire num círculo em vez de apenas ir e vir, para lá e para cá: "Este filme é o melhor da década." "Como você pode provar isso?" "O *New York Times* diz que é." "E daí que o *New York Times* diga que é?" "O *New York Times* é o jornal mais respeitado na indústria de entretenimento." "Como é que você sabe disso?" "Porque eles sempre escolhem os melhores filmes da década."

Epíteto como petição de princípio
O epíteto como petição de princípio é provavelmente o exemplo mais comum desta falácia. É uma locução ou apenas uma palavra que supõe o ponto por provar. Classificar um projeto de lei tributária de "bem-estar social dos ricos" ou rotular uma proposta como favorável às "grandes corporações" ou ao "grande capital" são exemplos de epíteto como petição de princípio.

Pergunta complexa

A falácia da pergunta complexa é algo similar àquela da petição de princípio. A petição de princípio pressupõe que a proposição por provar já está nas premissas; a pergunta complexa pressupõe que está na pergunta uma parte daquilo que pertence totalmente à resposta.

A falácia da pergunta complexa ocorre quando, em resposta a uma pergunta composta, é exigida uma resposta simples, ao passo que a resposta correta dividiria a pergunta e a responderia parte por parte. Interrogadores (advogados, promotores, policiais, etc.) frequentemente se utilizam deste artifício para induzir uma testemunha à contradição, tentando assim enfraquecer o valor de seu testemunho em favor da outra parte. Exemplos desta falácia: Por que você roubou o meu relógio? Quando você parou de flertar? Onde você enterrou o corpo da mulher que você matou? Quanto tempo você desperdiçou estudando matérias sem valor prático como filosofia e música?

EXERCÍCIOS

Analise os argumentos a seguir, expandindo, se necessário, aqueles que estiverem abreviados. Nomeie o tipo. Se o argumento for falacioso, será necessário explicar claramente onde reside a falácia, além de nomeá-la. Se houver duas ou mais falácias, nomeie cada uma.

O coração é um órgão. Um órgão é um instrumento musical. Portanto, o coração é um instrumento musical.

O falar do mudo é impossível. João é mudo. Logo, falar de João é impossível.

Desdemona. Do you know, sirrah, where Lieutenant Cassio lies?[7]
Clown. I dare not say he lies anywhere.
Desdemona. Why, man?
Clown. He is a soldier; and for one to say a soldier lies is stabbing.
– *Othello* 3.4.1-6

Viola (usando a identidade de Cesario). Save thee, friend, and thy music. Dost thou live by thy tabor?
Clown. No, sir, I live by the church.
Viola. Art thou a churchman?
Clown. No such matter, sir: I do live by the church; for I do live at my house, and my house doth stand by the church.
– *Twelfth Night* 3.1.1-7

[7] O uso repetido de *lie* em suas diferentes acepções (*mentir, deitar, repousar, residir*, etc.) dá conta da adequação como exemplo de possível falácia. A tradução para o português talvez tornasse este trecho inútil como exemplo de falácia. Todavia, outros tradutores, não preocupados com a adequação deste trecho a esse propósito específico, usaram o verbo *pousar* como substituto de *lie*. É uma substituição válida, mas que ainda carece de nota explicativa quanto aos trocadilhos originais – *puns* –, o que só reforça a decisão de manter este e alguns outros trechos de Shakespeare no original, sempre levando em conta a adequação ao propósito de cada capítulo deste livro e dos exemplos neles contidos. (N. T.)

O trem movente parou. O trem que parou está imóvel. Portanto, o trem movente está imóvel.

Luísa não é o que Maria é. Luísa é uma mulher. Portanto, Maria não é uma mulher.

Um camundongo é pequeno. Pequeno é um acidente. Logo, um camundongo é um acidente.

Se um número não for par, será ímpar. É par. Então, não é ímpar.

O receptador de bens roubados deveria ser punido. Você recebeu bens roubados e, portanto, deveria ser punido.

Not to be abed after midnight is to be up betimes; [...] To be up after midnight, and to go to bed then, is early; so that to go to bed after midnight is to go to bed betimes.

– *Twelfth Night* 2.3.1-9

Todos os ângulos de um triângulo são iguais a dois ângulos retos; o ângulo *x* é um ângulo deste triângulo; portanto, é igual a dois ângulos retos.

Adquirir propriedades é bom. Este ladrão está adquirindo propriedades. Portanto, ele está fazendo o bem.

A democracia falhou nos Estados Unidos porque há cidades e Estados corruptos.

Se um ser humano permanecer sob a água por trinta minutos, morrerá. Este mergulhador permaneceu sob a água por trinta minutos. Portanto, ele morrerá.

Bolo é doce. Doce é um adjetivo. Logo, bolo é um adjetivo.

Histórias de detetive são excelente literatura porque são as preferidas de doutos professores de matemática.

Esses grevistas são preguiçosos, pois estão determinados a não trabalhar.

Esta mulher não pode ser uma criminosa, pois nunca esteve na prisão.

O Sol deve mover-se ao redor da Terra, pois a Bíblia diz que a prece de Josué fez o Sol parar.

Acusamos o Rei Charles II de ter quebrado o seu juramento de coroação, e dizem-nos que ele manteve os votos matrimoniais.
– Thomas Babbington Macaulay, *History of England*

A Lei Seca não foi bem-sucedida porque não contava com o apoio da opinião pública, e as pessoas não a apoiaram porque a lei era um fracasso.

O homem é um animal. Animal é um gênero. Um gênero é divisível em espécies. Portanto, o homem é divisível em espécies.

Eu não quero ir a um médico, pois percebi que todos aqueles que morreram nesta cidade neste inverno tinham ido a um médico.

Quando você decidiu parar de fingir?

Maria é uma boa costureira. Portanto, ela é uma boa mulher.

Aumentar salários é aumentar preços. Aumentar preços é aumentar o custo de vida. Aumentar o custo de vida é diminuir a renda real. Logo, aumentar salários é diminuir a renda real.

Esta estátua é uma obra de arte. Esta estátua é minha. Logo, é uma obra de arte minha.

Aquela que jura que quebrará o seu juramento, e então o quebra, é alguém que mantém o juramento.

No *Fédon*, Platão prova a imortalidade da alma a partir da simplicidade desta. Na *República*, Platão prova a simplicidade da alma a partir da imortalidade desta.

10. BREVE SUMÁRIO DA INDUÇÃO

Lógica é a ciência normativa que dirige as operações do intelecto de modo a alcançar a verdade.[1] Assim como a metafísica, ou ontologia, lida com *todas as coisas tais como elas são* em seu aspecto mais abstrato, mais geral, e, portanto, em seu aspecto mais comum – o ser –, assim também a lógica lida com *tudo o que é pensado* em seu aspecto mais geral – a verdade.

Os requisitos da veracidade são:

1. O que é pensado deve representar o que é. (Esta é a norma da concepção – formação de conceito – e da indução.)
2. Os pensamentos devem ser consistentes entre si. (Esta é a norma da dedução.)

O primeiro requisito diz respeito ao material do raciocínio; o segundo, ao raciocínio mesmo. Ambos são necessários.

A lógica dedutiva, ou formal, é a única lógica no sentido de que somente ela descobre as regras pelas quais pensamos e raciocinamos corretamente. Mas o material do pensamento, os termos e as proposições, deve vir, fundamentalmente, da nossa experiência, por meio de concepção e indução. Portanto, esses processos são preliminares ao raciocínio.

ANALOGIA: Conexão entre dedução e indução

Algodão *in natura* é necessário à fabricação de musselina, organdi e brim, mas são as máquinas que produzem a diferença entre esses tipos de tecidos de algodão. É com as máquinas e sua operação que a manufatura se preocupa especificamente. A produção e aquisição de matéria-prima não são, estritamente falando, problemas de fabricação; elas são preliminares e pré-requisitos a ela.

A AQUISIÇÃO DE CONHECIMENTO

Conhecimento – isto é, qualquer informação que a mente possua – é derivado da operação das próprias faculdades de alguém, ou da fé.

[1] Ver nota 3 do capítulo 6. (N. T.)

As faculdades humanas

Adquire-se conhecimento através das próprias faculdades. As faculdades dos sentidos adquirem uma percepção imediata dos objetos externos, e as faculdades intelectuais agem sobre os dados fornecidos pelos sentidos.

AS FACULDADES DOS SENTIDOS

As faculdades dos sentidos compreendem os sentidos externos – visão, audição, tato, paladar e olfato –, bem como os sentidos internos. Os sentidos internos incluem a imaginação, que produz e retém fantasmas; a memória, que recorda e reconhece esses fantasmas como previamente experimentados; o sentido comum ou central, ou, ainda, o "sentido dos sentidos", o qual discrimina, coordena e sintetiza as sensações; e o instinto, pelo qual um ente sensível avalia se um objeto é útil ou não ao seu bem-estar físico.

Os sentidos podem operar de forma intuitiva ou indiretamente. A forma intuitiva refere-se à percepção direta ou imediata dos sensíveis característicos – cor, som, etc. A forma indireta refere-se à percepção indireta dos sensíveis comuns, ou seja, aqueles que podem ser percebidos por mais de um sentido. Por exemplo, movimento, repouso, forma e tamanho podem ser percebidos tanto pela visão quanto tato; número, distância, direção, duração e ritmo, por meio da visão, do tato e da audição.

Note que a imaginação ficcional pode operar pela combinação de fantasmas, por exemplo: sereia, sátiro, centauro, grifo.

AS FACULDADES INTELECTUAIS

As faculdades intelectuais compreendem o intelecto, que busca a verdade; a memória racional; e a vontade, que busca o bem. O intelecto pode operar intuitivamente (abstração: concepção, indução).

EXEMPLOS: Intuição intelectual

Metafísica: Todo efeito deve ter uma causa adequada.

Lógica: Proposições contraditórias não podem ser ambas verdadeiras.

Matemática: Coisas iguais a uma mesma coisa são iguais entre si.

Moral: O bem deveria ser feito e o mal evitado.

Psicológica: Minha consciência dá testemunho da minha livre vontade.

O intelecto também age de modo inferencial, o que inclui tanto a inferência imediata quanto a mediata, ou silogística.

A fé

A fé inclui tudo que alguém sabe por testemunho de outro. Este outro pode ser humano – pais, professores, parceiros, livros, revistas, jornais, rádio, TV, etc. – ou divino – Deus comunicando uma revelação diretamente ou por milagres, que autenticam a mensagem do Seu agente (anjo, profeta, apóstolo, etc.).

Os tópicos de invenção (ver Capítulo 6) extraem material para raciocínio a partir do exercício das faculdades (os primeiros dezesseis tópicos) ou a partir da fé (do testemunho de outros).

A psicologia, ou filosofia da mente,[2] explica o processo pelo qual conceitos e juízos são obtidos a partir do mundo real. A indução, tal como a concepção, é abstrativa, intuitiva; mas enquanto a concepção é a abstração da essência e seu resultado é um conceito expresso num termo, a indução é, simultaneamente, o ato de evocar e a percepção de uma relação; seu resultado é um juízo expresso numa proposição. Nenhum dos processos é de mera contagem e adição de exemplos; nenhum é uma generalização a partir de particulares, ou uma inferência de nenhum tipo; ambos são intuições da verdade extraídas da realidade.

A base da concepção e da indução intuitiva é a mesma: somente indivíduos existem, mas existem tal como os vemos na natureza, de acordo com o tipo. A essência é aquilo que faz de um indivíduo um membro de sua espécie ou tipo; consequentemente, o conceito, que é a apreensão intelectual da essência presente no indivíduo, é igualmente aplicável a todo membro da espécie. Similarmente, uma proposição necessária geral que expresse a apreensão intelectual de uma relação fundamental – tal como causa e efeito – presente no indivíduo como membro de sua espécie, deverá estar presente em todos os outros membros da mesma espécie.

INDUÇÃO: UMA FORMA DE INTUIÇÃO

Indução não é uma forma de inferência; é uma forma de intuição. Toda proposição geral que sirva como uma premissa numa inferência silogística é a conclusão de um silogismo ou de uma série de silogismos construídos somente de proposições gerais, ou uma indução ou intuição obtida da natureza. Pois não há fórmula correta

[2] Psicologia e filosofia da mente tratam ambas de como obtemos conceitos e juízos a partir do mundo real, mas elas procedem de modos diferentes. A abordagem da Irmã Miriam Joseph tem inclinação filosófica. (*TM*)

de inferência[3] pela qual uma proposição geral possa ser derivada como uma conclusão de premissas empíricas, e que sozinha expresse nosso conhecimento de fatos particulares. (A *Regra 10* das regras gerais dos silogismos afirma: "Se uma ou ambas as premissas forem empíricas, a conclusão será, necessariamente, empírica".)

Portanto, toda proposição geral é derivada da indução,[4] quer diretamente que, como resultante final. A indução é um ato mental, mas não uma inferência. É preliminar e um pré-requisito à inferência; é uma intuição da verdade, quer geral quer empírica.

Tipos de indução

Há três tipos distintos de indução, nenhum dos quais é inferencial.

INDUÇÃO ENUMERATIVA

A indução enumerativa é a afirmação de uma proposição empírica plural e numericamente definida como resultado da observação de fatos e contagem de casos, por exemplo: cinquenta e três pessoas morreram em acidentes automobilísticos naquela cidade no ano passado. Este é o tipo menos importante de indução e quase não merece ser assim chamado. Seu principal valor reside em contribuir com fatos averiguados por usar numa dedução ou em outros tipos de indução.

Uma dedução estatística é uma conclusão num silogismo cuja premissa menor é uma indução enumerativa e cuja premissa maior é uma lei estatística ou matemática, usualmente expressa numa fórmula. A conclusão é a declaração de uma probabilidade numericamente definida. Por exemplo, uma companhia de seguros baseia seus índices no número provável de óbitos cientificamente calculados num grupo em particular – designados por idade, ocupação, localidade – no período de um determinado ano.

---

[3] A afirmação da Irmã Miriam Joseph de que "não há fórmula correta de inferência pela qual uma proposição geral possa ser derivada como uma conclusão a partir de premissas empíricas" significa que não há meio dedutivo para se extrair conclusão a partir de dados empíricos. A solução da autora, ao chamar à indução uma intuição, resume-se à noção de que a indução é uma forma direta, não inferencial de conhecimento. (*TM*)

[4] A maioria dos especialistas em lógica diz que a indução é uma forma de inferência, diferentemente da dedução, mas entre os estudiosos há uma discussão inacabada acerca da natureza da indução. A proposição a seguir ilustra o problema: Todos os objetos sem sustentação caem na direção do centro da Terra. Como sabemos que esta proposição é verdadeira? Falando rigorosamente, o máximo que podemos dizer é que todos os objetos *até agora observados* caem na direção do centro da Terra. A segunda afirmativa diz menos que a primeira. Não há inferência dedutiva válida a partir de "Todos os objetos sem sustentação até agora observados caem" para "Todos os objetos sem sustentação caem". Esse é o problema da indução. (*TM*)

As taxas de mortalidade fornecem a premissa menor para esta dedução estatística; a premissa maior é uma fórmula matemática para o cálculo de probabilidades. A conclusão é uma declaração de probabilidade numericamente definida, suficientemente exata para servir de base a um empreendimento de negócios seguro e confiável.

INDUÇÃO INTUITIVA

Indução intuitiva é o ato psicológico de afirmar como verdadeira uma proposição autoevidente. Este é, de longe, o tipo mais importante de indução.

Se a proposição autoevidente for empírica, será um dado de conhecimento sensível[5] e será relativa ao indivíduo sensível no ato da indução intuitiva. Um exemplo: A grama é verde. Uma pessoa cega não poderia fazer esta indução.

Se a proposição autoevidente for geral, será um princípio de conhecimento intelectual e será relativa à razão humana e ao conhecimento dos termos pelo indivíduo que faz a indução intuitiva. Por exemplo: O todo é maior que qualquer de suas partes.

INDUÇÃO DIALÉTICA OU PROBLEMÁTICA

Indução dialética ou problemática é o ato psicológico de afirmar uma proposição, geral ou empírica, como uma possibilidade, sem nenhum cálculo de sua probabilidade. É uma intuição da compatibilidade dos termos.

EXEMPLO: Indução dialética

Um polígono regular pode ter um milhão de lados.

Esta criança pode vir a ser o presidente do Brasil.

Natureza e propósito da indução

Indução é a derivação legítima de proposições gerais a partir de casos individuais. O que nelas é invariavelmente observado deve ser essencial à sua natureza. A indução é um método para a descoberta da verdade, e não um processo de prova ou de raciocínio sobre a verdade.

A ordem física, todavia, é complexa demais para permitir o ato mental da indução intuitiva sem o recurso de muito trabalho

[5] Isto é, um objeto dos sentidos. (N. T.)

preliminar. A metodologia científica – os métodos de ciência – ocupa-se desse trabalho preliminar. Tais métodos são os procedimentos sistemáticos para a investigação dos fenômenos naturais. Seu objetivo é separar o que é essencial ou típico do que é acidental ou fortuito e apresentar à mente dados precisos, relevantes e simples. A mente então abstrai o juízo indutivo por meio de um ato intuitivo tão simples e espontâneo quanto aquele pelo qual abstrai o conceito diretamente dos dados sensíveis.

A metodologia científica não é, de maneira alguma, um ato mental, mas uma salvaguarda da precisão na investigação da natureza. É preliminar à indução em fenômenos complexos, tanto quanto a própria indução é preliminar à dedução. A indução e a dedução são distintas, mas, na prática, andam lado a lado.

Cada uma das ciências especiais pretende abstrair do fenômeno complexo natural leis que rejam aquele aspecto da natureza do qual trata. Por exemplo, a matemática trata apenas da quantidade; a física, do movimento; a anatomia, da estrutura dos organismos vivos; a economia, das atividades humanas de sustento.

ANALOGIA: Ciências especiais

O petróleo é uma substância natural complexa de que, através de destilação fracionada, são abstraídas diversas substâncias. Entre elas estão: a gasolina, a benzina, a nafta, a querosene, a vaselina, a parafina, o asfalto artificial e a naftalina. A característica distintiva de cada um desses produtos se deve (1) à abstração da parte do todo (compare às ciências especiais, onde cada uma delas lida somente com uma fase ou aspecto da natureza) por meio de destilação fracionada (compare à indução) e, em alguns casos, por meio de (2) processo industrial de manufatura (compare à dedução), que transforma o produto natural através da utilização de maquinário (compare à mente). Assim, o produto final deve a sua existência aos dotes naturais modificados pela engenhosidade humana.

O objetivo de toda ciência é o conhecimento dos fatos através de suas causas. Isto é verdadeiro tanto para as ciências dedutivas quanto para as indutivas. Na dedução conhecemos o fato, a conclusão, através de suas causas, as premissas. Na indução apreendemos a causa comum a um número de fatos observados; essa causa é um princípio, um termo médio, pelo qual sua relação pode ser entendida.

Consideraremos primeiramente a natureza da causalidade, depois a uniformidade da causação e, por fim, os modos pelos quais o método científico ajuda na descoberta das causas.

Causalidade

Uma vez que a indução trata principalmente da investigação das causas, é importante entender a distinção entre uma causa, uma condição e um tipo especial de condição chamado agente determinante, bem como as quatro causas metafísicas.

CAUSA

Uma causa é aquilo que tem uma influência positiva no fazer uma coisa ser o que é. À soma de suas causas, uma coisa deve cada uma de suas características. Uma causa não é um mero antecedente numa sequência temporal. Por exemplo, o dia e a noite sucedem-se um ao outro, mas um não é causa do outro. A suposição de que o antecedente numa sequência temporal é uma causa é a falácia indutiva *post hoc ergo propter hoc*, explicada no Capítulo 9.

CONDIÇÃO

Uma condição é aquilo que habilita ou permite a uma causa agir na produção de um efeito, mas à qual o efeito não deve nenhuma de suas características. Por exemplo, a claridade é uma condição para o esculpir uma estátua; a alimentação, para a boa saúde e competência do escultor; os andaimes, para a ornamentação do teto de uma igreja.

AGENTE DETERMINANTE

O agente determinante é uma condição que põe em movimento os fatores causativos (causais). Ele difere das outras condições por ser a origem ou ocasião do efeito. Exemplos: o mosquito que transmite o germe da febre amarela e a pulga que transmite a peste bubônica.

Com frequência, a ciência busca mais encontrar o agente determinante do que uma das quatro causas metafísicas.

AS QUATRO CAUSAS METAFÍSICAS

De acordo com Aristóteles, as quatro causas metafísicas explicam todo efeito material. São elas a causa eficiente, a causa final, a causa material e a causa formal. A causa eficiente e a causa final são extrínsecas ao efeito; são as causas de uma coisa ter se tornado o que é. As quatro causas metafísicas são explanadas a seguir, usando como exemplo uma estátua.

1. A *causa eficiente* é o agente mais os instrumentos, por exemplo: o escultor, o martelo e o cinzel.

2. A *causa final* é o fim ou propósito que moveu o agente, por exemplo: o desejo de honrar um herói nacional, o projeto específico que o artista concebeu, o amor à arte, a fama, o dinheiro, etc. A causa final é a primeira na intenção e a última na execução.

3. A *causa material* é aquilo a partir do qual é feita a coisa, por exemplo: mármore, bronze, madeira.

4. A *causa formal* é o tipo de coisa em que aquela é transformada, como, por exemplo: Lincoln, Napoleão, Bucéfalo, Joana d'Arc.

A causa material e a causa formal são intrínsecas ao efeito; são as causas de uma coisa ser o que é. Conhecer um objeto através de sua causa formal é conhecer a sua essência. Assim, a causa formal de um homem é sua alma que anima seu corpo, sua animalidade racional. A causa material é aquela matéria particular que constitui o seu ser ou ente físico; este se modifica continuamente através do metabolismo, mas é mantido e unificado pela causa formal, pela alma no corpo. Deste modo, o homem permanece o mesmo homem ao longo de sua vida através da permanência da causa formal.

O princípio da uniformidade da natureza

O princípio da uniformidade é um postulado de todas as ciências naturais. É uma suposição dos cientistas que estudam o universo material; é necessária fisicamente – mas não metafisicamente. Não é passível de prova, mas de ilustração. O postulado pode ser assim enunciado: a mesma causa natural, em condições similares, produz o mesmo efeito.

Esta generalização precisa ser limitada de duas maneiras importantes: não é aplicável a um ser dotado de livre-arbítrio naquelas atividades sujeitas a controle pelo livre-arbítrio. Desta maneira, um ser humano é livre para erguer o braço direito ou não, para escolher pensar sobre um assunto e não sobre outro. Mas uma pessoa não tem tal controle sobre a circulação do próprio sangue, a digestão, quanto a cair de uma altura quando a sustentação é removida, etc. Além disso, o princípio da uniformidade requer a concorrência, ou concomitância, da Causa Primeira. Assim, milagres representam um desvio, ou variação, da uniformidade da natureza, atribuível ao livre-arbítrio da Causa Primeira.

Note que o princípio da uniformidade da natureza não deve ser confundido com o princípio filosófico da causalidade, a saber: o que quer que venha a existir precisa ter uma causa adequada. Este último princípio é um axioma filosófico, cognoscível pela indução intuitiva. Axiomas filosóficos são verdades necessárias metafisicamente. Os postulados da ciência não o são, e, portanto, não têm um grau de certeza tão elevado.

Método científico

A indução científica como método de descobrir a veracidade compreende cinco passos: observação, analogia, hipótese, análise e separação de dados, e verificação da hipótese.

OBSERVAÇÃO

A observação envolve a inquirição da natureza a fim de chegar a fatos, os dados da indução. Em função da complexidade da natureza, a observação deve ser seletiva, analítica. É necessário cuidado para a obtenção de fatos livres de inferências. A observação comum é complementada por (1) instrumentos científicos, como, por exemplo: telescópio, microscópio, microfone, câmera, barômetro, termômetro, balanças de precisão e (2) pela estatística, ou enumeração, por exemplo: um estudo estatístico da recorrência de depressões, das causas de óbitos, do número de casamentos e divórcios, da difusão de traços hereditários entre a progênie.

A observação simples, auxiliada pelo uso de instrumentos científicos e estatística, é quase o único meio disponível para ciências naturais como a zoologia sistemática e a astronomia e também para algumas ciências sociais.

O experimento é a observação sob condições sujeitas a controle. Sua vantagem reside na oportunidade que oferece para simplificar, analisar, repetir à vontade e inquirir a natureza por meio da variação das condições, uma de cada vez. Uma ciência que pode empregar a experimentação controlada avança muito mais rapidamente do que aquelas que não a podem empregar. Em larga medida, o rápido progresso da física, da química e da bacteriologia, por exemplo, se deve aos experimentos.

ANALOGIA

A analogia ou similitude em diferentes classes de fenômenos sugere à mente científica alerta a probabilidade de uma relação causal. A analogia é uma fértil fonte de hipóteses. A tabela periódica de elementos químicos teve o seu início na analogia; por sua vez, essa tabela apresenta analogias que deram ensejo a outras descobertas científicas.

HIPÓTESE

Hipótese é uma conjetura científica com base em leis gerais, que tenta explicar fenômenos que aparentam guardar relação causal. As hipóteses guiam a observação e o experimento. A investigação subsequente confirma ou derruba as hipóteses.

ANÁLISE E SEPARAÇÃO DE DADOS (METODOLOGIA CIENTÍFICA)

Roger Bacon (1214?-1294) enfatizou a importância da ciência experimental e a sua posição nos estudos cristãos. Francis Bacon (1561-1626) desenvolveu uma teoria da indução. John Stuart Mill (1806-1873) formulou cinco cânones ou métodos gerais da ciência e os popularizou.

O método de concordância

Se dois ou mais casos de um fenômeno sob investigação têm apenas uma circunstância em comum, a circunstância única em que todos os casos concordam é a causa ou o efeito do fenômeno dado.

Note que nas fórmulas de Mill as letras maiúsculas simbolizam antecedentes, enquanto as minúsculas simbolizam consequentes. Cada grupo representa um caso. A fórmula é ABC – abc; ADE – ade. Por isso, A tem relação causal com a.

EXEMPLO: Método de concordância

William Stanley Jevons descreve como foi descoberta a causa da iridescência da madrepérola.

Alguém poderia supor que as cores peculiares da madrepérola fossem devidas às qualidades químicas da substância. Muito esforço foi despendido para levar a cabo o exame dessa ideia pela comparação das qualidades químicas de várias substâncias iridescentes. Mas Sir David Brewster acidentalmente fez uma impressão de uma peça de madrepérola num molde de resina e cera de abelha. Percebendo que as cores se repetiam sobre a superfície da cera, ele então fez outras impressões em bálsamo, metal fusível, chumbo, goma-arábica, mica, etc., descobrindo sempre que as cores iridescentes eram as mesmas. Assim, ele provou que a natureza química da substância é indiferente e que a forma da superfície é a condição real de tais cores.[6]

O método de diferença

Se um caso em que um fenômeno sob investigação ocorre e um caso em que ele não ocorre têm todas as circunstâncias em comum exceto uma, e esta ocorre somente no primeiro, a circunstância única em que os dois casos diferem é o efeito ou a causa ou uma parte indispensável da causa do fenômeno. A fórmula é ABC – abc; BC – bc. Por isso, A tem relação causal com a.

[6] William Stanley Jevons, *Elementary Lessons in Logic*. Nova York, Macmillan, 1914, p. 241.

EXEMPLOS: Método de diferença

Olhos inflamados e crescimento retardado são observados em ratos cuja dieta não contém vitamina A.

Um sino que bata no vácuo não fará som algum; na presença de ar, fá-lo-á; deste modo, a vibração do ar é entendida como tendo relação causal com a produção do som.

Método de combinação de concordância e diferença

Se dois ou mais casos em que um fenômeno ocorre têm apenas uma circunstância em comum, enquanto dois ou mais casos em que o fenômeno não ocorre não têm nada em comum exceto a ausência daquela circunstância, a circunstância única em que os dois conjuntos de casos diferem é o efeito ou a causa ou uma parte indispensável da causa do fenômeno. A fórmula é ABC – abc, ADE – ade, BDM – bdm, CEO – ceo. Por isso, A tem relação causal com a.

EXEMPLOS: Método de concordância e diferença

O uso da antitoxina da difteria para criar imunidade à difteria.

A presença do íon do hidrogênio em todos os ácidos.

Método de resíduos

Subtraia-se de qualquer fenômeno a parte que, segundo induções prévias, constitui o efeito de certos antecedentes, e resultará que o resíduo do fenômeno é o efeito dos antecedentes restantes.[7] A fórmula é ABC – abc. Mas é sabido que A causa a e que B causa b; então, C deve causar c.

EXEMPLOS: Método de resíduos

A determinação exata do peso de meio litro de leite numa garrafa de um litro requer que o peso da garrafa e do meio litro de ar sejam subtraídos do total.

Descoberta do argônio no ar.

Descoberta do planeta Netuno.

Método de variações concomitantes

O fenômeno que varia de alguma maneira enquanto outro fenômeno varia em algum aspecto particular é ou a causa ou um efeito desse fenômeno, ou está relacionado a ele mediante algum fato de

[7] Cf. Ferrater Mora, op. cit., t. 1, p. 394. (N. T.)

ordem causal. A fórmula é $A^1BC - a^1bc$, $A^2BC - a^2bc$, $A^3BC - a^3bc$. Por isso, A tem relação causal com a.

EXEMPLOS: Método de variações concomitantes

Efeito das mudanças de temperatura sobre uma coluna de mercúrio – como o termômetro.

Marés e a Lua.

Lei da oferta e da procura, na formação de preços.

VERIFICAÇÃO DAS HIPÓTESES

Francis Bacon não apenas antecipou a substância dos cânones de Mill, mas também indicou os passos subsequentes na descoberta de leis científicas. A forma de que ele fala é a causa formal do efeito em questão.

> Toda forma que estiver presente quando a propriedade em questão estiver ausente, ou ausente quando esta última estiver presente, ou que não cresça nem decresça concomitantemente com essa última, deve ser rejeitada por não ser a forma relacionada causalmente com aquela última [...]. Onde não for possível (como na matemática) ver que uma proposição deve ser universalmente verdadeira e que, portanto, é necessário depender de sua prova com base nos fatos da experiência, não há outro meio de estabelecê-la senão demonstrar que tais fatos desmentem as hipóteses contrárias.

Disso se estabelecem os passos da verificação: da mesma maneira que na formação de um conceito, a abstração remove da atenção do intelecto aquilo que não é essencial, de modo que este possa intuir o que é essencial. Em outras palavras, a exclusão daquilo que não tem relação causal permite ao intelecto intuir aquilo que guarda tal relação.

Exclusão (Eliminação)

A exclusão (eliminação) é efetuada por meio de um raciocínio dedutivo a partir de uma proposição disjuntiva. As premissas menores do silogismo exclusivo (eliminatório) são proposições empíricas que declaram o resultado da observação de fatos sob investigação. As premissas maiores são os cânones dos métodos científicos gerais.

1. A causa de X é ou A ou B ou C ou D.
Apenas A está presente quando X está ausente.
A causa de X não pode estar presente quando X estiver ausente.
Portanto, A não é a causa de X.

2. B está ausente quando X está presente.
A causa de X não pode estar ausente quando X estiver presente.
Portanto, B não é a causa de X.
3. C não varia concomitantemente com X.
A causa de X varia concomitantemente com X.
Portanto, C não é a causa de X.

A causa de X não é A, nem B, nem C. Portanto, provavelmente a causa de X é D.

Note que as alternativas do silogismo disjuntivo não devem ser uma mera catalogação enumerativa de possibilidades. As alternativas devem ser selecionadas por critério científico dentre os antecedentes prováveis e não pela reunião aleatória de fatos irrelevantes.[8] Note também que a mera exclusão não provê nenhuma certeza.[9] A conclusão do silogismo disjuntivo representa apenas o grau de simplificação que o método científico pode atingir. Depois que as alternativas concorrentes tenham sido refutadas, os dados, os fatos da natureza, agora despidos de suas complexidades, põem-se a nu, por assim dizer, diante dos olhos da mente.

Indução intuitiva

Se a mente enxerga razões positivas para afirmar que a causa de X é D, há certeza. Se não a há, a análise dos dados provavelmente foi incompleta, e as alternativas não foram exaustivas; um antecedente desconhecido, não listado, pode ser a causa de X.

Aplicação e demonstração por dedução

A certeza resultante da indução intuitiva de uma lei geral precisa ser demonstrada por inferência silogística usando ou um silogismo regressivo[10] – ou inverso – (da conclusão, passando pela premissa menor, à premissa maior), ou um silogismo demonstrativo.

Um **silogismo regressivo** (inverso) é o elo entre a indução e a dedução. É uma verificação teórica das hipóteses por meio de dedução. Buscar a causa de fenômenos naturais, uma lei que os

[8] No Capítulo 7, a explanação sobre inferência analógica relaciona-se ao método de eliminação no raciocínio científico. É necessário que a seleção se dê através de outros métodos científicos para que o processo seja eficaz.

[9] Uma razão pela qual a mera eliminação [exclusão] não confere certeza é que geralmente não há nenhuma certeza de que todas as disjuntivas relevantes tenham sido descobertas. (*TM*)

[10] O silogismo é chamado *regressivo* porque, na investigação, a conclusão aparece primeiro na forma de um juízo intuitivo. Esse juízo, presumivelmente, contém as premissas. (N. T.)

governe, é buscar um termo médio, que seja a causa formal da relação dos termos na conclusão de um silogismo. Em contraste com o processo definido pelo qual as premissas levam à conclusão, buscar o termo médio é um processo indefinido e inverso, pois S e P podem estar relacionados por meio de muitos termos M. A conclusão pode ser apoiada por muitas razões.

ANALOGIA: Buscando um termo médio

Na matemática, prosseguimos de modo definido de um multiplicador e de um multiplicando ao produto, mas o processo inverso é indefinido, como demonstrado no exemplo a seguir.

Dado: 6 x 6. Qual é o produto? Resposta definida: 36.

Dado: 36. Quais são os fatores? 3 x 12; 4 x 9; -2 x -18; -3 x -12; -4 x -9.

Indução é um processo inverso similar e indefinido até que seja verificado por dedução e aplicação.

Em nossa observação da natureza, intuímos a proposição empírica S é P. Mas S é P porque é M. Todo o problema da descoberta das leis da natureza consiste no problema de descobrir M. O efeito P prova a presença da causa M. Aqui, M deve ser não apenas o antecedente de P, mas o único antecedente, uma propriedade ou uma definição. Por isso, M é P deve ser conversível simplesmente com P é M. Em outras palavras, a ciência busca a verificação de uma hipótese que possa ser expressa numa proposição hipotética que seja recíproca: Se S é M, é P; e se S é P, é M. Quando esta relação recíproca é encontrada, pode ser declarada num silogismo regressivo na primeira figura: S é P. P é M. Portanto, S é M. Então, a verificação teórica da hipótese, declarada por extenso, é: Se S é M, é P. Mas S é M. Portanto, S é P.

Um **silogismo demonstrativo** é uma verificação prática da hipótese por meio de dedução.

Como passo final na sua verificação, a hipótese precisa ser aplicada outras repetidas vezes sobre os fatos da natureza, para que, por meio disso, tenha a sua veracidade demonstrada. A hipótese torna-se a premissa maior num silogismo cuja premissa menor é uma proposição empírica derivada por intuição a partir da observação da natureza. A conclusão que se segue de uma fórmula silogística correta que empregue essas premissas é, portanto, uma proposição empírica que é uma inferência a partir da hipótese em teste. Se este processo for repetido muitas vezes, com dados diferentes, típicos e amplamente selecionados, atuando como as premissas menores dos silogismos de teste, e se, em todos os casos a conclusão empírica inferida conformar-se aos fatos da natureza observados, então a hipótese estará verificada, ficando demonstrado ser ela uma lei da natureza. Aqui, pela combinação de dedução e indução, verificamos diante do tribunal da razão humana a lei geral que a indução nos forneceu.

A dedução leva à consistência na ordem conceptual e a indução leva à promessa fidedigna de que esta ordem conceptual representa fielmente a ordem real.

A FILOSOFIA NO CAMPO DO CONHECIMENTO

Qual o lugar da filosofia no campo do conhecimento? Nossa racionalidade nos instiga a analisar, relacionar, organizar, sintetizar e, assim, a simplificar nosso conhecimento. A filosofia representa a maior unidade e simplicidade que a razão humana desamparada pode atingir.

Avanço em direção à unidade

4. Experiência (fato: por exemplo, Uma pedra cai; Uma cadeira cai.)

3. Ciência (lei: por exemplo, a lei da gravidade.)

2. Filosofia (princípios: por exemplo, Todo efeito precisa ter uma causa adequada.)

1. Visão beatífica (Unidade da Perfeita Verdade: a totalidade no Uno. A teologia e a fé nos preparam para a visão beatífica depois da morte.)

10-1. *Síntese do conhecimento*

Esses quatro passos na síntese do conhecimento são os territórios especiais da história, da ciência, da filosofia e da teologia. A função principal da história é fazer a crônica dos fatos de experiência. A função principal da ciência é organizar fatos sob as causas e leis próximas ou imediatas. A função principal da filosofia é descobrir as causas últimas ou fundamentais. A filosofia aceita as descobertas das ciências especiais como dados seus e trata dos princípios e características fundamentais que constituem a ordem do universo como um todo.

A filosofia especulativa se preocupa com o conhecimento da ordem real por amor ao conhecimento. De acordo com as três classes de objetos por entender, a mente emprega três tipos de abstração e distingue três grandes campos do conhecimento: (1) Física, em sentido amplo, significando todas as ciências especiais que lidam com o mundo material e que abstraem as condições individuais e se preocupam com leis gerais e com o tipo universal; (2) Matemática, que abstrai apenas a quantidade para consideração; (3) Metafísica, que abstrai apenas o ser como ser.

A filosofia prática ou normativa regula as ações de acordo com algum padrão. A lógica lida com o pensamento; dirige o intelecto para a verdade. A ética (filosofia moral) lida com a ação; dirige a vontade para o bem. A estética lida com a expressão; dirige o intelecto, os sentidos e as emoções para a beleza e sua contemplação.

A abstração é a base da ciência e da filosofia. Cada ciência especial adota como sua esfera de investigação uma característica geral e ignora todas as outras. É somente por este meio que os seres humanos podem fazer avanços no conhecimento. Um ser complexo, por exemplo, um homem ou uma mulher, é feito objeto de distintas ciências especiais, como a biologia, a psicologia, a antropologia, a ética, a economia, a política, sendo que cada uma destas estuda apenas um aspecto escolhido. Até a química, a física e a matemática podem contribuir para o nosso conhecimento da humanidade. Nenhuma ciência nos dá toda a verdade. Todas juntas nos dão uma verdade, um quadro complexo, mas limitado, é claro, pelas inadequações da mente humana.

É muito importante perceber a seletividade das ciências especiais – entender que cada uma representa apenas um aspecto da realidade. Conhecer um aspecto como parte de um todo complexo maior é conhecer uma parte da verdade. Mas pensar que tal aspecto único é o todo é distorcer a verdade, transformando-a em erro grosseiro. Este é o perigo da especialização. A filosofia, ao harmonizar as descobertas das ciências especiais, chega mais perto de dar-nos a verdade toda, na medida em que só podemos conhecê-la pela razão.

A principal função da teologia é complementar o conhecimento humano com um conhecimento que a razão humana desamparada não pode atingir. Esta é a Revelação, que compreende tanto o conhecimento especulativo quanto o prático, especialmente a partir de Deus, que é a Causa Primeira de tudo o que a ciência e a filosofia estudam, e o Fim Último do homem, que as estuda.

DEFESA DA FILOSOFIA PERENE

A lógica da filosofia perene apresentada neste livro é hoje desdenhada em muitas universidades como sendo obsoleta, inadequada e imprópria para uma era científica. O positivismo lógico admite como cognoscível apenas a experiência sensível da matéria e as relações de coexistência e sucessão nos fenômenos naturais; nega o espírito, o intelecto e a capacidade de conhecer a essência.[11] A semântica moderna considera não só as palavras, mas também as ideias, como arbitrárias e cambiantes; nega que as palavras sejam signos de ideias que verdadeiramente representam coisas. A nova lógica matemática ou simbólica,[12] que visa libertar a lógica das restrições das palavras e coisas, torna-se mera manipulação de símbolos capazes de ser testados por sua consistência interna, mas sem nenhuma correspondência com ideias ou coisas (portanto, sem nenhuma permanência ou veracidade).

A filosofia perene sustenta que símbolos como os do silogismo, da oposição, da obversão e da conversão representam um grau de abstração mais elevado e relações mais claras que o que podem somente as palavras e que, portanto, representam um conhecimento mais avançado; tais símbolos são confiáveis exatamente porque representam palavras que de fato correspondem a ideias e coisas. Esses símbolos indicam o caminho para uma lógica simbólica mais completa, que preserva as verdades básicas da filosofia perene, em particular o seu saudável respeito pelo conhecimento intelectual derivado por abstração a partir do conhecimento sensível.

---

[11] A queixa da Irmã Miriam Joseph contra o positivismo lógico era legítima em 1937. Todavia, atualmente o positivismo lógico é considerado extinto. (*TM*)

[12] A lógica moderna ainda trata de proposições verdadeiras ou falsas. Ademais, silogismos, conversão, obversão e correlatos não desapareceram da lógica moderna. Mais propriamente, foram agrupados como casos especiais de princípios e formas mais gerais. (*TM*)

11. COMPOSIÇÃO E LEITURA

O DESENVOLVIMENTO DA LÓGICA, DA RETÓRICA E DA POÉTICA

A arte da retórica originou-se na Sicília, quando do estabelecimento de uma democracia em Siracusa no ano de 466 a.C. Lá, Córax e seu pupilo Tísias davam assistência àqueles que tinham sido expropriados a convencer os magistrados quanto à justiça de suas reivindicações de restituição. Córax reuniu alguns preceitos teóricos baseados principalmente no tópico da probabilidade geral, chamado *eikos* (ver Aristóteles, *Retórica*, 2.24.9); Tísias desenvolveu-o um pouco mais, como mostra Platão no *Fedro*. Górgias, o siciliano, que foi a Atenas em 427 a.C., introduziu a arte da retórica em muitas partes da Grécia, onde teve muitos discípulos, entre os quais o mais famoso e admirável foi Isócrates, o professor e orador. Górgias, Protágoras, Pródicus e Hípias enfatizavam as graças do estilo, as figuras de retórica, a distinção entre sinônimos, a correção e a elegância na escolha das palavras, e as regras do ritmo. Górgias visava ensinar como convencer, independentemente de qualquer conhecimento do assunto. Ele reconhecia ensinar a persuasão, e não a virtude. Platão e Aristóteles condenavam os sofistas Górgias, Protágoras e outros, por sua superficialidade e seu desprezo pela verdade, pois estes ensinavam como fazer o pior parecer ser a melhor causa.

O próprio Aristóteles construiu um bem equilibrado sistema das artes da descoberta e da comunicação da verdade. Seus tratados sobre esses assuntos influenciaram profundamente a sua própria época e as posteriores. Ele sistematizou a retórica e a transformou num instrumento da verdade. Ele afirmava explicitamente ser o fundador da arte da lógica. Sua *Poética* é o início da verdadeira crítica literária.

A lógica e a retórica ocupam-se da descoberta e da comunicação da verdade diretamente da mente do autor para a mente do ouvinte ou leitor. A poética é um modo de comunicação bastante diferente, um tipo indireto que imita a vida nas personagens e situações; leitores ou ouvintes partilham imaginativamente as experiências das personagens como se essas fossem deles mesmos; contudo, a poética surge do conhecimento, bem como do sentimento, enquanto a lógica e retórica são empregadas na comunicação do todo, o qual vai além daqueles. Poética é argumentação através de representação vívida.

Lógica

Aristóteles dividiu a lógica, de acordo com o seu assunto, em demonstração científica, demonstração dialética e demonstração sofística, tratadas nas obras nomeadas abaixo.

1. *Os Segundos Analíticos*. Demonstração científica que tem como tema premissas que são verdadeiras, essenciais e certas. Neste campo não há dois lados para uma questão, mas apenas um. O raciocínio é meramente expositivo, como na geometria, que se move passo a passo até a demonstração conclusiva daquilo que estava por ser provado. A obra *Os Primeiros Analíticos* lida com a certeza através da forma, trata da inferência e apresenta o silogismo.

2. *Tópicos* (*Topica*). A dialética tem como seu tema a opinião e não o conhecimento absolutamente certo; portanto, as premissas são meramente prováveis.

Neste campo há os dois lados de uma questão e há suporte razoável para as visões opostas, ambas apenas prováveis, nenhuma certa, ainda que cada pessoa engajada no debate possa estar pessoal, e até ardentemente, convencida da veracidade de suas opiniões. Porém ela não poderá simplesmente considerá-las como possuidoras da qualidade da prova geométrica, pois cada debatedor precisa reconhecer que a questão em discussão não é intrinsecamente clara e que o ponto de vista do oponente não é tão falso quanto a proposição de que dois e dois são cinco. O debate é conduzido num espírito de inquirição e amor pela verdade. Se, no curso da discussão, um debatedor vir que a tese do oponente é verdadeira e que aquela que ele mesmo defendia é falsa, pode-se dizer que venceu o debate, pois ganhou a verdade, a qual – ele agora vê – seu oponente já detinha desde o início. Os *Diálogos* de Platão são os exemplos perfeitos de dialética.

3. *Refutações Sofísticas* (tratado sobre falácias materiais). A sofística tem como assunto as premissas que aparentam ser geralmente aceitas e apropriadas, mas que realmente não o são. Neste campo, usualmente o da opinião, os sofistas buscam não a verdade, mas apenas uma aparência de verdade, obtida pelo uso de argumentos falaciosos cujo objetivo é apenas o de criticar e humilhar o oponente num debate contencioso. Quem quer que vença por tais métodos não conquistou uma verdade. Pelo contrário, fez com que o erro parecesse ter triunfado sobre a verdade, e, ao fim, ninguém

atingiu a verdade por meio dessa argumentação. É triste notar que hoje muitas pessoas relacionam as palavras argumentação e debate apenas à concepção dos sofistas, celebrando a noção sofista de "vencer" um debate, enquanto ignoram a admirável e construtiva busca da verdade – ou do entendimento desta –, que se há de obter pelas únicas formas de debate e argumentação dignas do nome, a saber, a demonstração científica e a dialética.

Retórica

A retórica, de acordo com Aristóteles, é a contraparte, ou a outra face, da dialética, e o entimema retórico é a outra face do silogismo dialético. Ambas essas artes, retórica e dialética, lidam com a opinião, com a probabilidade e não com a certeza absoluta. Portanto, essas duas artes, e somente elas, são capazes de produzir argumentos que sustentem dois ou mais lados de uma mesma questão. A dialética lida com questões filosóficas e gerais, procede por inquirição e resposta, emprega linguagem técnica e é dirigida a filósofos. A retórica lida com questões particulares ou específicas, tais como a ação política ou a legal, procede por discurso ininterrupto, usualmente emprega linguagem não técnica e é dirigida a uma plateia de leigos, ou popular.

A retórica é definida por Aristóteles como a arte de descobrir, em qualquer assunto dado, os meios de persuasão disponíveis. Os modos de persuasão são três, e uma vez que, tal como assinala Aristóteles, é preciso saber não apenas o que dizer, mas como dizê-lo em palavras, com eficácia e numa ordem bem disposta, o seu modo de tratar o assunto é resumido como se segue:

A *persuasão* é obtida por meio do *lógos*, do *páthos* e do *éthos*. O *lógos* requer que o emissor convença as mentes dos ouvintes ou leitores pela prova da veracidade daquilo que diz. O *páthos* requer que o emissor ponha os ouvintes ou leitores numa disposição mental favorável ao seu propósito, principalmente pelo trabalho sobre as emoções do público. O *éthos* requer que o emissor inspire no público, pela cortesia e outras qualidades, confiança em seu temperamento e reputação, competência, bom senso, bom caráter moral e boa-fé.

O *estilo* é caracterizado pela boa dicção, pela boa estrutura gramatical, pelo ritmo (ou cadência) agradável, pela linguagem clara e apropriada, pela metáfora eficaz, etc.

A *organização* é a ordem das partes: introdução, declaração e prova, conclusão.

Os cinco componentes tradicionais da retórica eram invenção (descobrir argumentos para a persuasão), organização das partes de uma composição, estilo, memorização de um discurso e o uso adequado da voz e gestos ao proferi-lo.

Poética

A poética, como a entende Aristóteles, é imitação, uma imitação da vida, na qual o autor não fala diretamente ao leitor, mas apenas através dos seus personagens. O autor deixa-os falar e agir, enquanto os leitores ou ouvintes se identificam imaginativamente com os personagens. O uso do verso não é essencial.

Uma vez que a comunicação poética é mediata, através da interposição dos personagens e da situação na narrativa, está mais sujeita a erros de interpretação do que a comunicação direta ou expositiva. Se, por exemplo, o receptor não reconhece a ironia, a paródia ou a sátira, entenderá exatamente o oposto do que era a intenção do autor. É necessário aprender a interpretar a comunicação poética. Com frequência, é o mais fácil, mais natural e mais eficaz meio de comunicação, tal como na parábola do filho pródigo (Lucas 15,11-32); mas às vezes é difícil de entender, como na parábola do administrador infiel (Lucas 16,1-8).

Na *Poética*, Aristóteles discute a tragédia e a epopeia, ambas narrativas com enredo.[1] Distingue seis elementos formativos ou partes qualitativas da obra dramática: (1) enredo, (2) personagens, (3) o pensamento dos personagens, (4) dicção ou estilo, (5) música, (6) espetáculo (produção no teatro, cenário, trajes).

A função específica da tragédia é produzir no público uma purificação das emoções através da compaixão e do temor, evocados principalmente pelo sofrimento trágico do herói. Para produzir este efeito, o herói trágico precisa ser um homem não perfeito, mas bom no todo, alguém de quem se possa gostar e por quem se possa sentir simpatia, cujo infortúnio lhe sobrevém não por maldade ou por depravação, mas por um erro de julgamento ou por uma falha em seu caráter.

É de notar que caráter (*éthos*), pensamento (*lógos*), despertar de emoções (*páthos*) e estilo (pela gramática) são básicos tanto na retórica quanto na poética.

---

[1] Se escrevemos "João morreu, e Maria morreu", temos uma narrativa, mas se escrevermos "João morreu, e Maria então morreu de dor", teremos uma narrativa com enredo. (N. T.)

Poética é a imitação de uma ação pela qual agentes a que atribuímos qualidades morais alcançam felicidade ou miséria. Seus pensamentos e caráter são apresentados como causas de suas ações, que resultam em sucesso ou fracasso. Ademais, em algum momento, em algum lugar, uma pessoa desse tipo vai, provavelmente, ou até necessariamente, dizer ou fazer tais coisas e em circunstâncias semelhantes. Mas o personagem neste drama, ainda que típico de muitos outros, é percebido vívida e imaginativamente como um indivíduo que alguém de fato conheceu e de cujas alegrias e tristezas partilhou. Portanto, a poética está em posição única entre a história e a filosofia. É mais filosófica e de maior importância que a história porque é universal e não singular; representa o que poderia ser e não apenas o que foi. Através dela o ouvinte ou leitor deduz o significado da natureza íntima de uma coisa tal como esta foi percebida pelo artista. É mais comovente que a filosofia, pois é percebida e concretizada intensamente no indivíduo retratado e o apelo é à pessoa toda: à imaginação, aos sentimentos e ao intelecto – e não apenas ao intelecto.

O CONTO

A poética, como Aristóteles a concebia, é narrativa com enredo que imita dramaticamente a ação na vida humana, seja na epopeia seja no drama. Consequentemente, a poética é também concretizada no romance e no conto.

Uma vez que o conto é a forma mais curta de narrativa com enredo, esta discussão tem nele o seu foco, ainda que os princípios sejam aplicáveis ao romance, ao drama e também à epopeia.

O enredo

O enredo, e não os personagens, é o elemento essencial e primeiro na poética. Os personagens se revelam na ação.

Um enredo é uma combinação de incidentes tão intimamente ligados por causa e efeito, que nenhum deles pode ser transposto ou retirado sem desunir e separar o todo. Esta conexão causal constitui a unidade de ação, a única unidade essencial a toda obra poética.

Um enredo, diz Aristóteles, precisa ter começo, meio e fim. O começo não é necessariamente aquilo que vem depois de alguma outra coisa, nem é causado por essa outra coisa, mas é aquilo que causa o que se lhe sucede. O meio é aquilo que é causado pelo que o precede e é a causa daquilo que se lhe sucede. O fim é aquilo que é causado pelo que o precede, mas não é causa de algo que se lhe suceda. Em outras palavras, um enredo tem uma ação que ascende e declina numa sequência de causa e efeito.

Os tópicos de causa e efeito[2] são as ferramentas de análise da poética, assim como a divisão é a ferramenta de análise da retórica no sentido de comunicação expositiva ou direta de ideias.

O enredo é a trama narrada. Todo enredo é uma narração de eventos, mas nem toda narração de eventos é um enredo. Um enredo é uma narração de eventos selecionados e conectados de forma causal, que surgem de um conflito e dos obstáculos por superar, os quais, combinadamente, criam o suspense que só será satisfeito no fim. Assim, a narrativa com enredo tem unidade lógica e artística, algo que falta à narrativa sem enredo. Na narrativa sem enredo, o fim é simplesmente a cessação da narração dos eventos, a qual, por outro lado, poderia ser continuada indefinidamente além daquele ponto. Na narrativa com enredo há insatisfação verdadeira até que o fim seja conhecido e há um senso de finalidade quando esse fim é conhecido; portanto, não há desejo de que a narrativa se prolongue indefinidamente.

O enredo de um conto envolve uma única situação: um personagem central enfrenta um problema e o enredo é a solução deste. O problema, ou conflito, é o propósito ou o desejo que move o personagem principal, o qual, encontrando obstáculos, supera-os (final feliz) ou é dominado por eles (final trágico); ambos são soluções.

Deste modo, a análise mais simples de qualquer narrativa com enredo é em termos de personagem, problema e solução. Esta análise pode ser feita do enredo principal e dos secundários, se eles existirem, como em alguns dramas e romances.

ELEMENTOS DA AÇÃO

Os elementos da ação são (1) a situação ou exposição necessária para entender a narrativa; (2) a complicação, catalisador que dá início ao conflito maior – ação ascendente; (3) solução ou conjunto de eventos que levam a narrativa a um desfecho – declínio da ação. A análise básica da narrativa com enredo revela o início da ação, o ponto crítico ou de decisão (o clímax lógico) e o desenlace (desenredo) ou resultado final (o clímax emocional).

---

[2] A Irmã Miriam Joseph refere-se aos tópicos de invenção de Aristóteles e Cícero, os quais incluem causa e efeito. Nós analisamos o enredo, a estrutura organizacional de uma narrativa, pela investigação das operações de causa e efeito na narrativa. Os tópicos de invenção estão no Capítulo 6.

Análise da ação

Em *Hamlet*, de Shakespeare, a ação começa quando o espectro diz a Hamlet que ele é o seu pai, assassinado pelo rei, e pede a Hamlet que vingue esse crime. O ponto crítico ocorre quando Hamlet, imaginando atingir o rei, cujas reações à encenação da peça dentro da peça o revelaram culpado, mata Polônio em seu lugar. O desenlace é a cena em que Hamlet mata o rei com arma envenenada que este traiçoeiramente para ele preparara, mas vítima da qual também ele, Hamlet, morre.

Esses três pontos na ação, note-se, são aquilo a que Aristóteles chamava de o início, o meio e o fim de um enredo.

As partes de um enredo podem ser dispostas em diagrama, com os três pontos importantes da ação marcados como a, b, c.

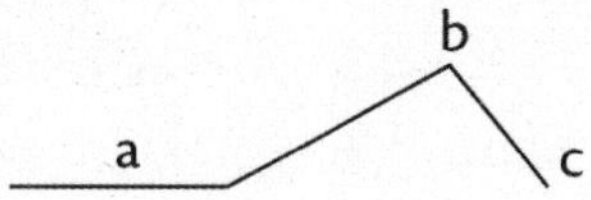

PROBLEMAS DA AÇÃO

A plausibilidade é absolutamente necessária à trama narrada. Ela é produto da ilusão e da consistência interna. Não importa quão imaginativa ou fantástica uma trama possa ser, ela precisa criar ilusão: deve parecer real. Um escritor pode assegurar plausibilidade pelos seguintes meios:

1. Motivação natural e adequada.
2. Planificação e antecipação adequadas e habilidosas, as quais incluem motivos e detalhes de cenário ou ambientação, aparência, incidente, etc. – todos os elementos que tornam plausíveis os eventos posteriores.
3. Detalhes vívidos, concretos, realistas.
4. Criação de uma ambientação eficaz.
5. Tom.

O início da trama pode ocorrer em qualquer ponto da ação. Um autor precisa decidir onde começar a trama narrada – no início, no meio ou próximo ao fim da série de eventos que constituem a trama. Frequentemente é melhor lançar-se *in medias res* (literalmente, no meio da coisa), no meio dos acontecimentos, tal como faz Homero na *Ilíada* e na *Odisseia*, e contar o que aconteceu anteriormente (ação retrospectiva) em pontos em que os incidentes terão significância maior. Por exemplo, na *Odisseia*, o relato da perseguição que Odisseu faz ao javali que rasgou sua perna é contado no Livro XIX, quando a cicatriz do ferimento faz com que sua antiga enfermeira o reconheça, ainda que o incidente tenha ocorrido talvez antes do que qualquer outro relatado.

A ação retrospectiva pode ser inserida por cartas, por um diálogo, por um devaneio reminiscente. Em *Um Conto de Duas Cidades*, a carta que o Dr. Manette escreveu enquanto estava preso na Bastilha, antes que a narrativa da trama começasse, é inserida com intenso efeito dramático por ocasião do segundo julgamento francês de Charles Darnay, perto do fim do romance. A conversação entre Sidney Carton e o Carneiro das Prisões[3] perto do fim do romance esclarece os fatos sobre o misterioso funeral de Roger Cly e sobre as botas enlameadas de Jerry Cruncher (pistas, antecipação), que apareceram no início da trama.

A ação retrospectiva é muito importante na construção de uma trama; é um meio de assegurar a unidade artística, o efeito dramático e a solidez da trama. Ação prospectiva é aquela que avança cronologicamente: a ordem da narração corresponde à ordem dos eventos. A ação retrospectiva é a que retrocede cronologicamente: a ordem da narração difere da ordem dos eventos narrados. A ação é retrospectiva sempre que um incidente, ocorrido antes de um outro, é contado depois deste. Este artifício é também chamado de *flashback*. Uma trama narrada *não pode* começar a partir de uma ação retrospectiva, ainda que possa começar por uma reminiscência; estas duas não são idênticas.

As cenas dramáticas e não dramáticas constituem a narrativa. As cenas dramáticas criam uma experiência que o leitor pode partilhar imaginativamente, através do diálogo, do devaneio de um personagem, da narração minuciosa da ação e dos detalhes retratados vividamente. Uma cena é obrigatória se a necessidade psicológica requer uma apresentação dramática que satisfaça o interesse do leitor e que torne a história, ou um personagem, convincente e plausível. Um diálogo deve favorecer o desenvolvimento do enredo, revelar o personagem e ser natural. Um diálogo não pode ser criado pela mera colocação de palavras entre aspas, adicionando *ele disse, ela disse*, etc. Ele precisa ter a qualidade da fala e deve se ajustar ao personagem e à situação. A narração não dramática simplesmente dá informação ao leitor através da explanação do autor e do sumário de eventos. Na maioria das boas histórias, esse tipo de narração não é comum.

O ângulo de narração inclui ponto de vista, foco, uso de planos e o grau de dramatização.

---

[3] No original, "Sheep of the Prisons" era uma gíria usada durante a Revolução Francesa para designar espiões infiltrados entre os prisioneiros. (N. T.)

1. *Ponto de vista*. Uma história é habitualmente contada do ponto de vista da terceira ou da primeira pessoa. Do ponto de vista da primeira pessoa, o narrador pode ser o personagem principal ou outro personagem menos importante. Na terceira pessoa, a história pode fazer uso da narração onisciente, apresentando os pensamentos de muitos ou de todos os personagens. Pode também fazer uso limitado da narração onisciente, apresentando os pensamentos de apenas um personagem. O ponto de vista da segunda pessoa usa um narrador que fala diretamente ao leitor; é raro.

2. *Foco*. Da perspectiva de quem a história será contada? De quem é a história por contar? Às vezes, a escolha de um ângulo de narração não usual provoca uma mudança interessante numa história que, de outro modo, seria apenas mais uma história comum. Por exemplo, uma tragédia em certa família do ponto de vista do encanador, ou uma briga entre enamorados do ponto de vista de um motorista de táxi. Nos dois casos, a narrativa poderia ser tanto na primeira quanto na terceira pessoa. Produz-se às vezes um efeito interessante, normalmente em obras mais longas que um conto, por contar a mesma história, ou parte dela, mais de uma vez, cada vez do ponto de vista de um personagem diferente. Por exemplo: *The Ring and the Book*, de Robert Browning, e *O Som e a Fúria*, de William Faulkner.

3. *Plano* (Quadro). Uma história pode ser contada dentro do plano de outra maior. Por exemplo: "O Ladrão Honrado", de Dostoiévski, e "O Homem Que Queria Ser Rei",[4] de Rudyard Kipling.

4. *Grau de dramatização*. Uma história pode ser objetiva e apresentar apenas a fala e a ação de seus personagens, ou subjetiva, ao apresentar os pensamentos de um ou mais personagens. Por exemplo: "The Lottery" (objetiva), de Shirley Jackson, e "Gimpel the Fool" (subjetiva), de Isaac Bashevis Singer.

Antecipar sinais de acontecimentos posteriores na ação, sem revelá-los, altera o suspense e a plausibilidade.

Suspense é curiosidade ou ansiedade aprazível criada pelo interesse na história. A motivação dos personagens, a antecipação e a estrutura da história contribuem para o suspense. Suspense não é surpresa.

Transição refere-se às articulações entre os segmentos da ação.

---

[4] *The Man Who Would Be King*. (N. T.)

Técnica de apresentação inclui os artifícios que um escritor usa para contar uma história. O escritor habilita os personagens a expressar a história em ações. Algumas vezes, uma história é contada através de cartas, de um diário ou de sonhos. Os escritores também fazem uso de diálogo, devaneio, imagens, explicação e sumário. Comumente, muitas dessas técnicas são empregadas; a explicação (ou esclarecimento) deve ser usada com bastante moderação.

A estrutura de uma história

A estrutura de uma história pode ser apresentada da seguinte forma. O tema é a ideia fundamental da história e pode ser expresso em termos gerais em uma frase. Os asteriscos indicam cenas dramáticas.

"O PEDAÇO DE BARBANTE"

Por Guy de Maupassant

Personagem: Mestre Hauchecorne.

Problema: Livrar-se da suspeita de roubo.

Solução: Ele não consegue se livrar da suspeita, mas morre, protestando em vão sua inocência.

Tema: As aparências enganam.

Início da ação: Hauchecorne apanhou do chão um pedaço de barbante e um inimigo seu o viu.

Ponto crítico (de decisão): Acusado por seu inimigo de apanhar do chão uma carteira que havia sido roubada, ele contou a verdade, mas não acreditaram em sua história, mesmo depois de a carteira ter sido encontrada e devolvida ao dono; pensaram que um cúmplice a tinha devolvido. (Ele foi livrado da acusação em juízo, mas não da suspeita de seus concidadãos.)

Desenlace: Esgotado pelos inúteis esforços por fazer-se acreditar, ele definha e morre, ainda em descrédito.

Ação retrospectiva	*Ação prospectiva*
	1. Vendo um pedaço de barbante no chão, Mestre Hauchecorne o apanha. Ele percebe que Mestre Malandain estava observando-o.

2. Ele e Malandain uma vez tiveram uma rixa, da qual surgiu uma inimizade mútua.

*3. Enquanto Hauchecorne estava na estalagem de Jourdain, o pregoeiro da vila anunciava que Mestre Houlbreque tinha perdido uma carteira com 500 francos e alguns documentos.

*4. O cabo da guarda vai à estalagem intimar Hauchecorne, que o acompanha.

*5. Trazido diante do prefeito, Hauchecorne é acusado de roubar a carteira.

6. Malandain tinha feito a acusação contra ele.

*7. Hauchecorne negou a acusação e afirmou que ele apenas apanhou do chão um pedaço de barbante, o qual ele tirou do bolso.

8. Ninguém acreditou nele.

9. Revistado a seu próprio pedido, Hauchecorne foi dispensado com uma advertência.

10. Hauchecorne contava a sua história do barbante a quem quer que encontrasse. Ninguém acreditava nele. As pessoas riam.

11. Hauchecorne então voltou para o seu próprio vilarejo, onde andou por todos os cantos contando a sua história, na qual ninguém acreditou. Ele passou a noite inteira pensando no assunto.

12. No dia seguinte, um trabalhador de uma fazenda devolveu a carteira sumida.

13. Ele a tinha achado e, sendo analfabeto, levou-a a seu patrão para que a identificasse.

*14. Hauchecorne repetiu a todos que encontrava a história do barbante, triunfalmente acrescentando como prova de sua inocência o fato de que a carteira tinha sido devolvida.

*15. Ele se deu conta de que as pessoas pensavam que o seu cúmplice tinha devolvido a carteira. A turba zombava dele.

16. Ferido no coração pela injustiça da suspeição, Hauchecorne continuou a contar a sua história, acrescentando mais e mais provas, mas quanto mais engenhosos eram seus argumentos, menos acreditavam nele.

17. Pândegos o induziam a recontar a história.

18. Exaurindo-se em inúteis esforços por justificar-se, foi definhando quase até a debilidade mental. Morre protestando em vão a sua inocência.

Personagens

Um personagem é uma figura imaginada que desempenha um papel numa história. Personagens podem ser redondos, o que significa que são multidimensionais, ou planos, o que significa que podem ser distinguidos por um traço notável. Um personagem plano pode ser um personagem-tipo que seja um estereótipo reconhecível. A madrasta má, o palhaço triste, o *playboy* bonitão e superficial são todos personagens-tipo.

Os personagens podem ser considerados de acordo com o grau a que são desenvolvidos numa história. Alguns personagens não são bem desenvolvidos; eles são necessários apenas para preencher uma função no enredo. Por exemplo: Orestes em *Ifigênia em Áulis*, Iris e Criseis na *Ilíada*, os cortejadores menores na *Odisseia*. Alguns personagens são tipos reconhecíveis, como, por exemplo: Euricléa, a serva fiel, na *Odisseia*; Uriah Heep, o sicofanta intrigante, em *David Copperfield*; Jane Bennet, a ingênua, em *Orgulho e Preconceito*. Outros personagens são totalmente desenvolvidos e individualizados, mesmo que evoluam a partir de tipos, por exemplo: Shylock em *O Mercador de Veneza*, Elizabeth Bennet em *Orgulho e Preconceito*, e Hamlet.

A motivação refere-se à razão que faz com que os personagens ajam tal como agem – donde resulta o elo básico entre personagens e enredo. Motivação adequada é o principal meio para dar plausibilidade e criar suspense.

Um personagem pode ser revelado direta ou indiretamente. Na caracterização direta, o autor, ou um observador na história, descreve o personagem. Na caracterização indireta, o personagem é revelado por aquilo que ele pensa, diz ou faz. O autor apresenta detalhes e cria uma experiência para que o leitor conheça o personagem imaginativamente. Uma narração minuciosa sugere muito mais do que verdadeiramente afirma, pois a partir dela o leitor constrói espontaneamente uma imagem vívida do todo. O uso de narração minuciosa é o principal meio para fazer o leitor ver tudo com a vivacidade de uma testemunha ocular, para fazer com que a história se conte a si mesma sem a intrusão do autor, para tornar a história uma comunicação poética que produza ilusão crível.[5]

Pensamento

O pensamento e as qualidades morais dos personagens, diz Aristóteles, são as causas naturais da ação ou do enredo. O pensamento e a ação revelam o personagem. Pensamento expresso em linguagem é aquela parte da poética que é comum tanto à lógica quanto à

[5] Uma ilusão crível enquanto é lida ou assistida. A suspensão temporária da descrença – *suspension of disbelief* – é a condição básica para a apreciação de qualquer obra de ficção. (N. T.)

retórica, pois os personagens empregam essas artes para aprovar ou desaprovar, para suscitar emoções, ou para maximizar e minimizar eventos e questões.

DECLARAÇÕES GERAIS (DITOS SENTENCIOSOS)

Pensamentos particularmente importantes são as declarações gerais, ou ditos sentenciosos (proposições gerais, apotegmas, provérbios), que expressam uma visão universal, um juízo ou uma filosofia de vida. A peça *Hamlet* deve muito de sua qualidade filosófica ao grande número de expressões desse tipo nela contidas.

Exemplos: Declarações gerais

... para a alma nobre
Ricos presentes tornam-se pobres quando quem os deu se mostra cruel.
– *Hamlet* 3.1.99-100

... os bons, quando louvados,
Ficam um tanto repugnados, como se o elogio fosse ao excesso.
– Eurípides, *Ifigênia em Áulis*

Até seu caráter ficou mais firme, tal como o de um homem que tomou uma decisão e estabeleceu um objetivo.
– Nicolai Gogol, "O Capote"

Se soubéssemos de todas as vicissitudes que a sorte nos reserva, a vida seria tão cheia de esperanças e medos, exultação e desapontamento, que não teríamos uma única hora de verdadeira serenidade.
– Nathaniel Hawthorne, "David Swan"

TEMA

O tema é a ideia subjacente à história toda e pode ser declarada em uma frase. Usualmente é uma convicção a respeito da vida, que bem poderia ter sido o assunto de um ensaio ou de um sermão, mas que, em vez disso, foi expressa numa comunicação poética: um conto, uma peça, uma novela ou um romance.

EXEMPLOS: Declarações de tema

A um homem não deveria ser permitido que perecesse por completo.
– Dostoievski, "O Ladrão Honrado"

O sacrifício pelo bem público enaltece o sofrimento que acarreta.
– Eurípides, *Ifigênia em Áulis*

O autoconhecimento é o primeiro passo para a maturidade.
– Jane Austen, *Orgulho e Preconceito*

DICÇÃO OU ESTILO

Aristóteles usa o termo dicção para significar a comunicação por meio da linguagem. A crítica literária moderna usa o termo dicção em sentido mais estrito, para significar as palavras que o autor usa; considera a dicção um elemento do estilo. O estilo refere-se a como o escritor maneja os elementos da história. Em sentido amplo, inclui cada escolha que o escritor faz, mas, uma vez que a maioria de tais escolhas é discutida em outros tópicos, usualmente o foco se dá nos seguintes elementos de estilo: tom, dicção e sintaxe.

Tom é a postura do autor quanto ao assunto da sua obra literária e os vários artifícios pelos quais ele cria essa postura. O tom pode ser sério, severo, realista, romântico, irreverente, cínico, satírico, etc.

Dicção é a linguagem que um escritor usa. A dicção pode ser pedante ou coloquial, abstrata ou concreta, simples ou poética. A maioria das histórias usa uma gama de dicções. Essas escolhas intencionais ajudam a comunicar os personagens, a ação e o tom.

Sintaxe é a estrutura da frase. A extensão e a construção são ambas componentes da sintaxe. Gramaticalmente, as frases podem ser simples, compostas, complexas, ou composto-complexas. Fragmentos de frase – elementos pontuados como frases, mas que gramaticalmente não são frases – podem também ser encontrados em histórias. Elementos retóricos da estrutura de frase, tais como o uso de estrutura paralela e frases periódicas, são parte da sintaxe.

FIGURINO E CENÁRIO

Dos dois últimos elementos do teatro discutidos por Aristóteles, a música hoje não é essencial, em contraste com as canções do coro no teatro grego; todavia, na ópera a música é dominante. O espetáculo é essencial à produção de teatro; esse inclui figurino (guarda-roupa) e cenário.

Já na narrativa escrita, os detalhes de ambiente desempenham um papel acentuado. O ambiente inclui o tempo e o lugar da história. Todos os detalhes de tempo e de lugar estão contidos nesse tópico. Assim, as descrições que o autor faz da natureza, dos móveis num cômodo, da temperatura, etc., são elementos do ambiente. O ambiente cria a atmosfera; Poe, por exemplo, usa o ambiente para aumentar a atmosfera de terror de uma história.

Os escritores regionalistas ambientam suas histórias em determinada área geográfica. O Condado de Yoknapatawpha é um nome fictício dado por William Faulkner a uma parte do

Mississipi; em suas novelas, Thomas Hardy recria partes de Dorset, Inglaterra – apesar de chamar Dorset por seu nome anglo-saxão, Wessex – adaptando os topônimos da região. A cor local é um aspecto da literatura regional que envolve a fiel representação das localidades, das vestimentas, dos costumes e da linguagem de uma região. Bret Harte e Mark Twain usam a cor local em suas histórias.

A maioria das histórias mostra que o ambiente tem forte impacto sobre o desenvolvimento dos personagens e da ação. O naturalismo, porém, enfatiza a importância do ambiente ainda mais, pois numa história naturalista o ambiente afeta diretamente o personagem e o enredo. Mais frequentemente, o protagonista é apresentado como vítima do seu meio. O romancista francês Émile Zola é considerado o fundador do naturalismo. Os escritores americanos Stephen Crane, Upton Sinclair e Theodore Dreiser usaram elementos do naturalismo.

A obra como um todo

O valor característico das grandes narrativas poéticas mundiais é levar o leitor a partilhar imaginativamente a rica e variada experiência de personagens individuais confrontados com problemas e condições de vida comuns a pessoas de todas as épocas. Elas apresentam potencialidades e modelos de vida tornados significativos pelos melhores escritores. Podem mostrar homens e mulheres sofrendo em consequência de seu próprio desejo de ter em excesso aquilo que lhes é bom, ruim, ou até mesmo pecaminoso. Mostram como concepções falsas de felicidade levam à infelicidade. Uma história é moralmente sadia se retratar o mal como mal, além de não retratá-lo de modo a torná-lo uma fonte de tentação para um leitor normal. Boas histórias apelam para o humano em nós. Nós podemos amar, detestar, admirar, sentir pena, desprezar ou ridicularizar o que há numa história.

O leitor deveria perguntar: Que modo de ver a vida, que discernimento se obtém a partir desta história? Que problemas o autor apresentou e resolveu? O que ficou sem solução? A história apresenta o problema de deveres conflitantes, de reivindicações de interesse público em oposição às de interesse privado, de direitos humanos em oposição a direitos de propriedade, de adaptação ao ambiente, de choques culturais, etc.? A história deu vida a personagens ficcionais ou históricos que valeria a pena conhecer? Eles estão individualizados? Vivos? São pessoas boas e normais ou são pervertidas? Estão colocados acima da vida numa concepção ideal? As suas ações e diálogos são apropriados? Quem são as pessoas mais interessantes? Por quê? Que pessoas e incidentes na história o autor parece aprovar? Quais ele desaprova? Qual parece ser a sua filosofia de vida? Qual é a ideia dominante, qual a impressão isolada deixada pela história? Ela apresenta outras épocas, outros lugares, outras civilizações e culturas? O estilo é característico? Quais são as relações e influências literárias que afetam a narrativa? O que o autor estava tentando fazer com esta obra? Ele obteve sucesso? Valeu a pena tentar?

"O Ladrão Honrado", de Dostoievski, por exemplo, responde à seguinte pergunta: "Quem é meu próximo?" Sou eu o protetor de meu irmão? Sim. É certo deixar um homem perecer por completo? Não, nem sequer se ele parecer um inútil, um bêbado incorrigível, preguiçoso, ingrato, um ladrão, um mentiroso. Nem que eu seja pobre e tenha muito pouco para dividir com qualquer um e mesmo que ele não tenha nenhum direito especial sobre mim, tal como um parentesco ou amizade. Ele é um ser humano e eu não posso deixá-lo perecer. Esse direito é suficiente. Essa história oferece uma visão de vida. Ela afirma no nível mais básico, em termos universais, a inescapável semelhança e parentesco entre todos os seres humanos e o dever do amor fraternal.

LINGUAGEM FIGURADA

De acordo com a concepção antiga, expressa por Cícero e Quintiliano,[6] a linguagem figurada inclui qualquer alteração, quer em pensamento quer em expressão, dos modos de falar comuns e simples. Isto incluiria a linguagem das pessoas comuns, que, movidas pela exaltação, adotam atalhos e variações de expressão que dão à sua fala a vivacidade e o brilho que normalmente nela não se encontrariam.

Cícero e Quintiliano distinguiam cerca de noventa figuras de linguagem, e os mestres de retórica da Renascença cerca de duzentas ao todo, as quais eram divididas em tropos e esquemas. Esquemas eram arranjos de linguagem ou pensamento fora do padrão comum, os quais eram divididos em esquemas gramaticais e

[6] Quintiliano (primeiro século da era cristã) é o autor de *Institutio Oratorio*, que delineia a educação de um orador.

esquemas retóricos. Os esquemas gramaticais incluíam artifícios que hoje são tratados como meios de aprimoramento do estilo através da gramática: variedade de estrutura, estrutura paralela e antitética, equilíbrio, ênfase, estrutura elíptica, e o uso de uma categoria morfológica em lugar de outra, por exemplo, verbos usados como substantivos. Esquemas retóricos de repetição eram frequentemente usados para enfatizar a estrutura paralela, o equilíbrio e o ritmo. Incluíam a repetição de letras (aliteração) e de palavras. Os esquemas retóricos de pensamento correspondiam aos três meios de persuasão: *lógos*, *páthos* e *éthos*. Cento e vinte duas das duzentas figuras correspondiam aos tópicos da lógica e às formas de raciocínio. Nós já vimos que lítotes é a correspondente retórica da obversão lógica.[7] Outros esquemas retóricos correspondem ao entimema,[8] aos silogismos disjuntivo e hipotético,[9] e ao dilema.[10]

---

[7] A obversão, a equivalente lógica da lítotes, está explicada no Capítulo 6. Na obversão, o predicado muda em qualidade, do negativo para o afirmativo ou do afirmativo para o negativo. O predicado muda para o contraditório da original. Por exemplo, a proposição "Joana é conhecida por seu brilhantismo" poderia ser obvertida para "Joana não é desconhecida por seu brilhantismo".

[8] Um entimema é um silogismo abreviado logicamente pela omissão de uma proposição. Contém três proposições e pode ser expandido logicamente num silogismo completo. Por exemplo, "Você está falando durante o filme e deveria ser retirado do cinema". A proposição que falta é "Pessoas que falam durante os filmes deveriam ser retiradas do cinema". Esta é a premissa maior do silogismo.

[9] Um silogismo disjuntivo afirma que de duas proposições uma necessita ser verdadeira. Por exemplo, "Ou Maria está mentindo, ou cometeu assassinato". Um silogismo hipotético afirma a dependência de uma proposição em relação a outra. Por exemplo, "Se a busca da verdade for constante, o espírito se fortalecerá".

[10] Um dilema é um silogismo que tem por premissa menor uma proposição disjuntiva, por premissa maior uma proposição hipotética composta e por conclusão uma proposição simples ou uma disjuntiva. Por exemplo, "Porque morrer é uma ou outra destas duas coisas: ou o morto não tem absolutamente nenhuma existência, nenhuma consciência do que quer que seja, ou, como se diz, a morte é precisamente uma mudança de existência e, para a alma, uma migração deste lugar para um outro. Se, de fato, não há sensação alguma, mas é como um sono, a morte seria um maravilhoso presente. Creio que, se alguém escolhesse a noite na qual tivesse dormido sem ter nenhum sonho, e comparasse essa noite às outras noites e dias de sua vida e tivesse de dizer quantos dias e noites na sua vida havia vivido melhor, e mais docemente do que naquela noite, creio que não somente qualquer indivíduo, mas até um grande rei acharia fácil escolher a esse respeito, lamentando todos os outros dias e noites. Assim, se a morte é isso, eu por mim a considero um presente, porquanto, desse modo, todo o tempo se resume a uma única noite. Se, ao contrário, a morte é como uma passagem deste para outro lugar, e, se é verdade o que se diz que lá se encontram todos os mortos, qual o bem que poderia existir, ó juízes, maior do que este? Porque, se chegarmos ao Hades, libertando-nos destes que se vangloriam de ser juízes, havemos de encontrar os verdadeiros juízes, os quais nos diriam que fazem justiça acolá: Monos e Radamante, Éaco e Triptolemo, e tantos outros deuses e semideuses que foram justos na vida; seria então essa viagem uma viagem de se fazer pouco caso? Que preço não seríeis capazes de pagar, para conversar com Orfeu, Museu, Hesíodo e Homero?". (Platão, *Apologia de Sócrates*. Tradução de Maria Lacerda de Souza).

O conceito moderno de figuras de linguagem é quase que limitado àquilo a que os retores e retóricos[11] da Antiguidade e da Renascença chamavam de tropos. Um tropo é a mudança de uma palavra do seu significado comum e próprio para outro significado, não próprio, a fim de aumentar sua força e vivacidade. É um uso imaginativo das palavras, em contraste com os seus usos prático e trivial. Por exemplo, "A faca está enferrujada" é exemplo de uso prático e trivial de *enferrujada*. "Suas mentes estão enferrujadas" é exemplo de uso figurado da palavra *enferrujada*, o qual imprime nela um significado não próprio, mas, não obstante, forte e eficaz.

O valor dos tropos reside em seu poder de transmitir ideias com vivacidade num estilo condensado e pitoresco. O tropo mais importante é a metáfora.

Os retóricos da Renascença distinguiam de quatro a dez tropos; Quintiliano, quatorze. Nós distinguiremos oito tropos (símile, metáfora, onomatopeia, personificação, antonomásia, metonímia, sinédoque e ironia) e apontaremos de que tópico de invenção cada um deles é derivado.[12]

Tropos baseados na similaridade

Símile, metáfora, onomatopeia, personificação e antonomásia são tropos baseados na similaridade entre elementos que são comparados.

COMPARAÇÃO POR SÍMILE

Através das palavras *como, assim, qual, do mesmo modo que, tal como, tão, igualmente* ou *assemelha-se*, um símile expressa uma comparação imaginativa entre objetos de classes diferentes. Estritamente falando, um símile não é um tropo, uma vez que a similaridade é expressa sem que uma palavra tenha seu sentido alterado para outro que não seja o seu próprio. Todavia, sua semelhança com a metáfora é tão fundamental que esta distinção técnica será aqui ignorada.

EXEMPLOS: Comparação por símile

João é forte como um touro.
Ele ria qual uma hiena.
Quero ir para a morte como para uma festa ao crepúsculo.
– Fernando Pessoa

[11] Ver nota 21 do capítulo 2. (N. T.)

[12] Os tópicos de invenção são definição, divisão, gênero, espécie, adjuntos, contrários, contraditórios, similaridade, dissimilaridade, comparação, causa, efeito, antecedente, consequente, notação, conjugados e testemunho.

É que teu riso penetra n'alma
Como a harmonia de uma orquestra santa
– Castro Alves

Ver minh'alma adejar pelo infinito
Qual branca vela n'amplidão dos mares
– Castro Alves

My fate cries out,
And makes each petty artery in this body
As hardy as the Nemean lion's nerve.
– *Hamlet* 1.4.82-84

[Meu destino me chama,
E torna cada pequena artéria neste corpo
Tão resistente quanto os músculos do leão de Nemeia.]

METÁFORA

Uma metáfora expressa, sem usar uma palavra de comparação (um conectivo), a identificação figurada de objetos similares de classes diferentes.

EXEMPLOS: Metáfora

Maria é um doce.

O Senhor é o meu pastor, nada me faltará.
Faz-me repousar em pastos verdejantes.
Leva-me para junto das águas de descanso; refrigera-me a alma.
– Salmo 23

It sifts from leaden sieves
It powders all the road
It fills with alabaster wool
The wrinkles of the road.
– Emily Dickinson, "It sifts from leaden sieves"

[Ela cai de peneiras plúmbeas
E polvilha toda a estrada.
Cobre de alabastrina lã
As rugas da estrada.]

Minha vida se inclinou murcha, uma folha amarela no outono.
– *Macbeth* 5.3.22-23

Na minha dor quebram-se espadas de ânsia,
Gomos de luz em treva se misturam.
As sombras que eu dimano não perduram,
Como ontem, para mim, Hoje é distância.
– Mário de Sá-Carneiro, "Estátua Falsa"

ONOMATOPEIA

Na esfera da gramática, onomatopeia é o uso de vocábulos cuja pronúncia tenta imitar o som da coisa significada. Na poesia, a onomatopeia refere-se à combinação de sons e sentidos para fins de ênfase do significado expresso pelo poema.

EXEMPLOS: Onomatopeia

The moan of doves in immemorial elms
And murmuring of innumerable bees.
– Alfred Lord Tennyson, "The Princess"

Ouves acaso quando entardece
Vago murmúrio que vem do mar,
Vago murmúrio que mais parece
Voz de uma prece
Morrendo no ar?
– Vicente de Carvalho, "Cantigas Praianas", I[13]

PERSONIFICAÇÃO (PROSOPOPEIA)

Personificação, ou prosopopeia, consiste em atribuir vida, sensação e qualidades humanas a objetos de uma ordem mais baixa ou a ideias abstratas. A personificação se baseia na relação entre sujeito e adjuntos. Um adjunto (atributo que não é essencial) é um acidente ou uma qualidade inerente a um sujeito.

EXEMPLOS: Personificação

Aquele foi um dia triste.

A vida é apenas uma sombra ambulante, um pobre ator
Que se pavoneia e se aflige em sua hora sobre o palco;
E de quem, subitamente, não mais se ouve falar.
A vida é um conto narrado por um idiota,
Cheio de som e fúria, que nada significa.
– *Macbeth* 5.5.23-27

Um grito pula no ar como foguete.
Vem da paisagem de barro úmido, caliça e andaimes hirtos.
O sol cai sobre as coisas em placa fervendo.
O sorveteiro corta a rua.
E o vento brinca nos bigodes do construtor.
– Carlos Drummond de Andrade, "Construção"

Os altos promontórios o choraram,
E dos rios as águas saudosas

[13] In: Massaud Moisés, *Dicionário de Termos Literários*. São Paulo, Cultrix, 2004, p. 330. (N. T.)

Os semeados campos alagaram
Com lágrimas correndo piedosas.
Mas tanto pelo mundo se alargaram
Com faina suas obras valerosas,
Que sempre no seu Reino chamarão
"Afonso, Afonso" os ecos, mas em vão.
– Luís Vaz de Camões, *Os Lusíadas*, Canto III, Parte 3, estrofe 84

(I)
Cantem Poetas o Poder Romano,
Submetendo Nações ao jugo duro;
O Mantuano pinte o Rei Troiano,
Descendo à confusão do Reino escuro;
Que eu canto um Albuquerque soberano,
Da Fé, da cara Pátria firme muro,
Cujo valor e ser, que o Ceo lhe inspira,
Pode estancar a Lácia e Grega lira.
– Bento Teixeira, *Prosopopeia*

ANTONOMÁSIA

A antonomásia é de dois tipos: (1) um nome próprio substitui uma qualidade associada a ele e passa a ser usado como um nome comum; (2) uma expressão substitui um nome próprio. Tal como a personificação, baseia-se na relação entre sujeito e adjuntos.

EXEMPLOS: Antonomásia

Ele era um Einstein para resolver problemas.

Wall Street caiu hoje após a divulgação dos resultados do último trimestre.

Na *Odisseia*, epítetos[14] tais como "deusa dos olhos cinza" e "filha de Zeus" frequentemente substituem o nome de Atenas.

A Casa Branca emitiu uma declaração.

Tropo baseado na relação entre sujeito e adjunto e na relação de causa e efeito: metonímia

A metonímia é um tropo baseado na relação entre sujeito e adjunto e também na relação de causa e efeito. A metonímia substitui adjunto por sujeito, sujeito por adjunto, efeito por causa, ou causa por efeito, incluindo cada uma das quatro causas: eficiente, final, material e formal.[15]

---

[14] Epíteto é uma palavra ou expressão descritiva usada para caracterizar uma pessoa, lugar ou coisa. Numa obra literária, a expressão torna-se tão associada àquilo que descreve que frequentemente é usada como um substituto. Os épicos fornecem muitos exemplos desta prática.

[15] A causa eficiente é o agente e os instrumentos; a causa final, o propósito que motivou o agente; a causa material, a substância usada; e a causa formal, o tipo de coisa feita.

EXEMPLOS: Metonímia

... ter vossos dias de prisão prolongados da meia idade à decrepitude e cabelos brancos, sem esperança ou adiamento.
– Charles Lamb, "The Superannuated Man"

... remindo o tempo, porque os dias são maus.
– Efésios 5,16

Calais estava povoada de novidades e encantos.
– William Hazlitt, "On Going a Journey"

... que minhas mãos caiam podres,
E nunca mais empunhem o aço da vingança.
– *Ricardo II* 4.1.49-50

Conversamos de cousas várias, até que Tristão tocou um pouco de Mozart.
– Machado de Assis, *Memorial de Aires*.[16]

Sócrates tomou a morte.

Lemos Machado de Assis com interesse.

Ela é a âncora da família.

Essa palavra não está no Aurélio.

Se um efeito for significado por uma causa remota, a figura de linguagem é chamada metalepse, um tipo de metonímia.

EXEMPLO: Metalepse

Vosso cabelo de Jacinto, vosso semblante clássico,
Vossos ares de Náiade trouxeram-me de volta ao lar,
À glória da Grécia
E ao esplendor de Roma.
– Edgar Allan Poe, "To Helen"

Tropo baseado na divisão: sinédoque

A sinédoque é um tropo baseado na divisão. Ele substitui o todo pela parte, a parte pelo todo, o gênero pela espécie, ou a espécie pelo gênero.

EXEMPLOS: Sinédoque

A notícia de que Daisy Miller estava cercada por meia dúzia de esplêndidos bigodes reprimiu os impulsos de Winterbourne para ir vê-la de imediato.
– Henry James, *Daisy Miller*

[16] Moisés, op. cit., p. 291. (N. T.)

Ele meu deu uma mãozinha.

O pão nosso de cada dia nos dai hoje.
– Lucas 11:3

Tal como um par de leões lambuzados da vítima.
– *The Two Noble Kinsmen* 1.4.18

Cortando o longo mar com larga vela.
– Camões, *Os Lusíadas*, Canto I, est. 45.

Tropo baseado nos contrários: ironia

A ironia é um tropo baseado nos contrários. Por meio dela, diz-se o contrário do que se quer dar a entender.

EXEMPLO: Ironia

Gloucester [para si mesmo]. Simples, singelo Clarence! Tenho por ti tanto amor
que em breve mandarei tua alma para o paraíso.
– *Ricardo III* 1.1.118-119

O locutor falava com a suavidade de uma gralha.

Sua inteligência brilha feito lua nova.

As moças entrebeijam-se porque não podem morder-se umas às outras.
– Monteiro Lobato

Figuras de linguagem ineficazes

1. Figuras misturadas – mistura de duas ou mais comparações –, como, por exemplo: A flor da nossa juventude é o fundamento sobre o qual construiremos até que nossa luz brilhe para o mundo todo.

2. Clichês, lugares-comuns, chavões – figuras de linguagem estereotipadas, muito repetidas –, como, por exemplo: corajosos como leões, espertos como raposas, pescoço de alabastro.

POESIA E VERSIFICAÇÃO

A poesia pode ser dividida em poesia narrativa, didática e lírica. A poesia narrativa inclui drama (teatro), epopeia, balada e romance; o que foi dito da narrativa com enredo aplica-se a estas espécies na medida em que tenham enredo. A poesia didática não é poética no sentido aristotélico de imitar a ação; mais propriamente, é expositiva. Ela merecerá o nome de poesia se tiver as qualidades requeridas de pensamento, estilo e ritmo, as quais serão discutidas em breve. Exemplos notáveis da poesia didática são "De Rerum Natura",[17] de Lucrécio, e "Essay on Criticism", de Pope. A poesia lírica inclui canção, hino, soneto, ode, rondó e muitas outras formas especiais de verso. Ela expressa mais os sentimentos, impressões e reflexões do poeta que um incidente objetivo, ainda que um incidente possa ocasionar as reflexões. O teatro desenvolveu-se a partir da poesia lírica e há muitas canções e passagens líricas em peças teatrais, particularmente nas peças gregas e da Renascença. Quando as pessoas pensam em poesia, pensam principalmente na poesia lírica.

Aristóteles distingue a poesia de outros modos de imitação conforme o meio empregado. A música emprega ritmo e harmonia; a dança, somente ritmo; a poesia emprega ritmo e linguagem. Na linguagem, métricas são espécies de ritmos.

Segundo o ideal clássico e neoclássico, a poesia deve ser objetiva e deve apelar ao intelecto; assim, a poesia deve atingir a beleza através de formas que ordenem perfeitamente a matéria que possuir dignidade e grandeza intrínsecas. Já de acordo com o ideal romântico, a poesia deve ser subjetiva e deve apelar aos sentimentos; deste modo, a poesia deve atingir a beleza através do livre e espontâneo jogo de imaginação e ideias sobre um material que pode ser tanto pitorescamente estranho quanto familiar e corriqueiro.

Ainda que as concepções de poesia variem consideravelmente, geralmente é aceita a noção de que a poesia é uma comunicação de experiência, de emoção e também de pensamento, que abarca o universal sob o particular.

A poesia pode ser definida como a expressão, em linguagem hábil e ritmada, do pensamento, da imaginação e da emoção do poeta, refletindo algum aspecto da beleza e verdade, e capaz de suscitar uma resposta na imaginação e nos sentimentos do leitor ou ouvinte.

A linguagem da poesia se distingue por um ritmo acentuado, ainda que, conforme Aristóteles, e também Wordsworth, a métrica não seja essencial. É uma linguagem que se distingue ainda pela energia excepcional, pela vivacidade, pela riqueza de imagens, agudeza e compressão, donde resulta que muito significado está compactado em poucas palavras. Quando alcançam estas qualidades, os grandes

[17] Lucrécio (96?-55? a.C.) foi um filósofo romano cuja obra *De Rerum Natura* (Sobre a Natureza das Coisas) apresenta uma visão científica do mundo.

poetas têm como sua marca principal, e no que diz respeito à forma, a capacidade de arranjar palavras em ordem bela, eloquente, inevitável e incorrigível; no que diz respeito à matéria, eles precisam ter uma profunda percepção da verdade e beleza na Natureza, no homem e em Deus.

A poesia comunica experiência que não pode ser expressa de nenhuma outra maneira. O poeta vê e sente com uma profundidade e intensidade além da de uma pessoa comum; o poeta comunica não apenas pensamento, mas essa experiência. Ler poesia é partilhar da experiência do poeta.

A forma da poesia deriva da sua essência a tal ponto, que a forma é sentida como se inevitável; isto é, é sentida como sendo a única forma em que aquela matéria poderia ser comunicada satisfatoriamente. Consequentemente, na poesia, matéria e forma estão unidas mais intimamente que na comunicação meramente lógica. É verdade que o que alguém considera ser poesia pode não ser assim considerado por outrem. Poesia depende muito da dimensão psicológica da linguagem, a qual é menos objetiva que a dimensão lógica; a subjetividade varia de pessoa para pessoa. Há, porém, muita poesia capaz de evocar resposta poética em tantos leitores, e ao longo de tantos anos, que é universalmente considerada como verdadeira poesia.

O caráter subjetivo de uma impressão poética é o tema do poema a seguir:

A Ceifeira Solitária

Veja-a, sozinha no campo,
Acolá solitária, a namorada das Terras Altas!
Ceifando e cantando sozinha;
Pare aqui ou passe gentilmente!
Sozinha ela corta e ata o trigo,
E canta uma melodia melancólica;
Ó, ouça! Pois o vale profundo
Está transbordando desse som.

Nenhum rouxinol jamais entoou
Mais notas de boas vindas a bandos de
Viajantes cansados em algum abrigo na sombra
Entre as areias da Arábia.
Uma voz tão penetrante nunca se ouviu

De um cuco na primavera,
Quebrando o silêncio dos mares
Entre as mais distantes Hébridas.

Ninguém me dirá o que ela canta? –
Talvez os cantos lamentosos soem
Por coisas já velhas, distantes e infelizes,
E batalhas há muito encerradas.
Ou serão sobre algo mais simplório,
Algum assunto destes dias?
Alguma tristeza, perda ou dor
Que foi, e que pode ser de novo?

Qualquer que fosse o tema, a donzela cantava
Como se a sua canção não tivesse fim;
Eu a via cantando em seu trabalho,
E sobre a foice se vergando –
Eu ouvia, imóvel e em silêncio;
E, enquanto eu vencia a colina,
Carreguei no coração a canção
(Por) Muito (tempo) depois que não mais era ouvida.
– William Wordsworth

Diferentemente da ideia popular de que o oposto da poesia é a prosa, o verdadeiro oposto da poesia é o prosaico ou trivial, como insiste Wordsworth em seu "Preface to the Lyrical Ballads". O oposto da prosa é o verso; ambos têm ritmo, mas o verso tem métrica e a prosa não.

Por conseguinte, a poesia não deveria ser identificada com o verso: passagens poéticas ocorrem em romances e em outros escritos em prosa; alguns versos são inconfundivelmente prosaicos ou, quando menos, obtusamente prosaicos, sendo tudo, menos poéticos. Os fragmentos de versos a seguir decididamente não são poesia:

Trinta dias tem Setembro,
Abril, Junho e Novembro.

O cedo dormir e o cedo acordar
Tornam os homens saudáveis a prosperar

ELEMENTOS DE FORMA

RITMO

O ritmo enfatizado, essencial à poesia, pode ser realizado por vários meios.

Paralelismo

O paralelismo é o principal artifício rítmico da poesia hebraica. O paralelismo é também conhecido como *parallelismus membrorum*, isto é, como o desdobramento de um só pensamento em dois membros paralelos do mesmo verso ou estrofe, ou ainda como uma repetição de pensamento em diferentes palavras. Se um salmo for lido omitindo-se as partes repetidas, logo se percebe que é prosaico.

Há três tipos principais de paralelismo. Os exemplos seguintes são extraídos dos Salmos.

Paralelismo repetitivo (pensamento repetido):
Gasta-se a minha vida na tristeza; e meus anos em gemidos (Salmo 31,10).

Paralelismo antitético (pensamento contrastado):
Porque um instante dura a sua cólera; a vida inteira a sua benevolência (Salmo 30,5).

Paralelismo aditivo ou sintético (pensamento repetido e amplificado):
Esta é a raça dos que o procuram; dos que procuram a face do Deus de Jacó (Salmo 24,6).

Cesura

Cesura[18] é uma pausa ou corte num verso, usualmente no meio ou perto do meio. Os poetas anglo-saxões desenvolveram o verso aliterado, o qual usava a cesura com aliteração para criar um ritmo nítido e forte. Usualmente, duas palavras na primeira metade do verso são conectadas por aliteração a uma ou duas palavras na segunda metade do verso.

[18] A cesura não se restringe à poesia em língua anglo-saxã. Está presente tanto nas poesias grega e latina quanto na poesia das chamadas línguas modernas. Um exemplo: "Ah! Quem há de exprimir, // alma impotente e escrava" – Olavo Bilac, "Inania Verba". (N. T.)

We twain had talked, in time of youth
and made our boast, // we were merely boys,
striplings still, // to stake our lives
far at sea: and so we performed it.
– *Beowulf* (tradução de Francis Barton Gummere)

Cadência

A cadência depende das quedas e elevações naturais da voz na prolação de versos. O verso livre, ou *vers libre,* usa a cadência inerente à língua em vez de um padrão de métrica estabelecido. Trazido à atenção moderna pelos poetas simbolistas franceses do final do século XIX, o verso livre pode ser encontrado em muitas poesias modernas, bem como na Bíblia, particularmente nos Salmos e nos Cânticos de Salomão.

Had I the choice

Had I the choice to tally greatest bards,
To limn their portraits, stately, beautiful, and emulate at will,
Homer with all his wars and warriors – Hector, Achilles, Ajax,
Or Shakespeare's woe-entangled Hamlet, Lear, Othello –
Tennyson's fair ladies,
Meter or wit the best, or choice conceit to wield in perfect rhyme,
delight of singers;
These, these, O sea, all these I'd gladly barter,
Would you the undulation of one wave, its trick to me transfer,
Or breathe one breath of yours upon my verse,
And leave its odor there.
– Walt Whitman

Métrica (Versificação)

Métrica é ritmo medido conforme um padrão regular e predeterminado de sílabas longas e breves.[19] É o principal artifício rítmico da poesia inglesa.

[19] A poesia anglo-saxônica adotou a terminologia do sistema métrico dos gregos e latinos, isto é, um sistema com base na quantidade (ou duração) das sílabas, mas fundindo-o com o acentual. A métrica descrita neste capítulo refere-se a esse sistema misto: quantitativo e acentual, onde, por exemplo, a sílaba breve corresponde à átona. (N. T.)

A UNIDADE MÉTRICA

O pé é a unidade métrica;[20] ele é composto de uma sílaba acentuada e uma ou mais sílabas não acentuadas. Um pé métrico pode ser:

1. Dissilábico

Iambo (ou Jambo)	sílaba breve, sílaba longa (ca-rouse')
Troqueu	sílaba longa, sílaba breve (un'-der)

2. Trissilábico

Dáctilo	sílaba longa, sílaba breve, sílaba breve (si'-lent-ly)
Anapesto	sílaba breve, sílaba breve, sílaba longa (in-ter-fere')
Anfíbraco	sílaba breve, sílaba longa, sílaba breve (in-sis'-ted)

ESCANSÃO

Escansão é a marcação, oral ou escrita, do pé de verso, de modo a tornar explícita a estrutura métrica. No verso inglês, um íctus (ou icto) é mais apropriado que um mácron para marcar sílabas longas (tônicas ou acentuadas), mas o mácron, apropriado aos versos grego e latino, pode ser mais conveniente ao uso.[21]

Segundo o sistema greco-latino e o anglo-saxão, determinar a métrica de um poema é declarar o tipo de pé, o número de pés em um verso e quaisquer irregularidades. De acordo com o número de pés, o verso é chamado monômetro (um pé), dímetro (dois pés), trímetro (três pés), tetrâmetro (quatro pés), pentâmetro (cinco pés), hexâmetro (seis pés), heptâmetro (sete pés), octâmetro (oito pés), etc.

VARIAÇÕES

1. *Catalexe*: a supressão de uma ou duas sílabas breves (átonas) no final de um verso.

2. *Terminação feminina*: a adição de uma ou duas sílabas breves (átonas) ao final de um verso.

3. *Anacruse*: a adição de uma ou duas sílabas breves (átonas) no início de um verso.

---

[20] "Cada verso pode compor-se de subunidades ou células métricas, caracterizadas pelo agrupamento de sílabas, denominado pé na versificação greco-latina; ou compor-se de uma sequência de sílabas ou fonemas, como de uso entre as línguas românicas" (Moisés, op. cit., p. 465). (N. T.)

[21] Íctus é um pequeno traço oblíquo sobre a sílaba longa ou acentuada; já um mácron é um pequeno traço horizontal posto sobre uma vogal para indicar que a sua quantidade é longa.

4. *Truncado*: a supressão de uma ou duas sílabas breves (átonas) no início de um verso.

5. *Espondeu*: um pé que consiste em duas sílabas tônicas; usualmente é substituído por um dáctilo e é relativamente pouco frequente em inglês.

6. *Pirríquio* ou *díbraco*: um pé que consiste em duas sílabas átonas.

Note que a catalexe e a terminação feminina frequentemente são parte integrante do padrão do poema. A anacruse e o truncado nunca o são. Estes são apenas meios de adaptação de versos irregulares ao padrão prevalecente; por exemplo, no poema "The Tiger", de Blake, dos vinte e quatro versos, seis são anacrústicos. Os versos anacrústicos estão marcados com asteriscos.

THE TIGER

Tiger! Tiger! burning bright
In the forest of the night,*
What immortal hand or eye
Could frame thy fearful symmetry?

In what distant deeps or skies*
Burnt the fire of thine eyes?
On what wings dare he aspire?*
What the hand dare seize the fire?

And what shoulder, and what art,
Could twist the sinews of thy heart?
And when thy heart began to beat,
What dread hand forged thy dread feet?

What the hammer? What the chain?
In what furnace was thy brain?*
What the anvil? What dread grasp
Dare its deadly terrors clasp?

When the stars threw down their spears,
And watered heaven with their tears,*
Did he smile his work to see?
Did he who made the lamb make thee?

Tiger! Tiger! Burning bright
In the forest of the night,*
What immortal hand or eye
Dare frame thy fearful symmetry?
– William Blake

RITMO OU FRASEADO DO VERSO

O ritmo, ou fraseado do verso, não é idêntico à métrica. Poemas de mesma métrica podem ser dissimilares no ritmo, pois o padrão de pensamento pode não coincidir com o padrão métrico, apesar de encaixar-se nele. Compare o ritmo nos excertos de "An Essay on Criticism", de Pope, e "My Last Duchess", de Browning, ambos escritos na mesma métrica, o pentâmetro iâmbico rimado em parelhas, ou dísticos.[22]

A little learning is a dang'rous Thing;
Drink deep, or taste not the *Pierian* Spring:
There *shallow Draughts* intoxicate the brain,
And drinking largely sobers us again.
– Alexander Pope, "An Essay on Criticism"

That's my last Duchess painted on the wall,
Looking as if she were alive. I call
That piece a wonder, now; Fra Pandolf's hands
Worked busily a day, and there she stands.
– Robert Browning, "My Last Duchess"

O uso que Pope faz da pausa na rima final enfatiza a métrica, enquanto o uso que Browning faz de versos contínuos a torna mais sutil.

O verso pobre, que merece ser chamado verso não artístico, resulta da coincidência exata demais entre ritmo e métrica. Na boa poesia, o ritmo raramente corresponde à métrica com exatidão, ainda que com ela se harmonize e possa ser metricamente perfeito. A variedade dentro da ordem, característica da boa poesia, é obtida não pela violação do padrão métrico, mas pelo uso de artifícios mais sutis e artísticos: deslocamento da cesura, uso de versos contínuos, bem como de pausas ao final de versos, de fraseado alternando sílabas leves e pesadas, palavras com número variado de sílabas – em

[22] Dístico: *couplet*, parelha, copla, estrofe de dois versos. (N. T.)

resumo, pelo estabelecimento da harmonia entre o padrão de pensamento e o padrão métrico, mas não da identidade entre eles. A boa poesia pode ser regular na métrica, mas precisa ter ritmo variado. Tanto Pope quanto Browning escrevem versos nos quais o ritmo é artisticamente variado.

RIMA

Rima é a identidade de sons ao final de duas ou mais palavras com uma diferença no início. A rima precisa começar nas sílabas tônicas.

Tipos de rima

1. *Masculina*: palavras que têm uma sílaba final tônica em rima, como, por exemplo: *reign, gain, hate, debate*.

Na língua portuguesa, essa rima é também chamada de aguda, ou oxítona, quando a rima se dá entre palavras oxítonas, monossílabos tônicos ou átonos acentuados.

2. *Feminina*: palavras que têm duas ou mais sílabas rimando (a primeira precisa ser tônica), por exemplo: *unruly, truly; towering, flowering*.

Note que a rima feminina não é idêntica à terminação feminina, que é a adição de uma ou duas sílabas átonas ao final de um verso.

Em português, a rima feminina também recebe o nome de rima grave ou paroxítona, quando a rima se dá entre palavras acentuadas na penúltima sílaba, por exemplo: *quen*te, *gen*te, *ne*ve, *de*ve.

EXEMPLOS: Rimas masculina e feminina

With rue my heart is laden
For golden friends I had,
For many a rose-lipt maiden
And many a lightfoot lad.
– A. E. Housman, "With rue my heart is laden"

Este exemplo ilustra a rima masculina, no segundo e quarto versos, e a feminina, no primeiro e terceiro versos.

Our lives would grow together
In sad or singing weather.
– Algernon Swinburne, "A Match"

Este ilustra a rima feminina e a terminação feminina.

Variações de rima

Rima imperfeita, ou *rima insuficiente*, refere-se a palavras que não são idênticas nos sons rimados, como, por exemplo: *heaven* e *even*, *geese* e *bees*, ou, em português, *ritmos* e *legítimos*. (Mas *geese* e *fleece* rimam perfeitamente, assim como *bees* e *ease*).

Rima visual é o nome dado a um tipo de rima imperfeita em que as palavras se parecem graficamente, mas foneticamente não soam parecidas, como, por exemplo: *seven* e *even*, *love* e *prove*.

Posição das palavras rimadas

Rima final é a rima de uma palavra ao final de um verso com a palavra ao final de outro verso. Esta é a forma mais usual.

Rima interna é a rima de uma palavra no meio de um verso com outra no mesmo verso, normalmente ao final deste.

EXEMPLOS: Rima final e rima interna

Who will go drive with Fergus now,
And pierce the deep wood's woven shade,
And dance upon the level shore?
Young man, lift up your russet brow,
And lift your tender eyelids, maid,
And brood on hope and fear no more
– William Butler Yeats, "Who Goes with Fergus?"

O poema de Yeats ilustra a rima final nos versos um e quarto, dois e cinco, e três e seis.

Sonho que sou um cavaleiro andante.
Por desertos, por sóis, por noite escura
Paladino do amor, busco anelante
O palácio encantado da Ventura!
– Antero de Quental, "O Palácio de Inverno"[23]

O poema de Antero de Quental ilustra a rima final alternada ou cruzada, nos versos um e três, e dois e quatro.

The splendor falls on castle walls
And snowy summits old in story;
The long light shakes across the lakes,
And the wild cataract leaps in glory.
Blow, bugle, blow, set the wild echoes flying,
Blow, bugle: answer, echoes, dying, dying, dying.
– Alfred Lord Tennyson, "The splendor falls on castle walls"

O poema de Tennyson ilustra rima final (versos dois e quatro, cinco e seis) e rima interna ("falls" e "walls" no verso um, e "shakes" e "lakes" no verso três).

[23] Moisés, op. cit., p. 392.

OUTROS ELEMENTOS POÉTICOS

Assonância

Assonância é a repetição de uma vogal no meio de duas ou mais palavras no mesmo verso. Um exemplo é o verso de Tennyson: "A h*a*nd that c*a*n be cl*a*sped no more".

Aliteração

Aliteração é a repetição do mesmo som ou sílaba no início de duas ou mais palavras no mesmo verso. Um exemplo é o verso de Poe: "What a tale of terror now their turbulency tells".

Entre os poetas brasileiros, Cruz e Souza fez uso frequente da aliteração, como neste exemplo notável:

Vozes veladas, veludosas vozes,
Volúpias dos violões, vozes veladas,
Vagam nos velhos vórtices velozes
Dos ventos, vivas, vãs, vulcanizadas.[24]

Onomatopeia

A onomatopeia consiste na formação de vocábulos ou utilização de palvras que imitem sons. Por exemplo, no inglês: *boom*, *swish*. No português: *zunzum*, *tique-taque*. No que concerne mais diretamente à poesia, a onomatopeia diz respeito não só aos sons, mas também ao reforço de significado.

A estrofe

A estrofe é a unidade do discurso métrico assim como o parágrafo é a unidade do discurso em prosa; todavia, os poetas podem deixar que suas frases corram de uma estrofe a outra, como o faz Tennyson neste exemplo:

de *In Memoriam A. H. H.*

Dark house, by which once more I stand
Here in this long unlovely street,
Doors, where my heart was used to beat
So quickly, waiting for a hand,
A hand that can be clasped no more –

---

[24] Ibidem, p. 17.

Behold me, for I cannot sleep,
And like a guilty thing I creep
At earliest morning to the door.

He is not here; but far away
The noise of life begins again,
And ghastly through the drizzling rain
On the bald streets breaks the blank day.
– Alfred Lord Tennyson

Verso é discurso métrico. Um verso é uma linha de discurso métrico. Uma estrofe é um grupo de versos, isto é, de linhas, constituindo assim uma unidade recorrente e típica de um poema; a estrofe é normalmente caracterizada por um padrão combinado de métrica e rima.

A descrição de uma estrofe se constitui na declaração do padrão de rima e da métrica dos versos que a compõem. A estrofe é um importante meio de variação e de obtenção de originalidade na forma poética. O discurso métrico pode, ou não, empregar rima assonância, aliteração, etc. Quando adotada, a rima usualmente se integra ao padrão de um poema.

Formas de discurso métrico

VERSO BRANCO OU SOLTO (*BLANK VERSE*)

Na poesia em língua inglesa, o verso branco é o pentâmetro iâmbico sem rima. O pentâmetro iâmbico é a mais importante metrificação na língua inglesa e está mais bem adaptado a esta. Não sendo muito longo nem muito curto, o pentâmetro é menos monótono. Pela movimentação da cesura é criada uma agradável variação de efeito, uma vez que a cesura não divide o verso em metades. William Shakespeare e outros dramaturgos da Renascença seguiram o caminho estabelecido por Christopher Marlowe e utilizaram o verso branco em suas peças. O trecho de *Hamlet* apresentado a seguir é escrito em versos brancos

O that this too too sallied flesh would melt,
Thaw, and resolve itself into a dew!
Or that the Everlasting had not fix'd
His canon 'gainst self-slaughter! O God, God,
How weary, stale, flat, and unprofitable

Seem to me all the uses of this world!
Fie on't, ah fie! An unweeded garden,
That grows to seed, thing rank and gross in nature
Possess it merely.
– *Hamlet* 1.2.129-137

DÍSTICO HEROICO (*HEROIC COUPLET*)

Um dístico heroico é uma parelha – estrofe de dois versos – de pentâmetros iâmbicos rimados. Foi uma forma de verso muito popular na Inglaterra do século XVIII na medida em que se prestava tanto à expressão de máximas morais quanto de ditos espirituosos ou chistosos.

An Essay on Man: Epistle II

Know then thyself, presume not God to scan;
The proper study of Mankind is Man.
– Alexander Pope

QUADRA HEROICA (HEROIC QUATRAIN)

Uma quadra heroica é uma estrofe de quatros versos pentâmetros iâmbicos rimados conforme a sequência abab. No exemplo a seguir, um poema de Edwin Arlington Robinson, a quadra heroica acrescenta ironia ao poema ao estabelecer a expectativa de um "final feliz". Robinson fez uso eficaz dessa forma de discurso para sublinhar a diferença entre aparência e realidade.

Richard Cory

Whenever Richard Cory went down town,
We people on the pavement looked at him:
He was a gentleman from sole to crown,
Clean favored, and imperially slim.

And he was always quietly arrayed,
And he was always human when he talked;
But still he fluttered pulses when he said,
"Good-morning", and he glittered when he walked.

And he was rich – yes, richer than a king –
And admirably schooled in every grace:
In fine, we thought that he was everything
To make us wish that we were in his place.

So on we worked, and waited for the light,
And went without the meat, and cursed the bread;
And Richard Cory, one calm summer night,
Went home and put a bullet through his head.
– Edwin Arlington Robinson

SONETO ITALIANO

O soneto italiano, ou soneto petrarquiano (ou petrarquino) é escrito em pentâmetros iâmbicos. Todos os sonetos têm quatorze versos. No soneto italiano, o poema divide-se em uma oitava, ou em dois quartetos ou quadras, e uma sextilha, ou em dois tercetos, cujas rimas se dão conforme a sequência **abbaabba cdecde**. A sextilha pode variar um pouco disso, para **cdcdcd** ou **cdcdee**, por exemplo. A forma recebe o nome em referência a Francesco Petrarca (1304-1374), que escreveu uma série de sonetos dedicados a uma mulher chamada Laura. John Milton usou a forma mais clássica do soneto, em contraste com os poetas anteriores da Renascença Inglesa, que faziam uso de uma forma adaptada.

On His Blindness (abbaabba cdecde)

When I consider how my light is spent
Ere half my days in this dark world an wide
And that one talent which is death to hide,
Lodged with me useless, though my soul more bent
To serve therewith my Maker, and present
My true account, lest he returning chide;
Doth God exact day-labour, light denied?
I fondly ask; but Patience to prevent
That murmur, soon replies, God does not need
Either man's work or his own gifts; who best
Bear his mild yoke, they serve him best. His state
Is kingly. Thousands at his bidding speed
And post o'er land and ocean without rest;
They also serve who only stand and wait.
– John Milton

Soneto 29 (abba abba cde cde)

Sete anos de pastor Jacó servia
Labão, pai de Raquel, serrana bela:
Mas não servia ao pai, servia a ela,
Que a ela só por prêmio pretendia.

Os dias na esperança de um só dia
Passava, contentando-se com vê-la:
Porém o pai, usando de cautela,
Em lugar de Raquel lhe deu a Lia.

Vendo o triste pastor que com enganos
Assim lhe era negada a sua pastora,
Como se a não tivera merecida;

Começou a servir outros sete anos,
Dizendo: Mais servira, se não fora
Para tão longo amor tão curta a vida.
– Luís de Camões

SONETO INGLÊS

O soneto inglês, ou shakespeariano, é escrito em pentâmetros iâmbicos. É composto de três quadras heroicas seguidas por um dístico rimado. O padrão é abab cdcd efef gg. Não foi Shakespeare quem criou esta adaptação do soneto, mas foi ele o mais famoso autor a usar essa forma.

Soneto 18 (abab cdcd efef gg)

Shall I compare thee to a summer's day?
Thou art more lovely and more temperate.
Rough winds do shake the darling buds of May,
And summer's lease hath all too short a date.
Sometime too hot the eye of heaven shines,
And often is his gold complexion dimmed
And every fair from fair sometime declines,
By chance or nature's changing course untrimmed;
But thy eternal summer shall not fade
Nor lose possession of the fair thou ow'st,

Nor shall Death brag thou wander'st in his shade,
When in eternal lines to time thou grow'st.
As long as men can breathe or eyes can see,
So long lives this and this gives life to thee.
– William Shakespeare

de *Barrow-on-Furness* (abba acca dede ff)

V
Há quanto tempo, Portugal, há quanto
Vivemos separados! Ah, mas a alma,
Esta alma incerta, nunca forte ou calma,
Não se distrai de ti, nem bem nem tanto.
Sonho, histérico oculto, um vão recanto...
O rio Furness, que é o que aqui banha,
Só ironicamente me acompanha,
Que estou parado e ele correndo tanto...
Tanto? Sim, tanto relativamente...
Arre, acabemos com as distinções,
As subtilezas, o interstício, o entre,
A metafísica das sensações –
Acabemos com isto e tudo mais ...
Ah, que ânsia humana de ser rio ou cais!
– Fernando Pessoa (como Álvaro de Campos)

ESTROFE SPENSERIANA (ESTÂNCIA SPENSERIANA)

A estrofe spenseriana tem nove versos rimados conforme a sequência ababbcbcc; os primeiros oito versos são pentâmetros iâmbicos, mas o último é um alexandrino,[25] que é um hexâmetro iâmbico. A forma recebe o nome derivado de Edmund Spenser (1552? – 1599), que a delineou para a sua epopeia *The Faerie Queene*. No século XIX, Lord Byron usou essa forma em seu longo poema narrativo, *Childe Harold's Pilgrimage*.

[25] O nome deriva do *Roman d'Alexandre*, composição iniciada por Lambert le Tort e continuada por Alexandre de Bernay, no século XII. Um verso alexandrino, conforme a classificação luso-brasileira, tem doze sílabas. No alexandrino clássico, ou francês, ocorre cesura na sexta sílaba, o que o transforma em soma de dois hexassílabos. (N. T.)

de *Childe Harold's Pilgrimage, Canto IV, Estrofe 1*

I stood in Venice, on the Bridge of Sighs,
A palace and a prison on each hand:
I saw from out the wave her structures rise
As from the stroke of the enchanter's wand:
A thousand years their cloudy wings expand
Around me, and a dying Glory smiles
O'er the far times, when many a subject land
Looked to the winged Lion's marble piles,
Where Venice sate in state, throned on her hundred isles!
– George Gordon, Lord Byron

RONDÓ

Na poesia lírica inglesa, o rondó assume a forma de um poema em quinze versos, divididos em três estrofes. Suas rimas seguem a fórmula aabba aabR aabbaR (R significando refrão). O refrão normalmente utiliza uma palavra, uma locução ou uma oração do verso de abertura do poema.

In Flanders Fields

In Flanders fields the poppies blow
Between the crosses, row on row,
That mark our place; and in the sky
The larks, still bravely singing, fly
Scarce heard amid the guns below.

We are the Dead. Short days ago
We lived, felt dawn, saw sunset glow,
Loved and were loved, and now we lie
In Flanders fields.

Take up our quarrel with the foe:
To you from failing hands we throw
The torch; be yours to hold it high.
If ye break faith with us who die
We shall not sleep, though poppies grow
In Flanders fields.
– John McCrae

TRIOLÉ (TRIOLETO)

O triolé é uma estrofe de oito versos, rimados segundo a fórmula ABaAabAB (as letras maiúsculas indicam os versos repetidos). Normalmente os versos são curtos, mas podem variar em extensão e ritmo.

Serenade Triolet

Why is the moon
Awake when thou sleepest?
To the nightingale's tune
Why is the moon
Making a noon
When night is the deepest?
Why is the moon
Awake when thou sleepest?
– George Macdonald

LIMERICK

O *limerick* é a única forma de poesia nativa inglesa. Tem cinco versos e o pé dominante é o anapéstico.

A diner while dining at Crewe,
Found a rather large mouse in his stew.
Said the waiter, "Don't shout
And wave it about,
Or the rest will be wanting one too".
– Anônimo

CINQUAIN

O *cinquain* é uma forma de verso livre com vinte e duas sílabas arranjadas em cinco versos. Imaginado por Adelaide Crapsey, tem como modelo as formas japonesas *hokku* e *tanka*.

Triad

These be
Three silent things:
The falling snow... the hour

Before the dawn... the mouth of one
Just dead.
– Adelaide Crapsey

O ENSAIO

Definição e um breve histórico

O ensaio é de difícil definição porque abrange uma ampla gama de escritos. O ensaio pode, de forma geral, ser definido como uma obra curta e em prosa que trata de um único tópico. Michel Eyquem de Montaigne foi quem primeiro usou a palavra como um termo literário quando da publicação de seus *Essais* em 1650. A palavra francesa *essai* significa "tentativa", "experiência", e sugere que as obras oferecidas por Montaigne eram mais informais e pessoais que uma obra acadêmica e filosófica sobre o mesmo assunto. Francis Bacon, o primeiro autor inglês a usar o termo, publicou uma coletânea de aforismos sobre um tópico específico, mas posteriormente expandiu o conceito em obras mais longas, cujo tom era também mais pessoal.

O surgimento dos periódicos no século XVII abriu um grande público para o ensaio. Já no início do século XVIII, Joseph Addison e Richard Steele escreveram vívidos ensaios acerca dos hábitos e idiossincrasias de seu tempo, publicando-os na *Tatler* e na *Spectator*.[26] Os nomes das publicações sugerem o modo de escrever. Addison e Steele faziam comentários e observações de tal maneira, que o leitor se sentia convidado a participar também como observador. O escritor americano Washington Irving escreveu ensaios em estilo similar. Durante o movimento do Romantismo, no início do século XIX, o ensaio assumiu um tom mais íntimo e informal. Com frequência, alguns escritores utilizaram material autobiográfico, tornando-o interessante mediante o uso equilibrado de extravagância, perspicácia e sentimento. Charles Lamb, William Hazlitt, James Leigh Hunt e Thomas DeQuincey são os mais famosos ensaístas dessa época.

---

[26] A publicação *The Spectator* que circula atualmente foi fundada em 1828. É uma revista semanal inglesa de grande prestígio. Há também uma revista *Tatler* em vários países. Todavia, a *Tatler* e a *Spectator* originais, publicadas por Steele e Addison, tiveram vida bem mais curta: 1709-1711 e 1711-1714, respectivamente. (N. T.)

Os românticos americanos, Ralph Waldo Emerson e Henry David Thoreau, não adotaram o tom extravagante dos ensaístas ingleses. Thoreau, em seus ensaios sobre a natureza, faz uso da autobiografia, mas a composição resultante é menos autoconscientemente literária. Tanto Emerson quanto Thoreau escreveram ensaios formais, elucidando suas convicções.

Na Era Vitoriana, o ensaio formal foi mais popular. Longas resenhas de livros e ensaios sobre temas históricos, científicos, religiosos e educacionais tiveram entre seus autores nomes tais como Thomas Carlyle, John Ruskin, Walter Pater, Thomas Huxley, Matthew Arnold e John Henry Newman.

A dificuldade em rotular ou definir o ensaio torna-se mais aparente quando alguém pensa em Alexander Pope e seus "Essay on Criticism" e "Essay on Man", ambos grandes poemas. Ademais, a história linear desde Montaigne até os escritores vitorianos ignora obras como a *Poética*, de Aristóteles, a qual se encaixa no conceito de ensaio.

O ensaio íntimo

O ensaio íntimo visa mais agradar do que informar o leitor; situa-se entre a história e a exposição, e, como o poema lírico, é uma comunicação subjetiva de pensamento e sentimento através da personalidade e disposição do autor. Um assunto trivial pode ser transformado em algo encantador, fascinante, divertido ou mordaz quando é discutido de maneira casual, informal ou em tom de conversa por uma pessoa que seja agradavelmente excêntrica, imaginativa, agressiva e até mesmo pomposa. O estilo do ensaio íntimo é um elemento essencial e deve ter uma qualidade similar à da história: cheio de sentimento, imaginação e detalhes vívidos.

O ensaio formal

O estilo de um ensaio formal varia conforme o tema, o propósito e o público. Nesta categoria se incluem os ensaios filosóficos, científicos, religiosos e históricos.

O ensaio de crítica literária pode, como a *Poética* de Aristóteles ou o "Essay of Dramatic Poesy" de Dryden, expor princípios da crítica com a adição de alguns exemplos a bem da clareza; ou, então, pode aplicar princípios da crítica na avaliação de uma obra em particular, como numa resenha de livro ou num estudo crítico nos moldes de uma dissertação formal.

UM BREVE GUIA DE COMPOSIÇÃO

A redação expositiva tem como objetivo principal informar e comunicar ideias do escritor ao leitor, mas diretamente, através de palavras, sem recurso a personagens ou situação.[27] Uma redação expositiva clara é exigida em todas as profissões e ocupações e é ferramenta indispensável tanto para ensinar quanto para ser ensinado. São expositivos os livros-texto, as explanações em aula, as palestras, os exames orais e as provas escritas. Também o são assuntos práticos como a descrição de um processo, a redação de instruções e manuais, sumários, relatórios, cartas comerciais e sociais. Outras formas de expressão literária mais formal incluem o ensaio que define um termo ou elabora uma proposição geral, a crítica literária, a crítica de teatro e de arte, o ensaio formal e o íntimo.

Antes de começar a escrever, pense cuidadosamente sobre o seu propósito e sobre os meios para conquistar e manter o interesse do seu público-alvo. Descubra o que há de comum entre você e os seus leitores. Comece, talvez, com uma pergunta ou uma declaração inesperada. Não escreva o que parece óbvio, banal ou insípido para *eles* – aquilo que qualquer pessoa poderia perceber na correria diária. Investigue e compreenda mais a fundo o seu assunto. Divida[28] e conquiste. Por exemplo, o observador comum vê uma gota de sangue como a uma mera bolha vermelha, e pouco tem a dizer a respeito. O especialista, olhando através de um microscópio, vê a gota dividida em plasma e glóbulos vermelhos e brancos que indicam saúde ou doença; ele tem muito a dizer sobre o que vê, algo que é esclarecedor e valioso.

Descobrir as partes do todo e as relações entre as partes e destas com o todo é o principal meio para avançar no conhecimento; é também uma medida da capacidade intelectual. Descubra diferenças, contrastes. Distinga significados. Penetre as similitudes; use comparação, analogia, metáfora, exemplos. Use outros tópicos de invenção, especialmente definição, causa e efeito. As quatro causas, na retórica equivalentes a *quem*, *que*, *como* e *por que*, ajudam a tornar um assunto mais acessível.

---

[27] Neste mesmo capítulo, a Irmã Miriam Joseph explica a premissa de Aristóteles de que um escrito expositivo é imediato, enquanto a poética é mediata, isto é, nesta última a comunicação se dá através de personagens e situações.

[28] O Capítulo 4 explica a divisão como uma ferramenta e lista as suas categorias: lógica, quantitativa, física, virtual, metafísica e verbal.

Divida, primeiro para penetrar no seu assunto; então, para analisá-lo em suas partes; e, finalmente, para organizá-lo num todo que tenha unidade, coerência e ênfase. Estes três princípios devem reger a construção da frase, do parágrafo e de toda a composição.

Delineie a sua comparação e determine quais tópicos são coordenados (da mesma classe ou ordem) e quais são subordinados. Toda divisão resulta em pelo menos duas partes. Os tópicos subordinados devem somar-se no tópico principal que dividem; os tópicos principais, na composição toda. Que sequência de tópicos promoverá com mais eficácia a coerência e a ênfase? A posição de maior ênfase é no final; a de segunda maior ênfase é no início; a de menor, no meio. Você também pode enfatizar uma ideia repetindo-a com palavras diferentes ou com as mesmas, mas cuidando de posicioná-las habilidosamente, dando à ideia principal um espaço proporcionalmente maior. Comunique o seu plano ao leitor logo de início e mantenha-o ciente desse plano por meio de transições claras de um tópico ao seguinte.

A clareza é o primeiro requisito de estilo na redação expositiva. (A correção gramatical é um pré-requisito.) Ajude o seu leitor a entender o abstrato fornecendo-lhe exemplos concretos de que ele mesmo possa fazer a abstração e, assim, compreender perfeitamente. Normalmente, o intelecto é alcançado através da imaginação, e, portanto, mesmo na prosa comum, a linguagem figurada é um meio eficaz para favorecer a clareza e o interesse no tema. O escritor deve atingir a clareza e manter o interesse evitando a monotonia.

A variedade é um princípio cardeal do estilo eficaz. Deve haver variedade na dicção, através do uso de sinônimos, na extensão das frases, na estrutura gramatical e no ritmo. A variedade na estrutura gramatical e no ritmo é assegurada através da omissão ou da adição de conjunções, de diferenças na ordem das palavras, de diferenças no início de frases, pelo uso de frases simples, compostas e complexas, pelo uso de locuções prepositivas e adverbiais, de estrutura solta, periódica e paralela. Estas estruturas podem ser esclarecidas e enfatizadas pela repetição eficaz de palavras.

Na passagem de Washington Irving ("Rural Life in England") reproduzida a seguir, o fragmento repetido *he must* (*ele deve*) enfatiza a estrutura paralela, enquanto cada verbo que se lhe segue é variado, bem como a extensão das orações. Numa oração, as conjunções são omitidas, enquanto uma conjunção extra é adicionada a outra oração. Este parágrafo está desenvolvido por divisão.

The stranger who would form a correct opinion of the English character [...] must not confine his observations to the metropolis. He must go forth into the country; he must sojourn in villages and hamlets; he must visit castles, villas, farm-houses, cottages; he must wander through parks and gardens; along hedges and green lanes; he must loiter about country churches; attend wakes and fairs, and other rural festivals; and cope with the people in all their conditions and all their habits and humors.

[O estrangeiro que desejar formar uma correta opinião do caráter inglês (...) não deve confinar suas observações à metrópole. Ele deve percorrer o interior do país; deve parar um pouco nas vilas e aldeias; deve visitar castelos, casas de campo, quintas, chalés; deve perambular por parques e jardins, ao longo das sebes e verdes veredas; deve demorar-se em visitas às igrejas; participar das festas de dedicação, das feiras e de outros festivais rurais; e lidar com as pessoas em todas as suas condições, com todos os seus hábitos e humores.]

Numa frase periódica o sentido é mantido em suspense até o final, tal como nesta frase extraída de *Sartor Resartus*, de Thomas Carlyle:

Considering our present advanced state of culture, and how the Torch of Science has now been brandished and borne about, with more or less effect, for five thousand years and upwards; how, in these times especially, not only the Torch still burns, and perhaps more fiercely than ever, but innumerable Rushlights, and Sulphur-matches, kindled thereat, are also glancing in every direction, so that not the smallest cranny or dog-hole in Nature or Art can remain unilluminated – it might strike the reflective mind with some surprise that hitherto little or nothing of a fundamental character, whether in the way of Philosophy or History, has been written on the subject of Clothes.[29]

[Considerando nosso presente e avançado estado de cultura e como a Tocha da Ciência tem sido brandida e carregada, com maior ou menor efeito, já por cinco mil anos e tantos; como, especialmente nestes tempos, não apenas a Tocha ainda arde, talvez mais ferozmente que nunca, mas ardem também inumeráveis luzinhas de candeeiro e fósforos acesos, todos a dar olhadelas em todas as direções, de modo que nem sequer a menor fenda ou buraco da Natureza ou da Arte permaneceria no escuro, pode causar surpresa ao espírito meditativo o fato de que até hoje, pouco ou nada de caráter fundamental – quer pelos caminhos da Filosofia quer pelos da História – foi escrito acerca da Roupa.]

No trecho a seguir, extraído de "On Making Camp", de Stewart Edward White, o ritmo reflete os esforços desorganizados e dispersos do garoto.

[29] Thomas Carlyle, *Sartor Resartus*. Berkeley, University of California Press, 2000, p. 3.

Dick was anxiously mixing bater for the cakes, attempting to stir a pot of rice often enough to prevent it from burning, and trying to rustle suficiente dry wood to keep the fire going... At each instant he had to desert his flour sack to rescue the coffe pot, or to shift the kettle, or to dab bastily at the rice, or to stamp out the small brush, or to pile on more dry twigs.

[Ansiosamente, Dick misturava a massa de farinha para os bolinhos e, ao mesmo tempo que tentava mexer o arroz na panela, esperando que esse não queimasse, catava madeira seca para não deixar o fogo apagar (...). A todo instante era obrigado a abandonar seu saco de farinha para resgatar a cafeteira, para ajeitar a chaleira, para dar uma mexidinha apressada no arroz, para jogar fora o mato ou para empilhar mais galhos secos.]

Condense suas frases. Acumule o máximo de significado em poucas palavras. Use palavras fortes, precisas, vívidas, específicas – como *torrente*, *realidade*, *maturidade*, *investigar*, *concluir*, etc. Uma dicção vívida e o uso de imagens, mais a combinação eficaz de palavras, especialmente de substantivos e verbos combinados em expressões surpreendentes ou interessantes, e o uso de metáforas e alusões, contribuem para a condensação de estilo. Os verbos, acima de tudo, são a chave para um estilo vigoroso.

Para conferir vida e movimento à sua redação, use verbos vívidos na voz ativa. Coloque a ideia verbal no verbo em vez de num substantivo abstrato ligado a um verbo vazio como *ocorrer*. Livre-se do inútil ou supérfluo – palavras desnecessárias que diluem seu pensamento e tornam o seu estilo insípido, maçante, prolixo. Prefira a expressão específica à geral, a positiva à negativa, a definida à indefinida.

Irmã Miriam Joseph (1898-1982)

Desde a mais tenra idade, a Irmã Miriam Joseph, C.S.C.,[30] parecia destinada a envolver-se com as artes do discurso. Agnes Lenore Rauh nasceu em Glanford, Ohio, em 17 de dezembro de 1898. Seu pai, Henry Francis Rauh, conhecido como o "Professor", foi um organista de igreja, fundador de uma companhia de construção e empréstimos imobiliários, inspetor de escolas, jornalista, editor e dono de jornal. Talvez influenciada pela vocação do pai, mas definitivamente influenciada por uma palestra proferida por A. P. Sandles, editor do *Putnam County Sentinel*, durante o seu último ano de escola secundária, Agnes decidiu estudar jornalismo no Saint Mary's College.

Quando chegou ao Saint Mary's no outono de 1916, Agnes descobriu que não poderia cursar jornalismo naquele semestre; na verdade, não havia nenhum curso de jornalismo programado para aquele período letivo. Desapontada, mas não dissuadida, Agnes continuou insistindo com a administração e, duas semanas depois de já iniciado o semestre, sua determinação foi recompensada. Ela alegremente transferiu-se de um curso de astronomia para um recém-criado curso de jornalismo. Agnes acreditava apaixonadamente que o jornalismo e a sociedade americana se beneficiariam de uma maior presença feminina nessa atividade. Em seu ensaio "Women and Journalism" (1919), ela escreveu: "[A categoria dos jornalistas] há muito reconheceu que as mulheres têm intelecto, talvez de um tipo que, em vários aspectos, seja mesmo diferente do dos homens, mas de mérito igual, cujas ideias e obras não podem ser desprezadas. Ademais, as mulheres têm aptidões especiais, peculiares somente a elas e por meio das quais preenchem uma necessidade definida em determinadas esferas do pensamento e empenho humanos". Soando o alarme para que as mulheres se envolvessem no jornalismo, ela alertava: "Não se pode aquilatar o perigo, o dano que vem da propaganda insidiosa, que, oculta sob o manto de novos e altissonantes movimentos, ameaça solapar os princípios mais fundamentais da vida social e familiar". As mulheres devem empunhar a caneta, pois, "se essa propaganda tiver êxito em ganhar o

[30] Congregatio Sanctae Crucis. (N. T.)

apoio das mulheres de nosso país, terá assegurada uma fortaleza, pois um povo inteiro deriva seus ideais das mães". A batalha precisa ser travada e "o meio mais eficiente para combater esse perigo é virar contra os inimigos as suas próprias armas: encher as revistas com artigos baseados em princípios retos". Ela concluía o ensaio com um apelo às "escritoras católicas, especialmente aquelas com treinamento técnico eficiente em cursos superiores de jornalismo, economia, política, ética e sociologia a partir de um ponto de vista católico e cristão", argumentando que tais escritoras eram as mais aptas a conter a maré de enfermidades sociais.

O entusiasmo pelo jornalismo de opinião não era a única paixão que ardia na alma de Agnes. Sentindo o chamado de Deus, em setembro de 1919 ingressou no noviciado das Irmãs da Santa Cruz, no Saint Mary's College. Em agosto do ano seguinte, foi recebida como noviça e, depois de um ano, lecionava numa escola secundária. A Irmã Miriam Joseph estava dando os passos para atender ao chamado que ela mesma havia emitido em 1919. Ela se veria envolvida diretamente no processo de treinamento de escritoras capazes de articular "os princípios retos". Lecionando durante o ano letivo (St. Joseph's School, Pocatello, Idaho, 1921-1923; St. Joseph's Academy, South Bend, 1923-1927) e estudando no verão, a Irmã completou seu curso no Saint Mary's, recebendo o Bacharelado em Jornalismo em 1923; em 1927, obteve o Mestrado em Inglês pela Universidade de Notre Dame. Miriam Joseph solidificou seu compromisso com as Irmãs da Santa Cruz e com seu ministério ao fazer a sua primeira profissão de votos em 1922 e, a final, em 1925.

Prosseguindo num padrão agora já conhecido, a Irmã passou os cinco anos seguintes lecionando durante o período letivo (Saint-Mary-of-the-Wasatch Academy and College, Salt Lake City, Utah, 1927-1930; Saint Angela's Academy, Morris, Illinois, 1930-1931) e estudando nos verões em Notre Dame. A Irmã Miriam Joseph retornou à sua *alma mater* em 1931, onde assumiu o cargo de Professora Assistente no Departamento de Inglês. Ela havia completado o ciclo: a convocação que ela havia emitido em 1919, conclamando a formação de escritoras bem treinadas, seria agora a sua tarefa. Em 1931, Miriam Joseph foi designada para lecionar "College Rhetoric" para cinco turmas de calouros. Durante os quatro anos seguintes, ela continuou lecionando Retórica e também cursos de "Literatura Geral", "Gramática e Composição" e "Composição e Retórica".

Na primavera de 1935, a vida e a carreira da Irmã Miriam Joseph deram uma virada significativa. Numa sexta-feira, 8 de março,

Irmã Miriam Joseph - 317

o Dr. Mortimer J. Adler, da Universidade de Chicago, proferiu uma palestra no Saint Mary, intitulada "O Fundamento Metafísico das Artes Liberais". De acordo com o jornal do campus, *The Static*, Adler afirmou que os estudantes de cursos superiores "pouco ou nada sabem das artes liberais". Adler "concentrou sua argumentação nas três artes da linguagem, destacando que, enquanto entre gregos e medievais sua harmonia e unidade integral sempre foi reconhecida e preservada, a partir do século XV, a especialização tratou de separá-las até a consequente deterioração, ou até mesmo a destruição de sua função educativa – desenvolver as capacidades da leitura, da escrita e da fala do indivíduo. Em outras palavras, a função educativa das três artes da linguagem é a aquisição do perfeito domínio das ferramentas de aprendizagem". Logo após a palestra, o Padre William Cunningham, C.S.C., Professor de Educação em Notre Dame, perguntou a Adler se seria factível restaurar o *Trivium* unificado no curso de Inglês para calouros. Anos depois, a Irmã Miriam Joseph escreveu que, quando a pergunta foi feita "muitos na plateia se viraram e olharam para mim". Se a Irmã Madeleva, diretora do Saint Mary's, se virou para ver a reação da Irmã Miriam Joseph à pergunta, não sabemos. O que sabemos é que as Irmãs Madeleva, Miriam Joseph e Maria Theresa (então lecionando na Bishop Noll High School, Hammond, Indiana) passaram os sábados de abril e maio daquele ano estudando com Adler em Chicago. Viajando para Columbia University em Nova York, Miriam Joseph e Maria Theresa continuaram seus estudos com Adler durante todo o verão.

No outono de 1935, a Irmã Miriam Joseph retornou ao Saint Mary's para lecionar, pela primeira vez, um curso que se tornaria uma das instituições daquela escola superior, "O *Trivium*". Exigido de todos os calouros, o curso era ministrado cinco dias por semana, durante dois semestres. Do modo como era entendido pela Irmã Miriam Joseph, o curso tinha o intento de treinar os estudantes a pensar corretamente, ler inteligentemente, e falar e escrever de maneira clara e eficaz. Uma vez que não havia um livro-texto adequado para o curso, a Irmã escreveu o seu. *The Trivium in College Composition and Reading* foi publicado pela primeira vez em 1937.

Pelos vinte e cinco anos seguintes, todos os calouros do Saint Mary's eram ensinados no *trivium*, com a Irmã Miriam Joseph suportando, ela mesma, muito da carga de aulas. Ela se ausentou do campus de 1941 a 1945, buscando o seu doutorado em Inglês e Literatura Comparada pela Columbia University. Recebeu o título de doutorado (Ph.D.) em 1945. Sua dissertação, "Shakespeare's

Use of the Arts of Language", foi publicada em 1947 pela Columbia University Press. O magistério e a pesquisa da Irmã apontavam para a mesma direção. No primeiro capítulo de sua dissertação ela escreveu: "A força extraordinária, a vitalidade e a riqueza da linguagem de Shakespeare são devidas em parte ao seu gênio, em parte ao fato de que as ainda não bem estabelecidas formas linguísticas de seu tempo elevaram a um grau inédito o espírito de liberdade criativa, e em parte à teoria de composição então prevalecente". Continuando, dizia: "É esta última que é responsável por aquelas características da linguagem de Shakespeare que mais a diferencia da linguagem de hoje [...]. A diferença nos hábitos de pensamento e nos métodos de desenvolvimento de uma ideia resulta na correspondente diferença na expressão, especialmente porque a teoria da composição renascentista inglesa, derivada da tradição antiga, era permeada de lógica formal e retórica, enquanto a nossa não o é". Shakespeare teve o benefício de ter sido educado nas artes do *trivium* – os estudantes modernos não. A Irmã Miriam Joseph estava tentando corrigir esse erro.

Permanecendo ativa em todas as frentes da vida acadêmica, a Irmã Miriam Joseph tornou-se Chefe do Departamento de Inglês no Saint Mary's em 1947, posição que manteve até 1960. Participou regularmente de convenções regionais e nacionais de sociedades eruditas, publicando um bom número de artigos, dentre os quais se destacam: "The *Trivium* in Freshman English", *The Catholic Educational Review* (35, 1937); "Why Study Old English?", *College English* (3, 1942); "The *Trivium* in College", *The CEA Critic* (10, 1949); "Orthodoxy in *Paradise Lost*", *Laval Théologique et Philosophique* (8, 1952); "Discerning the Ghost in *Hamlet*", PMLA (76, 1961); "A 'Trivial' Reading of *Hamlet*", *Laval Théologique et Philosophique* (15, 1962); e "*Hamlet*, a Christian Tragedy", I (54, 2, Pt. 1, 1962). Durante o mesmo período em que publicou quase trinta resenhas críticas de livros e deu palestras em outras instituições de ensino superior, ela continuou a lecionar, apaixonadamente. A Irmã Miriam Joseph aposentou-se do magistério no Saint Mary's em 1965, tendo recebido o grau de Professora Emérita em 1968, além de um grau de Doutorado honorário da mesma instituição em 1969, quando o Saint Mary's celebrou seus cento e vinte e cinco anos de fundação.

A Irmã Miriam Joseph faleceu em 11 de novembro de 1982. Numa carta ao corpo docente do Saint Mary's, William Hickey, vice-presidente e reitor, escreveu: "A Irmã Miriam Joseph foi talvez a mais eminente estudiosa que já se associou a esta instituição neste século". Todavia, talvez o maior tributo tenha vindo de Mary Frances Schaff Meekison (turma de 1940), que numa carta ao *Courier*, jornal do Saint Mary's, escreveu: "Em classe, seu brilhantismo e zelo no lecionar eram notáveis". A Irmã "Mickey Jo" era "mestre e perfeccionista", capaz de inspirar "até a estudante mais relutante a estender seu intelecto e perseverar no caminho do aperfeiçoamento". Meekison concluiu sua carta ao *Courier* dizendo: "Ainda que eu mesma fosse uma estudante apenas mediana, a Irmã acreditava que eu poderia estender não apenas meu intelecto, mas também minha habilidade de escrita. Em razão da fé que ela tinha em mim, eu fui afortunada o bastante para encontrar meu nome impresso logo abaixo dos títulos, em muitos e muito artigos publicados. Estou certa de que há centenas de ex-alunas que poderiam dar testemunhos de peso muito maior que o meu". Assim, Agnes Lenore Rauh, Irmã Miriam Joseph, C.S.C., aspirante a jornalista transformada em professora e erudita em Shakespeare, atingiu a sua meta. Ela influenciou uma geração de mulheres a pensar cuidadosamente, a ler atentamente, e a escrever e dizer "os princípios retos" de forma eloquente.

John Pauley

Índice remissivo

L

M

N

O

U

V